乡村公共财产治理的变迁逻辑与方法论自觉

Change Logic and Methodological Consciousness of Rural Public Property Governance

刘长军 著

中国社会科学出版社

图书在版编目（CIP）数据

乡村公共财产治理的变迁逻辑与方法论自觉/刘长军著.—北京：中国社会科学出版社，2022.8

（中国社会科学博士后文库）

ISBN 978-7-5227-0255-1

Ⅰ.①乡… Ⅱ.①刘… Ⅲ.①农村—群众自治—研究—中国 Ⅳ.①D638

中国版本图书馆 CIP 数据核字（2022）第091619号

出 版 人	赵剑英
选题策划	宋燕鹏
责任编辑	金 燕 史丽清
责任校对	李 硕
责任印制	李寡寡

出　　版	中国社会科学出版社
社　　址	北京鼓楼西大街甲158号
邮　　编	100720
网　　址	http://www.csspw.cn
发 行 部	010-84083685
门 市 部	010-84029450
经　　销	新华书店及其他书店

印刷装订	北京君升印刷有限公司
版　　次	2022年8月第1版
印　　次	2022年8月第1次印刷
开　　本	710×1000　1/16
印　　张	17.5
字　　数	295千字
定　　价	98.00元

凡购买中国社会科学出版社图书，如有质量问题请与本社营销中心联系调换
电话：010-84083683
版权所有　侵权必究

第十批《中国社会科学博士后文库》
编委会及编辑部成员名单

（一）编委会
主　任：赵　芮
副主任：柯文俊　胡　滨　沈水生
秘书长：王　霄
成　员（按姓氏笔划排序）：

卜宪群　丁国旗　王立胜　王利民　史　丹
冯仲平　邢广程　刘　健　刘玉宏　孙壮志
李正华　李向阳　李雪松　李新烽　杨世伟
杨伯江　杨艳秋　何德旭　辛向阳　张　翼
张永生　张宇燕　张伯江　张政文　张冠梓
张晓晶　陈光金　陈星灿　金民卿　郑筱筠
赵天晓　赵剑英　胡正荣　都　阳　莫纪宏
柴　瑜　倪　峰　程　巍　樊建新　冀祥德
魏后凯

（二）编辑部
主　任：李洪雷
副主任：赫　更　葛吉艳　王若阳
成　员（按姓氏笔划排序）：

杨　振　宋　娜　赵　悦　胡　奇　侯聪睿
姚冬梅　贾　佳　柴　颖　梅　玫　焦永明
黎　元

《中国社会科学博士后文库》
出版说明

为繁荣发展中国哲学社会科学博士后事业，2012年，中国社会科学院和全国博士后管理委员会共同设立《中国社会科学博士后文库》（以下简称《文库》），旨在集中推出选题立意高、成果质量好、真正反映当前我国哲学社会科学领域博士后研究最高水准的创新成果。

《文库》坚持创新导向，每年面向全国征集和评选代表哲学社会科学领域博士后最高学术水平的学术著作。凡入选《文库》成果，由中国社会科学院和全国博士后管理委员会全额资助出版；入选者同时获得全国博士后管理委员会颁发的"优秀博士后学术成果"证书。

作为高端学术平台，《文库》将坚持发挥优秀博士后科研成果和优秀博士后人才的引领示范作用，鼓励和支持广大博士后推出更多精品力作。

《中国社会科学博士后文库》编委会

摘　要

古今中外，"财产公共/私有"的起源、合法性、正当性、地位和应然性，构成人类社会生活的中心论题和道德论争的核心话题。财产，其权利的贫困可谓暴力、革命、动荡、冲突的指示器，其正当性的复归可谓安定、繁荣、有序、文明的晴雨表。有鉴于此，人们生发出对"大同社会""乌托邦""共同富裕"的无限向往和不懈追求。在小农经济的封闭性、有限性、保守性、简单性语境下，乡村公共财产扮演着极为消极的角色——农业有限剩余、公共财产稀缺、公共意识匮乏；在工业化、现代性、市场化转型冲击下，乡村公共财产治理表现出无所适从的迷茫、彷徨、困惑。在历史裹挟的洪流中，乡村公共财产治理逻辑的重构提上议事日程。

新中国成立以来，对于经历了曲折的认知和无比向往理想社会情怀的社会主义公有制国家和人民来说，乡村公共财产赋有革命理想主义情怀、公共利益供给和价值引领重任。在共产主义革命话语中，乡村公共财产被赋予了集体所有制到全民所有制的过渡性质；在中国特色社会主义共同富裕视域中，乡村公共财产具有提供公共产品公共服务的效率维度和共建共治共享的公平维度。在中国特色社会主义新时代，形成科学社会主义乡村公共财产治理方法论自觉，正确认识和科学把握乡村公共财产治理实质，在方法论上确立问题意识、效率视野和科学价值理念，形塑德治法治自治良性互动的乡村公共财产多元化治理结构和乡村命运共同体，有助于抵御绝对平均主义、全盘私有化、纯思辨化等错误价值观念的冲击，为农业农村农民"短板弱项"的化解、城乡基本公共服务一体化的供给、不平衡不充分发展的有效破解和中国式现代化道路视域中的共同富裕提供重要的方法论启示。

"乡村公共财产治理的变迁逻辑与方法论自觉"是一个科学社会主义财产理论层面上的跨学科的重要理论课题。赋有"物""权利""关系"三重内涵的乡村公共财产,是指公有范围相对狭窄、只涉及全体村民或部分村民利益的公共财产,包括农村集体所有的土地、森林、荒地、滩涂、房屋、企业、版权、专利权等有形和无形财产;从能指范围上来看,乡村公共财产与农村集体财产大致吻合,本选题之所以采用乡村公共财产这一术语,主要是因为在价值诉求上期望打破城乡双轨制弊病,建构整个国家范围内统一的公共财政意义上的公共财产(如公共医疗、公共卫生、公共教育、公共道路等),从而最终实现公共产品、公共服务的城乡一体化均衡配置;乡村公共财产在农业生产合作化运动中产生,在人民公社化运动中发展壮大,在历史、政策和制度变革因素作用下弱化;其具有保值增值和为乡村居民提供公共产品、公共服务的功能;其具有非规范性、集体成员自然获得财产权、二元结构性和与政府关系不分性等特征。就此而论,本课题的理论实质是探讨在市场化、工业化、信息化、城镇化、全球化等财产的生产力属性和生产关系属性交织的双重变迁语境下,在科学社会主义财产理论和中国特色社会主义实践有机统一的意义上,形成高度的马克思主义财产理论方法论自觉,实现乡村公共财产治理体系和治理能力现代化,适应市场化对财产权界清晰、要素自由流动、平等交换、信用契约的诉求,工业化对技术内核、效率旨归、规模经营、土地价值扩展的要求,提升其保值增值、提供乡村公共产品和公共服务的能力,从而更好地释放经济活力、发展集体经济、保障农民权益、实现城乡一体化公平旨归乃至实现中国式现代化道路视域中的共同富裕。

历史地看,作为小共同体的乡村公共财产,在传统中国政治话语中扮演了一个极其消极的角色。秦汉以降,国家能力和资源的有限性、官治的刚性缺陷、官僚体系治理能力的不足,使得公权力时时需要私权力的配合支持来共同维系庞大乡村的治理,"官主绅辅"式乡村治理结构应运而生。但是,劳心者治人食于人和劳力者治于人侍人、行为秩序规范性知识和自然技术性知识之间"应有的同一性的分离",共同导致了行为秩序规范性知识的发达和自然技术性知识的弱化停滞,导致人与自然之间物质财富的匮乏稀缺,最终也影响到财产之后人与人之间关系的协调。进而言之,土地产出的有限性与人口增长的无限性、"各亲其亲各养其养"的私性与"天下为公"的公性之间的悖论,使得乡村公共财产不时陷入"夹缝"境遇。近世以降,在欧风美雨的现代性冲击之下,乡村表现出了无所适从的迷茫、彷徨、困惑,公共意识的苏醒、公共内蕴的形塑、"官·绅·民"三元共治地勉力应对,表征了传统乡村公共财产治理困境的无可挽回。

新中国成立,宣告"风雨如晦""救亡图存"历史重任的胜利结束,也在一定程度上拉开了自给自足的自然经济到工业化经济、"中国人民站起来了"到探索社会主义现代化富裕之路的序幕。在1949—1956年完成新民主主义革命遗留重任的同时,开启了以优先发展工业为中心环节、变"落后的农业国"为"先进的社会主义工业国"的社会主义建设新征程,通过"改造方式"建立起一元行政治理下的乡村绝对公共财产,通过行政的、政治的方式集中统一乡村有限剩余,为改革开放奠定了不可或缺的物质基础和坚实的前提条件。

1978年改革开放率先在乡村展开。当贫困的乡村底层民众推动"自下而上"的自发性变革,国家层面收益与成本指数上扬之间的失衡推动"自上而下"的自觉性变革,两者之间的良性互动,使得政策的松动、制度的变革成为共识。改革时代乡村形成了"乡政村治"的"双轨治理",即行政主导治理的弱化、农民自主治理的初萌、社会参与治理的有限,形塑了改革时代乡村相对公共财产:其一,相对于计划时代乡村低效率、不充分的经济增长和相对充沛的公共财产来说,改革时代"乡政村治"的"双轨治理"使得乡村经济快速发展与公共财产相对不充裕;其二,相对于改革时代农民农业农村经济相对快速发展,和同时期城市公共财产的富足来说,改革时代乡村公共财产呈现出相对不充分不平衡发展甚至相对贫困稀缺匮乏状况。

在科学社会主义财产理论看来,物质生活资料的生产体现出

"人对自然界的关系"以及人们之间的"共同的活动方式"两个方面，这表明财产具有生产力（物质内容）和生产关系（社会形式）双重属性。财产就是人在生产过程中把自身内在本质力量不断对象化和物化的结果，随着技术的变革、工具的改进，人们驾驭自然、创造财富的能力不断提升。财产又内含着生产关系属性，财产本质上就是物之后人与人之间的权利关系，财产关系不过是生产关系的法律用语。虽然财产体现在一个物上，但物本身并不是财产，物只有处于一定社会关系中才成其为财产。就此而论，市场化、工业化（工业化、信息化、城镇化、现代化等变迁因素属于同一序列的范畴，不过工业化是第一因，构成乡村"四化同步推进"的肇始性、先导性、基础性因素）实质上形塑了当代中国乡村公共财产治理变革的生产力属性和生产关系属性交织的时代经济方位。如果说以扩大中等收入群体为抓手、推动中国式现代化道路视域中的共同富裕，更多地从属于生产关系层面上的变革，那么以技术范式变迁为内核、以财产效率范式为旨归、内含人本意蕴的工业化，更多地从属于生产力层面上的变革。

从"以物为载体""以权利为内核""以关系为本质""公私权界的相对模糊性""在市场化中适用中性竞争原则""以增进民众福祉为价值归宿"等方面来看，财产和公共财产具有逻辑起点的一致性、概念要素的同质性、保护路径的相同性、意义指向的趋同性特点。就此而论，乡村公共财产具有"物""权利""关系"三重内涵。在当代中国乡村公共财产治理理念、方式、模式变革上，存在着"国家、集体、农民利益相协调，效率与公平相统一，城乡一体化均衡配置"三重考量，存在着"更好地发挥政府作用"的新时代中国特色社会主义行政主导治理、"市场在资源配置中起决定性作用"的社会协同治理和"党组织领导的自治、法治、德治相结合"的乡村自主治理等多元治理主体和治理客体规范化相统一。在"历史向世界历史的转变"进程中，正确认识、全面把握中国特色社会主义公共财产问题实质，在方法论上确立财产治理的问题意识、效率视野与公平理念，有助于抵御绝对平均主义、全盘私有化、纯思辨化的冲击，进而为科学社会主义财产价值观的树立、新时代中国特色社会主义乡村公共财产的有效治理提供重要的方法论启示。

改革以降，在市场化、工业化、城镇化、信息化进程中，人们的财产理念、财产逻辑与社会主义关系，财产占有事实都发生了巨大变化，在财产的归属、价值诉求、意义、治理路径以及最终指向方面又出现了一系列的混乱，财产的制度安排和出路等问题越来越凸显出来。在流动性的、陌生人组成的现代乡村市场经济社会中，道德说教和乡规民约的财产秩序维系方式越来越力不从心，以权利为逻辑内核的"良法"、"善治"成为维系乡村公共财产关系的有效方式。变革传统一元行政治理、一元市场化治理、一元能人治理，建构分权、参与、公平、多元的公共事务治理之道，实现行政主导下的法治、德治、自治的有效在场，重塑乡村命运（利益）共同体，才能最终实现"城乡一体化均衡配置"、"致富路上一个都不掉队"的乡村公共财产治理的公平价值归宿。

以集体经济发达度、农村公共财产充裕度、工业化和城镇化度、市场参与度等为依据，选取山东百泉裕、江苏华西村、广东东莞大朗村和贵州盘县顾家村作为乡村公共财产治理的调研典型，设计调研访谈问卷，通过实地调研、问卷调查、深度访谈等方式，总结乡村公共财产治理实践中的经验教训，重构乡村公共财产有效治理模式，形成乡村公共财产治理实践的规律性认识，并以此检验和修正农村公共财产治理模型，保证研究的解释力和预测力。

简言之，"乡村公共财产治理的变迁逻辑与方法论自觉"的逻辑框架如下：

1. 乡村公共财产是什么？乡村公共财产的有效治理是什么？从现象上看，乡村公共财产是人（集体）本质力量、生命、意志、智慧的外化、物化、对象化，就此而论，乡村公共财产就是土地、荒山、滩涂、河流、企业等各种有形物（人化自然），以及股票、债券、专利等各种无形物（拟制物）的集合体；但从本质上看，乡村公共财产是关系，不仅指涉人与物（自然）之间的关系，更指涉以物为媒介的人与人之间的关系，特别是村民、集体、社会、国家之间的关系。既然乡村公共财产本质上指涉村民、集体、社会、国家之间的关系范畴，那么乡村公共财产的有效治理当然离不开行政主导治理、村民自主治理、市场化与社会化力量参与治理之间的良性互动。

2. 乡村为什么需要公共财产？为什么需要实现乡村公共财产治理方式的变革？从技术层面上来看，在乡村准公共财产经营性、盈利性能力大增的条件下，提高为乡村提供（基本）公共产品和公共服务等纯公共财产能力，从而解决乡村非竞争性、非排他性的公共消费问题。从本质上看，乡村之所以需要公共财产，关键就在于公共财产保障乡村的"社会主义性质"，实现改革开放成果的共建共治共享，有效应对"一元化市场失灵"以及由此而来的公平正义沦丧、基层行政主导治理的错位越位、农民市民化和社会资本下乡之间的无效互动。由此可见，在当代中国市场化、工业化、信息化、城镇化、农业现代化、全球化转型语境下，乡村公共财产治理面临"一元化市场治理失灵"、"一元化行政治理失灵"、"一元化能人治理失灵"威胁，以致乡村公共财产功能和性质面临"空心化"危险。由此可见，乡村公共财产治理模式的转变迫在眉睫。

3. 如何实现乡村公共财产的有效治理？应当承认，在工业化、市场化、信息化、城镇化转型语境下，乡村公共财产的传统治理方式遇到效率的瓶颈性因素，陷入提供更多更好公共产品、公共服务的困境；遇到公平的掣肘性因素，在未来相当长的一段时间内难以实现与城市一体化均衡发展的公平问题。由此可见，只有在公共治理全要素的有效在场、法治化治理路径、公平正义的价值归宿三位一体下，才能实现乡村公共财产的有效治理。

关键词：乡村公共财产治理；变迁与重构；理论逻辑；马克思财产理论方法论自觉

Abstract

At all times and in all countries, the origin, legitimacy, legitimacy, status and necessity of "public/private property" constitute the central topic of human social life and the core topic of moral debate. The poverty of property rights can be described as an indicator of violence, revolution, turbulence and conflict, and the return of its legitimacy can be described as a barometer of stability, prosperity, order and civilization. In view of this, people are born with infinite yearning and unremitting pursuit of "Great harmony", "Utopia" and "common prosperity". In the context of smallholder economy's closeness, limitation, conservatism and simplicity, rural public property plays an extremely negative role-limited agricultural surplus, scarcity of public property and lack of public awareness; Under the impact of industrialization, modernity and market-oriented transformation, the governance of rural public property shows confusion, hesitation and confusion. In the torrent of history, the reconstruction of rural public property governance logic is put on the agenda.

Since the founding of the People's Republic of China, for the socialist public-owned countries and people who have experienced tortuous cognition and yearning for ideal society, rural public property is endowed with revolutionary idealism, public interest supply and value guidance. In the discourse of communist revolution, rural public property is endowed with the transitional nature from collective ownership to ownership by the whole people. From the perspective of common prosperity of socialism with Chinese characteristics, rural public property has the efficiency dimension of providing public goods and services and the fairness dimension of co-construction, co-governance and sharing. In the new era of socialism with Chinese characteristics, forming a scientific socialist rural public property governance methodology consciousness, correctly understanding and scientifically grasping the essence of rural public property governance, establishing problem consciousness, efficiency vision and scientific value concept in methodology, and shaping the diversified governance structure of rural public property and the community of rural destiny with benign interaction of rule of virtue, rule of law and self-government are helpful to resist the impact of wrong values such as absolute equalitarianism, total privatization and pure speculation. It provides important methodological enlightenment for the solution of "shortcomings and weaknesses" of agricultural and rural farmers, the integrated supply of basic public services in urban and rural areas, the effective solution of unbalanced and inadequate development and common prosperity in the view of Chinese modernization road.

"Transition and reconstruction: the logic and methodology of rural public property governance" is an important interdisciplinary theoretical topic on a scientific socialist property theoretical level. There are three connotations of property, right and relation. "Rural public property" refers to a relatively narrow public range, only involving the interests of all the villagers or some villagers public property. It includes rural collectively owned land, forests, wastelands, beaches, houses, businesses, copyrights, patents and other tangible and intangible property. From the signifier perspective, rural public property coincides rural collective property roughly. Mainly because of expectations of breaking the urban-rural dual system ills on the value demands to construct the entire country to be unified Public property, public finance sense (such as public health, public health, public education, etc.), and ultimately to achieve public goods and public services in urban and rural balanced configuration, this topic has been adopted the term of rural public property. Rural public property generated in agricultural production co-operative movement, grew in history, the policy and institutional factors. It has increasing the value and the provision of public goods, public service functions for rural residents. It has a non-normative, group members naturally acquired property, binary structural and relationship with the government, regardless and other features. In the scientific theory of socialist property and the practice of socialism with Chinese characteristics and the organic unity of meaning, context the so-called "Management of Rural Public Property", that is, realize the nature of public property requirements and basic values in the value of urban and rural demand levels in accordance with the provisions of the rural public property. The essence of his theory is to discuss the organic unity of the scientific socialist property theory and the practice of socialism with Chinese characteristics in the context of the double changes of the property attributes of productivity and relations of production, such as marketization, industrialization, informatization, urbanization and globalization. To realize rural modernization, public property management capabilities and management system to adapt to the marketization of property rights clear boundary and the free flow of factors of, equal exchange, credit contract, industrialization of core technology, orientation and scale operation efficiency, expansion of land value requirements, improve their value, provides the rural public products and public service ability, to better release economic vitality, and developing the collective economy, safeguard the rights and interests of farmers, achieved the integration of urban and rural fair orientation and Realizing common prosperity from the perspective of Chinese modernization road.

Historically, rural public property, as a small community, has played an extremely negative role in traditional Chinese political discourse. Since the Qin and Han dynasties, due to the limitation of national capacity and resources, the rigid defect of official governance and the insufficient governance ability of the bureaucratic system, public power always needs the coordination and support of private power to jointly maintain the governance of the huge countryside, and the rural governance structure of "officials, owners and gentry supplemented" emerged at the historic moment. But, he who rules lives by mental perplexity in and by physical labor, normative behavior order between natural technical knowledge and separation of identity "should be", jointly led to the order of the behavior of normative knowledge developed and natural in the stagnation of the weakening of technical knowledge, lead to the lack of (property) between man and nature is scarce, ultimately affect the property after the coordination of interpersonal relationships. Furthermore, the paradox between the limited output of land and the infinity of population growth, the private nature of "each supporting the other" and the public nature of "the world for the common" causes the rural public property to fall into the "crack" situation from time to time. In the modern times, under the impact of the modernity of European style and beauty, the countryside shows its confusion, hesitation and confusion, the awakening of public consciousness, the shaping of public connotation, and the efforts of "guan, gentleman and people" to cope with the triple governance, which represents the irreparable plight of traditional rural public property management.

The founding of the People's Republic of China marked the successful end of the historical task of "facing difficulties and difficulties" and "saving the nation from subjugation". To a certain extent, the founding of the People's Republic of China marked the beginning of the transition from a self-sufficient natural economy to an industrialized economy, from " Chinese people have stood up" to the exploration of the path of socialist modernization and prosperity. Complete new democratic revolution in 1949-1956 legacy burden at the same time, open the link for the center with priority to the development of industry, "the backward agricultural country" as "advanced industrial country socialism" the socialist construction of a new journey, through the way of "transform" establish the yuan under the administration of the rural public property, centralized and unified the country by means of administrative and political limited surplus, lay the indispensable material basis for the reform and opening to the outside and solid premise condition.

Reform and opening up took the lead in rural areas in 1978. When the poor rural people at the bottom push forward the "bottom-up" spontaneous change, and the imbalance between the rising income and cost index at the national level drives the "top-down" self-conscious change, the benign interaction between the two makes the policy looser and the system reform become a consensus. Rural reform era formed "rural politics" of "dual-track governance", namely, the weakening of political governance, farmers autonomous governance incipience, participation in community governance is limited, shaping the rural reform era relative public property. Firstly, relative to the plan time rural low efficiency, insufficient economic growth and relatively abundant public property, reform era "rural politics" of "dual-track governance" rural modern rapid economic development and public property is relatively abundant. Secondly, compared with the relatively rapid development of farmers' agriculture and rural economy in the reform era and the abundance of urban public property in the same period, the rural public property in the reform era presents a relatively insufficient, unbalanced and even poor and scarce situation.

According to the property theory of scientific socialism, the production of material means of life reflects the "relationship between man and nature" and the "common mode of activity" between people, which indicates that property has dual attributes of productive forces (material content) and productive relations (social form). Property is the result of people's continuous objectification and materialization of their intrinsic power in the process of production. With the change of technology and the improvement of tools, people's ability to control nature and create wealth is constantly improved. Property also contains the property of relations of production. Property is essentially the relationship of rights between people after things. Property relationship is just the legal term of relations of production. Although property is embodied in an object, the object itself is not property. Only when the object is in a certain social relationship can it become property. For that matter, marketization, industrialization, industrialization, informationization, urbanization, modernization change factors such as belongs to the category of the same sequence, but the industrialization is the first cause, a country of "four modernizations propulsive synchronous" began, pilot, fundamental factors) essentially shape on the change of the contemporary Chinese countryside public property governance productivity and production relationship attribute interweave the era of economic position. If we take expanding middle-income groups as the starting point and promoting common prosperity in the vision of Chinese-style modernization road, more from belongs to the change of production relation level, then to technological changes as the kernel, efficiency as the purpose, with humanistic implication of industrialization, more and more change from belongs to the productivity level. For the purpose of this thesis, with the property of the double change of production relations and productive forces, "possession-the author note (property), you must adapt to productivity and communication of the universal nature", the marketization of rural public property must adapt to the free flow of factors of competition, equal exchange, neutral, credit ethics, integration of right protection, homogeneity, industrialization of technology upgrade, scale operation, the efficiency of paradigm, "humanistic" implication, the call of the knowledge economy, the urbanization of rural land and other public property value extension of reality, improve its value, providing rural public products and public service ability. So as to better release the economic vitality, develop the collective economy, protect the rights and interests of farmers, realize the integration of urban and rural equity and even realize common prosperity from the perspective of Chinese modernization road.

From "as the carrier the object", "to the right is the kernel", "relationship as essence", "relative fuzziness of public and private law" and "is neutral in the market competition principle", "home" to enhance the welfare of people value perspective, such as property and public property has the consistency of the logic starting point, concept elements of homogeneity, to protect the identity of the path, meaning to convergence characteristics. From this point of view, "rural public property" has three connotations: property, right and relation. In contemporary Chinese rural public property management concept, methods, mode change, there is a "state, the collective, coordinate the interests of farmers, efficiency and fair unity, integration of urban and rural balanced configuration" triple considerations, there is a "give full play to the functions of the government" in a new era of political governance, socialism with Chinese characteristics "market plays a decisive role in the allocation of resources" social collaborative governance and "the party leadership of autonomy, the rule of law, the combination of rule of virtue" of rural autonomous governance and the governance body and governance object standardization unity.

In the process of "the transition from history to world history", a high degree of methodological consciousness of contemporary Chinese Marx's property theory is formed, the essence of socialist public property with Chinese characteristics is correctly understood and fully grasped, and the problem consciousness, efficiency vision and fairness concept of property governance are established in methodology, help resist the absolute equalitarianism, wholesale privatisation, speculative shocks, thus for property values set up scientific socialism, the common property of socialism with Chinese characteristics of effective governance provides important methodology.

Reform, in the process of marketization, industrialization, urbanization and informationization, the concept of property, property logic relation with socialism, property possess great changes have taken place in truth, in the ownership of the property, value aim, significance, appeared a series of governance of path and lead to chaos, system arrangement and way out of the property is becoming more and more highlighted. In the modern rural market economy society composed of mobile and strangers, moralizing and maintaining the property order of the village rules and covenants are increasingly powerless, and the "good law" and "good governance" with rights as the logical core have become effective ways to maintain the rural public property relations. Change the traditional administration of one yuan, market-oriented management of one yuan, artist management of one yuan, reconstruction of decentralization, participation, fairness, multiple way of public affairs management, implementation of administration under the rule of law, morality, autonomy effectively present, reshaping rural community of fate (interest), to achieve "the equilibrium configuration of urban and rural integration", "to get rich on the road are not left behind" the rural fair value end-result of the governance of public property.

On the basis of collective economic development, rural public property abundance, industrialization and urbanization, market participation, etc, Baiquanyu in Shandong Province, Huaxi Village in Jiangsu Province, Da Lang Village in Dongguan, Guangdong Province and Gujia Village in Panxian County, Guizhou Province were selected as typical research examples, and questionnaire was designed. Through field investigation, questionnaire survey and in-depth interview, the experience and lessons in rural public property governance practice were summarized, and the effective governance mode of rural public property was reconstructed to form a regular understanding of rural public property governance practice.

In summary, the "Contemporary Chinese rural public property effective governance" is based on logical framework of "what, why, how" on the basis.

1. What is rural public property? What effective governance of rural public property is? According to the point of "From the phenomenological point of view, the property is nothing more than the power of human nature, life, will, wisdom, externalization, materialization and objectification. In essence, it is the relationship between people and property", we can define "public property": from the point of the phenomenon rural public property is externalization, materialization, object-oriented of

the nature of power, life, will, wisdom of a person (collective). Therefore, public property is land, hills, beaches, rivers, businesses and other tangibles and the aggregate stocks, bonds, patents and other intangibles (fictitious product). But in essence, it is the relationship between rural public property, not only referent relations between human and objects (natural), but also referent the relationship between people, especially the relationship between the villagers, collective, social, countries. Since the villagers referent relations, collective, social, rural nature between countries on public property, then the effective governance of rural public property, of course, inseparable from the executive-led governance, the villagers self-governance, benign tripartite between market forces and socialization interaction.

2. Why do we need public property in rural areas? Why do we need to bring about change in rural governance of public property? From a technical perspective, the quasi-public property under management in rural areas, profitability sexual surge conditions, increase the offer (basic) public goods and public services such as the ability for rural pure public property, so as to solve the rural non-competitive, non-exclusive public consumption problem. In essence, the reason for the need of public property in rural areas, the key lies in the rural countryside to protect public property "socialist nature" to achieve all enjoy the fruits of reform, to effectively deal with the "market failure" and the resulting lack of fairness problems. But in the traditional context of contemporary China marketization, industrialization, information technology, urbanization, agricultural modernization, restructuring the context of globalization, management of rural public property fall into trouble, even face dual threat between "market failure" and "government failure" so that rural public property features and properties faces a "coloring" danger.

3. Under the premise of rural public property preventing from changing the nature, how to achieve effective governance of rural public property? It should be recognized that, under the context of industrialization, marketization, information technology, urbanization, traditional

governance in rural public property encountered efficiency bottlenecks, fall into providing more and better public goods and public service, and thus it is difficult to achieve integration equity of balanced development between and urban. Thus we should start rural public property effective governance sticking to the principle of "country, farmers, coordinated collective interests, equity and efficiency of unity, under balanced allocation of urban-rural integration", by strengthening rural public property laws and regulation and promoting the construction of rural public property governance.

Key words: The governance of rural public property; Transition and reconstruction; Theoretical logic; Marx property theory methodology consciousness

目 录

导 论 …………………………………………………………………… (1)
  第一节 文献研究综述 ………………………………………………… (2)
    一 国外研究评述 ………………………………………………… (3)
    二 国内研究评述 ………………………………………………… (6)
  第二节 本课题的价值和意义 ………………………………………… (10)
    一 实际应用价值 ………………………………………………… (10)
    二 理论研究意义 ………………………………………………… (10)
  第三节 研究内容和基本观点 ………………………………………… (11)
    一 研究内容 ……………………………………………………… (11)
    二 基本观点 ……………………………………………………… (13)
  第四节 研究思路、研究方法和创新之处 …………………………… (15)
    一 研究思路 ……………………………………………………… (15)
    二 研究方法 ……………………………………………………… (15)
    三 创新之处 ……………………………………………………… (16)

第一章 传统乡村公共财产的官绅共治 ……………………………… (17)
  第一节 官绅共治视域下乡村公共财产的"夹缝"境遇 …………… (17)
    一 传统乡村"官绅共治" ……………………………………… (17)
    二 传统乡村公共财产的"夹缝"境遇 ………………………… (21)
  第二节 乡村公共财产治理内蕴的近代化变革 ……………………… (27)
    一 近世以降乡村"公共性"变革 ……………………………… (28)
    二 乡村治理的近代化变革 ……………………………………… (32)

第二章 计划时代乡村绝对公共财产的一元行政治理 …… (38)
  第一节 乡村一元行政治理结构与指令性计划治理模式 …… (38)

一　乡村治理变革的双重认知 …………………………… (38)
　　二　乡村一元行政治理模式的形成 …………………… (41)
第二节　乡村绝对公共财产治理 …………………………………… (46)
　　一　乡村绝对公共财产的变革历程 …………………… (46)
　　二　乡村绝对公共财产的历史方位 …………………… (52)

第三章　改革时代乡村相对公共财产的"双轨治理" ……… (59)
第一节　乡政村治与"双轨治理" ……………………………… (59)
　　一　从"政社合一"到"乡政村治" …………………… (60)
　　二　从一元行政治理到"双轨治理" …………………… (61)
第二节　计划·市场二元运行机制下乡村相对公共财产 …… (66)
　　一　乡村绝对公共财产到相对公共财产 ……………… (66)
　　二　乡村公共财产的"权利化"重构 …………………… (72)

第四章　乡村公共财产治理变革的时代经济方位 ………… (78)
第一节　扎实推进共同富裕的实践探索和理论自觉 ………… (79)
　　一　中国共产党扎实推进共同富裕的实践探索 ……… (80)
　　二　中国共产党扎实推动共同富裕的理论自觉和
　　　　经验启示 ……………………………………………… (90)
第二节　工业化、财产效率范式及其"人本"意蕴 …………… (96)
　　一　以技术范式为内核、以财产效率范式为旨归的
　　　　工业化 ………………………………………………… (97)
　　二　财产效率范式的"人本"意蕴 ……………………… (103)

第五章　乡村公共财产治理的内在逻辑与方法论自觉 … (108)
第一节　乡村公共财产论 ………………………………………… (109)
　　一　财产 ………………………………………………… (110)
　　二　乡村公共财产 ……………………………………… (112)
　　三　不同视角下的乡村公共财产观 …………………… (119)
第二节　乡村治理论 ……………………………………………… (122)
　　一　治理 ………………………………………………… (122)
　　二　多元化治理 ………………………………………… (126)
　　三　治理客体的规范化 ………………………………… (132)

第二节 新时代乡村公共财产治理的四重方法论原则 ……… (138)
　　一 本体论方法：当代中国乡村公共财产问题的
　　　实质 ……………………………………………… (138)
　　二 认识论方法：乡村公共财产治理的问题意识、
　　　效率视野和公平理念 …………………………… (140)

第六章 乡村公共财产的有效治理及其价值归宿 ……… (150)
第一节 乡村公共财产关系的法治化治理 ……………… (150)
　　一 有序财产关系维系的法制利器 ………………… (151)
　　二 公共财产关系的法治化治理 …………………… (155)
第二节 乡村公共治理全要素的有效在场 ……………… (160)
　　一 乡村公共治理要素"合力论" …………………… (160)
　　二 行政治理的有效在场 …………………………… (164)
　　三 乡村命运共同体的重构 ………………………… (167)
第三节 乡村公共财产治理的公平化价值归宿 ………… (172)
　　一 财产公平理念：公共性的应有之义 …………… (172)
　　二 财产公平的实践指向 …………………………… (178)

第七章 乡村公共财产治理的实证研究 …………………… (188)
第一节 调研访谈问卷 …………………………………… (188)
第二节 乡村公共财产治理实录 ………………………… (211)

参考文献 ………………………………………………………… (222)

索　引 …………………………………………………………… (237)

后　记 …………………………………………………………… (245)

Contents

Introduction ··· (1)
1.1 Literature review ··· (2)
   1.1.1 Review of foreign studies ·· (3)
   1.1.2 Review of domestic research ···································· (6)
1.2 Value and significance of this topic ································· (10)
   1.2.1 Practical application value ····································· (10)
   1.2.2 The significance of theoretical research ···················· (10)
1.3 Research contents and basic views ································· (11)
   1.3.1 Research contents ·· (11)
   1.3.2 Basic ideas ··· (13)
1.4 Research ideas, research methods and innovations ········· (15)
   1.4.1 Research ideas ·· (15)
   1.4.2 Research methods ·· (15)
   1.4.3 Innovations ·· (16)
Chapter 1 Government – gentry joint governance of traditional rural public property ························· (17)
1.1 "Caught in the gap" situation of rural public property from the perspective of co – governance of officials and gentlemen ··· (17)
   1.1.1 The traditional rural "ruling by officials and gentry" ········· (17)
   1.1.2 The traditional rural public property "crack" situation ······ (21)
1.2 The modernization transformation of rural public property governance ··· (27)
   1.2.1 The rural "publicity" changes in modern times ············· (28)

1.2.2　The modernization of rural governance ……………… (32)

Chapter 2　The unitary administrative governance of absolute public property in rural areas in the planning era …… (38)

2.1　The unitary administrative governance structure and mandatory planned governance mode in rural areas …… (38)

 2.1.1　The dual cognition of rural governance reform ………… (38)

 2.1.2　The formation of a unitary administrative governance model in rural areas ………………………………………… (41)

2.2　Governance of absolute public property in rural areas …… (46)

 2.2.1　The transformation process of rural absolute public property ……………………………………………………… (46)

 2.2.2　The historical position of absolute public property in rural areas …………………………………………………… (52)

Chapter 3　"Dual-track Governance" of rural relative public property in the reform era ……………………… (59)

3.1　Township and village governance and "dual-track governance" ………………………………………………… (59)

 3.1.1　From "integration of government and society" to "township government and village governance" ………………… (60)

 3.1.2　From unitary administrative governance to "dual-track governance" ……………………………………………… (61)

3.2　Relative public property in rural areas under the dual operation mechanism of planning and market ……………… (66)

 3.2.1　Absolute public property in rural areas to relative public property ………………………………………………… (66)

 3.2.2　The "right" reconstruction of rural public property ……… (72)

Chapter 4　Economic orientation of the times of rural public property governance reform …………………… (78)

4.1　The unremitting pursuit of "expanding middle-income groups and promoting common prosperity" ……………… (79)

4.1.1 The beneficial exploration of "expanding middle – income groups and promoting common prosperity" in the period of socialist revolution and construction .... (80)
4.1.2 In the new era of reform, opening up and socialist modernization, a new conclusion of "expanding middle – income groups and promoting common prosperity" has been formed .... (90)
4.2 Industrialization, property efficiency paradigm and its "people – oriented" implication .... (96)
4.2.1 Industrialization with technology paradigm as its core and property efficiency paradigm as its goal .... (97)
4.2.2 The "people – oriented" meaning of the property efficiency paradigm .... (103)

Chapter 5 Internal logic and methodological consciousness of rural public property governance .... (108)
5.1 Theory of rural public property .... (109)
5.1.1 Property .... (110)
5.1.2 Rural public property .... (112)
5.1.3 Views on rural public property from different perspectives .... (119)
5.2 Theory of rural governance .... (122)
5.2.1 Governance .... (122)
5.2.2 Diversified governance .... (126)
5.2.3 Standardization of governance objects .... (132)
5.3 Four methodological principles of rural public property governance in the new era .... (138)
5.3.1 The ontology method: the essence of contemporary Chinese rural public property problem .... (138)
5.3.2 Epistemological methods: problem awareness, efficiency vision and fair idea of rural public property governance .... (140)

Chapter 6 Effective governance of rural public property and its value destination .... (150)

6.1　Rule of law governance of rural public property
　　　relations ………………………………………………… (150)
　　6.1.1　Legal weapon for maintaining orderly property relations … (151)
　　6.1.2　The rule of law governance of public property relations … (155)
6.2　Effective presence of all elements of rural public
　　　governance …………………………………………… (160)
　　6.2.1　The elements of rural public governance "force
　　　　　　theory" ………………………………………………… (160)
　　6.2.2　Effective presence of administrative governance ………… (164)
　　6.2.3　Reconstruction of the Community of Rural Destiny ……… (167)
6.3　The fair value destination of rural public property
　　　governance …………………………………………… (172)
　　6.3.1　The concept of property equity: the proper meaning of
　　　　　　publicity ………………………………………………… (172)
　　6.3.2　The practice of property equity points to ………………… (178)

Chapter 7　Empirical study on governance of rural public
　　　　　　property ……………………………………… (188)
7.1　Survey interview questionnaire …………………………… (188)
7.2　Rural public property management record ……………… (211)

Reference ……………………………………………………… (222)

Index …………………………………………………………… (237)

Postscript ……………………………………………………… (245)

导 论

近年来，在市场化、工业化、城镇化、信息化与全球化交织的转型语境下不断推进乡村治理体系和治理能力现代化构思，日益把我国乡村公共财产治理问题突出出来。市场化对要素自由流动、平等交换的诉求与工业化、城镇化对土地等乡村公共财产价值的扩展相耦合所引致的乡村公共财产场域的变迁，在历史与现实的交汇点上把过去可为传统权威所弥合的乡村公共财产治理困境在当代话语空间中释放出来，由此激起的一波波财产涟漪给农民利益保障、乡村稳定和发展、实现共同富裕乃至中华民族的伟大复兴带来极大挑战①。

"乡村公共财产治理的变迁逻辑与方法论自觉"是一个科学社会主义财产理论层面上的跨学科的重要理论课题，其理论实质是探讨在市场化、工业化、信息化与城镇化交织的转型语境下我国乡村公共财产治理的现实基础、运行机制、治理结构、治理方式，以及治理模式的理论概括和治理思路的提炼，昭示乡村公共财产治理的意义、特性、困难和发展方向，以期实现治理体系和治理能力现代化，提升其保值增值、提供乡村公共产品和公共服务的能力，从而更好地释放乡村经济活力、发展乡村集体经济、增进乡村公共利益、保障农民权益乃至实现中国式现代化道路视域中的共同富裕。

"一个时代的迫切问题，有着和任何在内容上有根据因而也是合理的问题共同的命运：主要的困难不是答案，而是问题。……问题是时代的格

---

① 在四化同步推进的社会转型进程中，以农村土地、森林、草原和乡村企业为主要形式的农村准公共财产在占有、使用、收益、处分过程中出现了一系列新情况与新问题，如小产权房、城乡二元土地结构、集体土地市场的缺失、乡村企业集体财产的流失等，成为影响农村经济发展、社会稳定的核心因素。

言，是表现时代自己内心状态的最实际的呼声。"① 问题的提出就是问题的解决。政策决策层和理论界也已注意到这一问题的严峻性，这不仅表现在与乡村公共财产相关的三农问题多年来成为中央的头号文件，成为党和政府的工作重心，而且表现在近年来政策决策层所提出的与乡村公共财产相关的"乡村振兴""深化农村集体产权制度改革""保障农民财产权益""壮大集体经济""发展适度规模经营""促进农村一二三产业融合发展""赋予农民更多财产权利""建构城乡一体化的建设用地市场""工业化、城镇化与农村土地产权制度改革研究""土地金融发展的制度基础""城乡要素平等交换和公共资源均衡配置"等政策。但不得不承认的一点是，在我国学界，因追求实践应对和政策实效而在当代中国乡村公共财产问题治理上，在科学回答和合理解决当代中国乡村公共财产问题"从何处来"和"往何处去"上，呈现出功利化、短期化、碎片化、现象化的潜在逻辑，这就难以规避当代中国乡村公共财产问题治理上或被纯思辨化，或被绝对平均主义，或被全盘私有化，或被错误的价值观所误导的倾向。因而在笔者看来，当代中国乡村公共财产问题是作为发展中国家的中国在工业化、信息化、城镇化和全球化发展进程中形成的，当代中国乡村公共财产治理理论要在其"内容和形式"上实现与处于工业化、信息化、城镇化和全球化转型进程中的中国社会经济现实接触并相互作用，在科学社会主义财产理论和中国特色社会主义市场经济实践有机结合中，才能为最终解决这一问题做出智识性努力。

第一节 文献研究综述

在"四化同步推进""乡村振兴""新农村建设"语境下，规避"乡村空心化""公共财产虚置""公地悲剧"等触目惊心的现实，在乡村公共财产有效治理中实现城乡一体化、促进全体人民共同富裕的理论研究意

---

① 《马克思恩格斯全集》第1卷，人民出版社1995年版，第203页。这与爱因斯坦"提出一个问题往往比解决一个问题更重要，因为解决问题也许仅仅是一个数学上或实验上的技能而已，而提出新的问题，新的可能性，从新的角度去看待旧的问题，却需要有创造性的想象力，而且标志着科学的真正进步"的思想有异曲同工之妙。

义重大。

一 国外研究评述

从国外文献来看，在公共财产范畴界定上，保罗·萨缪尔森（1954）首次提出"每个人对这种产品的消费都不会导致其他人对该产品消费的减少"[①]，形成了纯公共财产的消费"非竞争性"属性；马斯格雷夫（1969）提出"消费的非排他性"[②]；至此，形成了纯公共财产的经典性论述——消费的"非排他性"、"非竞争性"两个根本属性。布坎南（1965）在《俱乐部经济理论》中论述了"排他性"、"不完全竞争性"的准公共财产理论。从本论题中的"公共财产"范畴来看，奥尔森在《集体行动的逻辑》中所提出的公共物品范畴更值得思索，"公共物品"即"在此定义一个公共的或集体的物品为：任何物品，如果一个集团 X_1，……X_i，……，X_n 中的任何个人 X_i 能够消费它，它就不能不被那一集团中的其他人消费。换句话说，哪些没有购买任何公共或集体物品的人不能被排除在对这种物品的消费之外，而对于非集团物品是能够做到这一点的。"[③]

公共财产问题横亘人类始终。公共事物进入学者视野，最早可追溯至亚里士多德："凡是属于多数人的公共事物常常是最少受人照顾的事物，人们关怀着自己的所有，而忽视公共的事物；对于公共的一切，他们至多只留心到其中对他个人多少有些相关的事物"[④]。大卫·休谟《人性论》首次论述在公共事物中普遍存在的"搭便车"现象[⑤]。其后，在公共财产和公共事物的治理样态中，存在着"公地悲剧（哈丁）"、"囚犯困境博弈（纳什）"、"集体非理性行动逻辑（奥尔森）"等诸多方式，揭示了在公共事物治理过程中，个人理性的结果却是集体选择的非理性、公共事物的治理悲剧，导致了公共事物收益的减损和不可持续性发展，在一定程度上损害了集体利益和个人长远利益的最大化。

为了规避公共事物悲剧和非理性化，奥普尔斯提出"把利维坦作为唯

---

① ［美］萨缪尔森：《经济学（第12版）》，中国发展出版社1992年版，第1194页。
② R. A. Musgrave, The Theory of Public Finance, New York: McGraw-Hill, 1969.
③ ［美］曼瑟尔·奥尔森：《集体行动的逻辑》，上海人民出版社1995年版，第13页。
④ ［古希腊］亚里士多德：《政治学》，商务印书馆1983年版，第48页。
⑤ ［英］大卫·休谟：《人性论》，商务印书馆1983年版。

一手段"方案,从而得出"对公共财产实行强制性的政府集中控制"的结论。在罗伯特·J. 史密斯看来,"无论是对公共财产资源所做的经济分析还是哈丁关于公地悲剧的论述,都说明在自然资源和野生动植物问题上避免公共池塘资源悲剧的唯一方法,是通过创立一种私有财产权制度来终止公共财产制度。"① 对此,他提出彻底的"私有化"方案,从而得出"以完全的私有财产权利来替代公共财产"的结论。埃莉诺·奥斯特罗姆指出,"极少有制度不是私有的就是公共的——或者不是'市场的'就是'国家的'。许多成功的公共池塘资源制度,冲破了僵化的分类,成为'有私有特征'的制度和'有公有特征'的制度的各种混合,这些制度能成功的在'存在着搭便车和逃避责任的诱惑的环境中',能使人们取得富有成效的结果。"② 据此,埃莉诺·奥斯特罗姆得出混合公有化与私有化之间的"自治化"治理之道。除此之外,萨瓦斯的"民营化"、雷内的"国家中空化"、彼得塞尔夫的"市场治理"等理论界说,也提出了富有启发性的路径或方案。

20 世纪 30 年代,凯恩斯主义不断扩张政府的经济职能,使得政府干预、政府支出增长成为常态,政府的"守夜人"角色转变为经济调控的"有形之手",公共经济学应运而生。近百年来,公共经济学说(公共财产理论界说)历经沉浮、毁誉参半。从与本课题的关联度上来看,研究文献主要集中在共有和总有财产制度设计③、公共选择理论④、公共产品理论⑤、公共财政理论⑥、公共管

---

① [美]埃莉诺·奥斯特罗姆:《公共事务治理之道》,上海三联书店 2000 年版,第 27 页。
② [美]埃莉诺·奥斯特罗姆:《公共事务治理之道》,上海三联书店 2000 年版,第 243 页。
③ 《圣西门选集》,商务印书馆 1962 年版;《傅立叶选集》,商务印书馆 1982 年版;《欧文选集》,商务印书馆 1979 年版。
④ [美]梅里利·格林德尔:《公共选择与政策变迁》,商务印书馆 2016 年版;[美]丹尼斯·缪勒:《公共选择理论(第 3 版)》,中国社会科学出版社 2017 年版;[美]塔洛克:《公共选择——戈登·塔洛克论文集》,商务印书馆 2011 年版。
⑤ [美]罗伯特·达尔:《公共物品的需求与供给》,上海人民出版社 2017 年版;[美]詹姆斯·布坎南:《公共物品的需求与供给》,上海人民出版社 2009 年版。
⑥ [美]布坎南:《同意的计算》,上海人民出版社 2017 年版;《民主财政论:财政制度与个体选择》,中国人民大学出版社 2020 年版;《公共财政与公共选择:两种截然不同的国家观》,中国财经出版社 2001 年版;《宪则经济学:人类集体行动机制探索》,中国社会科学出版社 2017 年版。

理及公共政策①、产权经济学（新制度经济学）②等领域。其核心观点概要如下：公共部门占有和控制的公共财产，具有非竞争性、非排他性的公共产品和服务性质；其产生是政府应对"市场失灵"的结果，但在运行中也要规避"政府失灵"问题；其存在形态主要有业务性财产、非业务性财产、社区财产、设施类财产四种；其具有政府集中控制、市场化治理与自主治理三种管理模式；在具体运行监控机制上，通过公司制改造，多元化股权结构，法制化和规范化管理等方式，实现公共财产的分类管理及其不同经营目标。

综上所述，尽管西方也存在区域性乡村公共财产问题，也存在共有和总有财产制度设计（特别是公共产品和公共选择理论），但在市场自由主义和个人主义价值理念下，特别是由于西方工业化、城市化、现代化进程的结束，西方社会并未产生出一个独立于或不同于一般财产治理框架的特殊的乡村公共财产治理课题（总有财产不是团体法语境下的成员财产，而是个人法语境下的共有财产，因而是一种共有人对共有财产的随时分割请求权的制度设计）。当然，我国当代市场化、工业化、信息化、农业现代化与城镇（市）化所引致的拟态环境，昭示着基于经济学研究的多学科介入并历经百年发展出的系统的西方公共财产理论和方法对我国乡村公共财产治理的有益启示。

二 国内研究评述

从国内文献来看，以"公共财产"为题名的当代研究可溯至1999年③（当然，从宽泛意义或逻辑上来说，1992年市场化改革之后的农村经济和集体资产研究可以划为这一范畴内）史丹、何骏发表在《财政研究》上的《从国有资产管理到公共财产管理》一文。这标示着在国有财产比重下降

---

① ［美］休斯：《公共管理导论（第四版）》，中国人民大学出版社2015年版；［美］奥沙利文：《公共管理研究方法（第五版）》，中国人民大学出版社2014年版；［美］伯克利：《公共管理的技巧》，中国人民大学出版社2007年版。
② ［美］R. 科斯等：《财产权利与制度变迁》，生活·读书·新知三联书店1991年版。
③ 在笔者看来，公共财产问题的凸显是在改革开放后农村家庭联产承包责任制落实之际，理论上或者说从逻辑上来说给予格外关注应该是在20世纪80年代计划经济到有计划的商品经济特别是1992年我国准备实行市场经济之时。

到40%、集体财产比重上升为30%，以及从坚持建设型财政体系到探索建立公共型财政框架的现实背景下，学界关注重心出现了从国有资产理论到公共财产理论的转变，当代公共财产理论应运而生，其后关照公共财产理论的文献陆续出现，成了大家踊跃探讨的一个新课题。从文献总体结构看，主要集中于三大块，即国有财产（其中国家机关、国有企业与国有事业单位财产研究，以及是国有与公共产品供给研究主体），集体财产（其中集体企业、事业单位、经济组织中的财产研究是主体），共同共有财产（其中公益事业、社会捐助和专项基金研究是主体），其他公共财产研究相对于庞大的公共财产文献总量而言则可忽略不计，这一文献结构既突显出转型期公共财产运作的时代特征（即以工业化、城镇化和市场化交织语境下的重点、热点、难点公共财产课题为实践支点），也折射出因追求实践应对和政策实效而在公共财产治理中所表现出的功利化、短期化和现象化的潜在逻辑。与本课题相关的研究主要有五个方面：

1. 从"农村公共财产管理"范畴入手，阐述农村公共财产管理理论。丁学东、王晓玲等探讨了农村公共财产内涵、范围及分类，农村公共财产的形成、特点及作用，农村公共财产性质和功能，农村公共财产产权的界定、权属与经营使用，农村公共财产管理的意义、目标及任务，农村公共财产管理的原理、原则及方法，农村公共财产管理的特征、对象及内容等，这些研究成果为我们建构科学的乡村公共财产治理理论奠定了基础[①]。

2. 从多个层面研究和论述变革农村公共财产管理模式的必要性和重要性。吴光炳、刘远风等指出了由于体制机制、管理和认识方面的原因，农村公共财产普遍存在界定不清、立法滞后、管理不善、流失严重、效益不佳、监督不力等问题，因而极有必要改革现有的农村公共财产管理模式[②]。叶红玲、史丹等探讨了在促进共同富裕、实现小康和农村现代化、实现社会稳定等方面，加强农村公共财产管理和实现农村公共财产保值增值的重

[①] 丁学东：《公共财产管理》，中国财政经济出版社2000年版；王晓玲：《行政性公共财产绩效管理研究》，立信会计出版社2008年版。

[②] 吴光炳：《城乡收入差距是如何扩大的？——兼与几种流行观点商榷》，《湖北经济学院学报》2004年第1期；刘远风：《土地权利与农村空心化治理》，《经济学家》2014年第5期。

要性①。

3. 从法学、政治学、经济学、社会学、管理学等多个角度探索农村公共财产有效管理的途径与方式。在孟勤国、杨代雄看来,只有通过清晰界定农村公共产权,明确管理主体,建立运营体系,完善管理机制,健全评估和监督机制,搞好制度建设,实现规范化、制度化和法治化管理等途径,才能实现农村公共财产的有效管理②。

4. 对农村公共财产管理的实证考察。贺雪峰、董江爱、周其仁等学者对各地农村土地、森林、企业、村道维修、公共水利等农村公共财产治理的实证考察构成了本课题的重要参考资料(农村公共财产管理中的体制机制性弊病;农村公共财产管理需理顺的关系和应注意的问题③;农村公共财产管理的改革方向、方式和重点;农村公共财产的管理、监督、营运机制;构建三个层次的农村公共财产管理机制,即行政监管、控股公司运营、企业具体经营;在科学经营和治理农村公共财产、转变政府职能、培育富有竞争力和社会责任感的集体经济组织和农民、发展规范运作的第三部门、加强政府、集体经济组织农民和第三部门等方面提出符合农村公共财产治理实际和需要的具有可操作性的解决办法),启发我们对农村公共财产治理进行深入地、富有规律性地再思考和再研究。

5. 对美国、英国、德国、日本、韩国和我国台湾地区实现农村公共财产有效治理的政策与措施的考察。集中反映在冯超、鄢奋④等一批学者的研究成果中,大致概括了儒家文化圈、欧美发达国家、亚太后发国家乡

---

① 叶红玲:《集体经营性建设用地的市场价值"新探"——广西北流的改革实践与探索》,《中国土地》2019年第4期;史丹:《新发展阶段走好新型工业化之路》,《智慧中国》2021年第4期。
② 孟勤国:《论新时代农村土地产权制度》,《甘肃政法学院学报》2018年第1期;杨代雄:《乡土生活场域中的集体财产:从权力到权利》,《当代法学》2005年第9期。
③ 贺雪峰:《宅基地、乡村振兴与城市化》,《南京农业大学学报(社会科学版)》2021年第6期;董江爱:《三晋政治——公共财产治理中的村民参与》,中国社会科学出版社2010年版;周其仁:《城乡中国》,中信出版社2017年版。
④ 冯超:《多中心合作:农村公共服务供给机制建构——台湾地区村(里)公共服务供给实践启示》,《闽台关系研究》2022年第3期;鄢奋:《日本农村公共产品供给制度分析》,《亚太经济》2009年第1期;陈志、李子贡:《我国农村公共品供给标准化研究——韩国"新村运动"的启示》,《农村经济》2019年第8期;刘会柏:《美国农村公共服务供给特点、经验与启示》,《人民论坛》2014年第8期;张要杰:《德国农村公共物品供给的经验研究——基于地方治理理论的视角》,《农业经济》2009年第6期。

村公共财产治理的实践经验，在公共产品公共服务均衡化发展、城乡一体化供给、乡村工业化发展路径等方面总结出了一些有益启示。但一些论述流于表面，缺乏规律性的经验总结，因此，这一研究尚有较大拓展空间。

当前乡村公共财产探究方兴未艾，但一个以乡村公共财产场域建构与治理应对为基础的乡村公共财产系统体系构造的缺失必然引致乡村公共财产在理论探究与政策结论上始终处于传统与现代的张力图谱之中，因而"乡村公共财产治理的变迁逻辑与方法论自觉"这一重要课题仍尚未在理论研究的整体上明确起来。换言之，当前公共财产探究方兴未艾，但学术界对于当代中国乡村公共财产治理研究的关注度不足，因而乡村公共财产的体系构建或乡村公共财产治理的系统学理构造尚须努力。就涉乡村公共财产的文献而言，其所占国内公共财产文献总量的比重也不足10%（就这10%的文献研究来看，主要侧重于农村经营性公共财产中土地产权、林权、矿权和企业产权的研究），这一边缘性研究特征与农村地区的面积、人口和战略地位极不相称。

究其根本原因，上述主要在"一元治理"范畴内的文献研究表明，当前乡村公共财产管理模式仍然摆脱不掉一元行政治理思维（行政干预与管制）、一元市场化治理、一元能人治理窠臼，而乡村公共财产的有效治理终究是农民实践首创、学界理论提升、政府行政许可、政策立法确认之间良性互动的结果；政策决策层（十八届三中全会涉农决议以来的一系列政策措施）在乡村公共财产问题上提出创新乡村治理机制，形成行政治理、社会参与治理与村民自主治理良性互动和党组织领导下的法治德治自治相统一的治理模式，这就使得"乡村公共财产治理的变迁逻辑与方法论自觉"具有了现实可能性。政策决策层和理论界显然也已注意这一问题，这不仅表现在与农村公共财产相关的三农问题多年成为中央的头号文件，成为党和政府的工作重心，更表现在十八大和十八届三中全会所提出的与农村公共财产相关的"赋予农民更多财产权利"、"建构城乡一体化的建设用地市场"、"工业化、城镇化与农村土地产权制度改革研究"、"土地金融发展的制度基础"、"城乡要素平等交换和公共资源均衡配置"等政策上。

除此之外，还存在四方面原因：（1）从文献总体结构看，学界研究主要侧重于乡村经营性、行政事业性和资源性公共财产中某一方面，这既突显出转型期农村公共财产运作的时代特征，也折射出因追求实践应对和政策实效而在乡村公共财产治理中所表现出的功利化、短期化和现象化的潜在逻辑。（2）从文献切入视角看，法律制度论、效率公平论、公共财政论、焦点热点论和产权交易论是五个主要的切入方向，它们以对乡村公共财产概念的不同的操作性定义而代表了乡村公共财产关照的不同社会定位，这些切入视角既突显出转型期乡村公共财产治理中所特有的价值冲突，也显露出转型期乡村公共财产治理理论探究所特有的逻辑折冲。（3）从文献叙事方式看，出现了一个以"中国特色"为主色调的历史叙事、观念叙事、改革叙事和现代性叙事等并存格局，这一叙事格局既突显出当前乡村公共财产关照的意识形态底布，也带来乡村公共财产探究视野的多元化或碎片化特征。（4）最后，因在乡村公共财产的性质和社会定位上的不足，以及不能有机整合乡村公共财产的治理历史、理论、现实和实证研究，因而必然在乡村公共财产的治理对象（数量、范围和使用方式，管理方式、管理体制和管理理论体系，治理框架，改革的方向、方式和重点）、内容、目标、手段、程序、方法、绩效考核研究乃至有效的政策设计上存在值得商榷之处。

第二节　本课题的价值和意义

一　实际应用价值

其一，乡村公共财产是中国特色社会主义乡村兴衰的晴雨表，乡村兴衰又是国运兴衰的指示器。乡村公共财产治理是当代中国"四化（工业化、信息化、城镇化和农业现代化）同步推进"发展战略机遇期的客观要求，是实现中国式现代化道路视域中的共同富裕的必然选择。在党的十八届三中全会和2014年中央1号文件中，"推进乡村公共财产治理体系和治理能力现代化"被列为改善乡村治理机制的重要任务和目标。而在市场化、工业化、信息化和城镇化的转型语境下，我国乡村公共财产的治理面临着诸多困境，致使其与快速发展的经济现实、良性发展的社会状况并不对称，且与城市发展存在一定差距，如何破除这些困境，进而实现我国乡村公共财产的有效治理，就成为亟待解决的重大现实问题。

其二，实现乡村公共财产的有效治理，是发展乡村集体经济，保障农民财产权益，统筹城乡一体化均衡发展，构建乡村新型经营体系的现实需要。明晰产权归属，促进产权流动，遵循市场经济规律，建构股份制和"两权分离"财产治理模式，大力发展多种形式的专业合作化和规模化集体经济组织，走出一条新型集体经济发展路子，才能切实保障农民的财产权益，提升乡村经济市场化水平和乡村公共财产保值增值能力，促进集体所有制优质高效良性健康发展，促进农业集约化、规模化、组织化、社会化程度。

二 理论研究意义

其一，目前学界缺乏一个以乡村公共财产场域建构与治理应对为基础的乡村公共财产系统体系构造，而且对"历史向世界历史"转变进程中经济哲学的跨学科的综合研究也较少。因此，本课题从研究内容和研究视角上有助于启发我们对当代中国乡村公共财产问题进行深入的、富有规律性的再思考和再研究，丰富和推进"转型语境下乡村公共财产治理"的理论研究，进而有助于深化我国乡村产权制度改革理论、丰富我国乡村公共财产法治化治理变革理论，重塑乡村命运（利益）共同体。

其二，系统探讨"乡村公共财产治理的变迁逻辑与方法论自觉"，形成高度的马克思财产理论方法论自觉，有助于澄清在财产理念、财产逻辑与社会形态（社会主义）关系上所存在的种种误读与误解，抵御绝对平均主义、全盘私有化、纯思辨化等价值理念的冲击，正确认识、全面把握中国特色社会主义公共财产问题实质，进而为科学社会主义财产价值观的树立、中国特色社会主义公共财产的有效治理提供重要的方法论启示。

第三节　研究内容和基本观点

一　研究内容

第一部分，乡村公共财产治理的历史变迁逻辑。以乡村公共财产场域的结构变迁为基础，把我国乡村公共财产治理问题分为古代、近代和现代三阶段来考察，重点关照新中国成立后计划时代乡村绝对公共财产运作阶段、改革初期乡村相对公共财产运作阶段的运行机制、治理模式和研究范式的演化，从中提炼出乡村公共财产治理的规律性认识和便于汲取的经验教训，进而实现乡村公共财产治理体系和治理能力现代化。

第二部分，乡村公共财产治理变革的时代经济方位。物质生活资料的生产体现出"人对自然界的关系"以及人们之间的"共同的活动方式"两个方面，这表明财产具有生产力（物质内容）和生产关系（社会形式）双重属性。财产就是人在生产过程中把自身内在本质力量不断对象化和物化的结果，随着技术的变革、工具的改进，人们驾驭自然、创造财富的能力不断提升。财产又内含着生产关系属性，财产本质上就是物之后人与人之间的权利关系，财产关系不过是生产关系的法律用语。虽然财产体现在一个物上，但物本身并不是财产，物只有处于一定社会关系中才成为财产。就此而论，市场化、工业化（工业化、信息化、城镇化、现代化等变迁因素属于同一序列的范畴，不过工业化是第一因，构成乡村"四化同步推进"的肇始性、先导性、基础性因素）实质上形塑了当代中国乡村公共财产治理变革的生产力属性和生产关系属性交织的时代经济方位。如果说以自由、平等、所有权为内核，以信用、契约为伦理和法制约束性内蕴的市场化，更多地从属于生产关系层面上的变革，那么以技术变迁为内核、以效率为旨归、内含人本意蕴的工业化，更多地从属于生产力层面上的变革。就本论题而言，随着财产的生产关系属性和生产力属性的双重变迁，"占有（财产——笔者注）就必须带有适应生产力和交往的普遍性质"，乡村公共财产必须适应市场化对要素自由流动、平等交换、中性竞争、信用伦理、一体化保护、权利同质性的诉求，工业化对技术提升、规模经营、效率范式、"人本"意蕴、知识经济的呼唤，城镇化对土地等乡村公共财产价值扩展的现实，提升其保值增值、提供乡村公共产品和公共服务的能力，从而更好地释放经济活力、发展集体经济、保障农民权益、实现城乡一体化公平旨归乃至实现中国式现代化道路视域中的共同富裕。

第三部分，乡村公共财产治理的内在逻辑与方法论自觉。从"以物为载体""以权利为内核""以关系为本质""公私权界的相对模糊性""在市场化中适用中性竞争原则""以增进民众福祉为价值归宿"等方面来看，财产和公共财产具有逻辑起点的一致性、概念要素的同质性、保护路径的相同性、意义指向的趋同性特点。就此而论，"乡村公共财产"具有物、权利、关系三重内涵。在当代中国乡村公共财产治理理念、方式、模式变革上，存在着"国家、集体、农民利益相协调，效率与公平相统一，城乡一体化均衡配置"三重考量，存在着"更好地发挥政府作用"的新时代中国特色社会主义行政主导治理、"市场在资源配置中起决定性作用"的社会协同治理和"党组织领导的自治、法治、德治相结合"的乡村自主治理等多元治理主体和治理客体规范化相统一。在"历史向世界历史的转变"进程中，当代中国存在马克思批判西欧社会财产现实的"类似语境"和"人类共有性社会财产问题"。鉴此，形成高度的马克思财产理论方法论自觉，正确认识、全面把握中国特色社会主义乡村公共财产问题实质，在方法论上确立财产治理的问题意识、效率视野与公平理念，有助于抵御绝对平均主义、全盘私有化、纯思辨化的冲击，进而为科学社会主义财产价值观的树立、中国特色社会主义公共财产的有效治理提供重要的方法论启示。

第四部分，乡村公共财产的有效治理及其价值归宿。改革以降，在市场化、工业化、城镇化、信息化进程中，人们的财产理念、财产逻辑与社会主义关系，财产占有事实都发生了巨大变化，在财产的归属、价值诉求、意义、治理路径以及最终指向方面又出现了一系列的混乱，财产的制度安排和出路等问题越来越凸显出来。在流动性的、陌生人组成的现代乡村市场经济社会中，道德说教和乡规民约的财产秩序维系方式越来越力不从心，以权利为逻辑内核的"良法"、"善治"成为维系乡村公共财产关系的有效方式。变革传统一元行政治理、一元市场化治理、一元能人治理，重建分权、参与、公平、多元的公共事务治理之道，实现行政主导下的法治、德治、自治的有效在场，重塑乡村命运（利益）共同体，才能最终实现"城乡一体化均衡配置""致富路上一个都不掉队"的乡村公共财产治理的公平价值归宿。

第五部分，乡村公共财产治理的实证研究。以集体经济发达度、农村公共财产充裕度、工业化和城镇化度、市场参与度等为依据，设计调研访谈问卷，进行抽样访谈调研。选择山东百泉裕、江苏华西村、广东东莞大朗村和贵州盘县顾家村作为乡村公共财产治理的调研典型，通过实地调研、问卷调查、深度访谈等方式，搜集乡村公共财产治理的经验实证材料，总结经验教训，重构乡村公共财产有效治理模式，形成乡村公共财产治理实践的规律性认识，保证研究的解释力和预测力。

二　基本观点

（一）从"以物为载体""以权利为内核""以关系为本质""公私权界的相对模糊性""在市场化中适用中性竞争原则""以增进民众福祉为价值归宿"等方面来看，财产和公共财产具有逻辑起点的一致性、概念要素的同质性、保护路径的相同性、意义指向的趋同性特点。就此而论，具有"物""权利""关系"三重内涵的乡村公共财产，是指公有范围相对狭窄、只涉及全体村民或部分村民利益的公共财产，包括农村集体所有的土地、森林、荒地、滩涂、房屋、企业、版权、专利权等有形和无形财产；从能指范围上来看，乡村公共财产与农村集体财产大致吻合，本选题之所以采用乡村公共财产这一术语，主要是因为在价值诉求上期望打破城乡双轨制弊病，建构整个国家范围内统一的公共财政意义上的公共财产（如公共医疗、公共卫生、公共教育等），从而最终提供城乡一体化式意义上的公共产品、公共服务；乡村公共财产在农业生产合作化运动中产生，在人民公社化运动中发展壮大，在历史、政策和制度变革因素作用下弱化；其具有保值增值和为乡村提供公共产品、公共服务的功能；其具有非规范性、集体成员自然获得财产权、二元结构性和与政府关系不分性等特征。

（二）市场化、工业化（工业化、信息化、城镇化、现代化等变迁因素属于同一序列的范畴，不过工业化是第一因，构成乡村"四化同步推进"的肇始性、先导性、基础性因素）实质上形塑了当代中国乡村公共财产治理变革的生产力属性和生产关系属性交织的时代经济方位。市场化、工业化、信息化和城镇化的转型语境日益把当代中国乡村公共财产治理问题凸现出来，乡村公共财产的模糊定性、"二国营"身份、传统行政干预和管制等弊病，与市场化对要素自由流动、平等交换的诉求，城镇化对资源价值的扩展，工业化对规模经营的要求相背离，也与主要为乡村提供公共产品和公共服务原则相背离，还在某种程度上加深城乡收入差距，因而乡村公共财产必须转换治理思维、改善治理方式、改进治理模式；在世界历史视野中，欧美韩日和我国台湾地区都经历过乡村经济滞后、乡村发展缓慢到不断实现城市乡村均衡发展历程，经历过农业社会、工业社会、信息社会的发展进程，这在一定程度上对我们具有借鉴意义；当代中国乡村公共财产的有效治理对共同富裕、全面建设社会主义现代化国家。

（三）当代中国快速发展的经济社会现实，公共财政转型，以及党和政府全面深化改革的决心（十八届三中全会涉农决议以来的一系列政策措施）使得当代中国乡村公共财产治理面临难得的历史机遇；在理念上，通过公共财产的保值增值来为乡村提供更好的公共财政、公共产品和公共服务；坚持效率和公平相统一，行政治理、市场化参与治理、村民自主治理良性互动，"四化"同步推进，国家、集体、农民利益相协调的原则；在具体治理路径上，必须清晰界定产权关系，建立产权流转交易市场，推动产权股份制改革，加强资产运营管理水平，保障农民集体成员权利和股份权利，发展壮大乡村集体经济。

第四节 研究思路、研究方法和创新之处

一 研究思路

总体上看，本书稿大致以"历史变迁←→时代经济方位←→问题锁定←→理论创新←→方法论自觉←→治理重构←→实证检验"思路展开研究①。一是解析2000多年的乡村公共财产治理递嬗变迁，探讨历史惯性所

---

① 总体上看，从历史变迁出发——界定实践问题——形成相关理论——探讨阐述乡村公共财产治理基本特点和规律——提炼建构性逻辑框架和方法论自觉，构成本选题的结构性逻辑。

遗留的不绝如缕、延续至今的乡村公共财产的"财""治""公""私"格局；二是在"四化同步推进"（"城市化、工业化、信息化、现代化"）和"市场化""全球化"叠加因素作用下，乡村公共财产治理处于世界百年未有之大变局和新时代语境，明晰乡村公共财产治理的时代经济方位，厘清问题所在，由问题语境确立选题的战略地位和时代价值，由此确立研究的经验起点；三是以问题为中心检索文献，创作综述，进行问题的再锁定（修正问题提法和问题切入），在新的逻辑起点上展开研究，创新理论，建构体系，保证研究的前沿性和独创性；四是形成高度的马克思财产理论方法论自觉，推进我国乡村公共财产治理的规律性认识，保证研究的可重复性和可预测性；五是由理论下降到实践，系统指导乡村公共财产有效治理路径，实现行政主导下的法治、德治、自治的有效在场，重塑乡村命运（利益）共同体，从而最终实现"城乡一体化均衡配置""致富路上一个都不掉队"的乡村公共财产治理的公平化价值归宿；六是通过实证调研和典型案例分析，保证研究的可检验性和可解释力。

二 研究方法

在整体研究上，本选题以发展着的马克思主义财产理论为指导，并批判地汲取域内外公共财产治理理论的合理因素。在具体研究上主要采用：

1. *文献研究*。财产问题是一个涵盖哲学、社会学、管理学、法学、经济学、政治学的跨学科的复杂问题。在浩如烟海的资料中，本文主要从经济哲学角度梳理分析国内外学术界对乡村公共财产治理的相关研究成果，夯实研究工作的科学性和权威性。

2. *抽样调查*。选择山东百泉裕、江苏华西村、广东东莞大朗村和贵州盘县顾家村作为乡村公共财产治理的调研典型，通过实地调研、问卷调查、深度访谈等方式，搜集乡村公共财产治理的经验实证材料，保证研究的解释力和预测力。

3. *科学的分析和价值评判相结合*。财产既是安定、繁荣、富强、有序、文明的晴雨表，也是暴力、革命、战乱、动荡、冲突的指示器。有鉴于此，本书稿科学的分析和价值的评判是有机统一的：一方面，拒斥主观动机、欲望因素的掺杂，坚持不偏不倚的研究、公正无私的科学探讨，清晰、准确、客观地描述；另一方面，既然财产关涉人们心中最激烈、最卑鄙、最恶劣的感情,那么公平、正义就是我们梦寐以求的夙愿。

4. 历史与逻辑相统一。从传统中国财产问题治理的历史轨迹中归纳其运动的内在逻辑,昭示当代中国乡村公共财产治理的具体路径。

三 创新之处

本书尝试在以下几方面力求有所创新:1. 选题前沿。系统回答市场化、工业化等财产的生产力属性和生产关系属性双重变迁语境中乡村公共财产治理课题,及时回应转型语境下乡村公共财产治理实践的迫切需要。2. 视角新颖。以经济哲学视角切入乡村公共财产问题,以治理概念统合行政治理、社会多方力量参与治理与乡村自主治理,解决了探究高度和碎片化问题。3. 内容全面。以转型期乡村公共财产场域结构变迁逻辑系统整合历史与现实、理论与实践、宏观与微观的乡村公共财产治理探究。4. 结论前瞻。以乡村公共财产治理变迁为镜鉴,以乡村公共财产治理典型为案例,形成高度的马克思财产理论方法论自觉,建构乡村公共财产治理框架,突破乡村公共财产治理工作中的权变应对模式。

第一章 传统乡村公共财产的官绅共治

作为小共同体的乡村公共财产,在传统中国政治话语中扮演了一个极其消极的角色。秦汉以降,国家能力和资源的有限性、官治的刚性缺陷、官僚体系治理能力的不足,使得公权力时时需要私权力的配合支持来共同维系庞大乡村的治理,"官主绅辅"式乡村治理结构应运而生。但是,劳心者治人食于人和劳力者治于人侍人、行为秩序规范性知识和自然技术性知识之间"应有的同一性的分离",共同导致了行为秩序规范性知识的发达和自然技术性知识的弱化停滞,导致人与自然之间物质财富的匮乏稀缺,最终也影响到财产之后人与人之间关系的协调。进而言之,土地产出的有限性与人口增长的无限性、"各亲其亲各养其养"的私性与"天下为公"的公性之间的悖论,使得乡村公共财产不时陷入"夹缝"境遇。近世以降,在欧风美雨的现代性冲击之下,乡村表现出了无所适从的迷茫、彷徨、困惑,公共意识的苏醒、公共内蕴的形塑、"官·绅·民"三元共治地勉力应对,表征了传统乡村公共财产治理困境的无可挽回。

第一节 官绅共治视域下乡村公共财产的"夹缝"境遇

一 传统乡村"官绅共治"

在疆域辽阔的乡土社会中,散居式的小农生产,内生性的乡规民约,"差序格局"下宗法道德关系的天然融洽性,形塑了自给自足的自然经济和封闭性的乡村"熟人社会"共同体。在乡村治理上,由于交通、通信能力的不足，配置性、权威性资源的匮乏，行政管理效率的低下和官僚体系治理能力的有限，传统社会官僚体制"在人民实际生活上看，是松弛和微弱的，挂名的，是无为的"①，无力渗透到乡村。乡村治理呈现出"在官吏设置上止于县政"、"治不下乡村"、县下行"绅治"特点②。"县衙"主要负责赋役和诉讼，对乡村社会的管理监控相对松懈，一般不直接干预乡村社会生活，"从县衙门到每家大门之间的一段情形"③的管制权往往落到乡绅身上，他们左右着乡村公共事务的治理。稍有文化的读书人、受过一定教育的地主、退任的官吏、宗族长老所构成的士绅阶层，凭借其社会声望、道德权威、能力地位、不计报酬得失的品行，博得官府的认可和民众的信任支持，上融入国家公权力，下沉于乡村社会，构成连接"县衙门"和"每家大门"的桥梁和纽带。对外，士绅维护乡村利益、缴纳赋役、传达执行行政命令、维系大共同体的统一；对内，士绅制定乡规民约、仲裁社会纠纷、维持乡村社会秩序，组织水利、互助、福利、祭祀等公共事务，协调管理当地资金流转，从而获得熟人社会利益共同体的认可。

乡村士绅肇始于周王权分崩离析和诸侯国纷纷独立争权夺利的过程中。在"分封制"下，周天子对诸侯国内部事务并无直接干预权，"皇亲国戚"在其分封的诸侯国内部自行其是。中央集权的秦汉以降，皇权执掌在最高统治者一人之手，汲取短命秦制暴政，奉行黄老"无为"思想政策，在额定的赋役之外不过多干扰民众社会生活。皇权雇佣一批官吏士大夫辅佐治理，正式官僚设置止于郡县，县下行"绅治"④。"秦汉以后，郡（州）县之下不设治，由职役组织承担乡村社会的各种社会政治职能。"⑤在"分封制"与"中央集权制"的拉锯战中，汉武帝通过削藩、"推恩令（均田）"、迁族、灭族等措施，不断清除上层皇族、世族、地方豪族的威胁，防范和弱化"皇亲国戚"等强权势力伸往乡村的"黑手"，有效维系

---

① 费孝通：《乡土中国生育制度》，北京大学出版社1998年版，第63页。
② "在中国，三代之始虽无地方自治之名，然确实有地方自治之实，自隋朝中叶以降，直到清代，国家实行郡县制，政权只延于州县，乡绅阶层成为乡村社会的主导性力量。"（吴理财：《民主化与中国乡村社会转型》，《天津社会科学》1999年第4期）
③ 费孝通：《中国士绅》，赵旭东、秦志杰译，生活·读书·新知三联书店2009年版，第65页。
④ 刘邦初进咸阳，到处人心惶惶、动荡不安，之所以颁布三条法令（"杀人者死，伤人及盗抵罪"）就能安定一方秩序，收拾一方民心，就在于尊重乡规民约的前提下，社会政治边界不断趋同于乡村边界，大共同体利益趋同于小共同体利益，从而取得关中父老的认可。
⑤ 董建辉：《传统农村社区社会治理的历史思考》，《中国社会经济史研究》2002年第4期。

了大一统的中央集权对乡村的控制能力。

当然皇权有一个不断下移进而节制绅权的过程。在"敬鬼神而远之"、"祖先崇拜"的国度里，在以"熟人社会"为底色、以"各亲其亲各养其养""上阵亲兄弟，打仗父子兵"为处世圭臬的血缘宗亲社会里，王权与族权同盟、官权与绅权联姻。作为稳定乡村和维系王朝稳定的乡村宗族与绅治，逐渐政治化为国家准治理方式。但是，为了强化中央集权，专制皇权一直没有放弃将国家权力的触角延伸至乡村的努力，从而使得乡村绅治背后处处存在官治身影。自春秋战国时起，专制王朝设立乡、亭、里等"准行政建制"，在县治之下和族长之上，既存在着国家认可、来自于乡村、具备行政官员性质的乡官或大夫，也存在着"一些不拿官府薪水、由地方提名、经官府确认的准官方人员"①；还按什、伍、闾、邻等形式把民众分成一个个小单位，以完成国家对乡村"如身之使臂、臂之使指、一以贯之"的控制，以便于中央政令畅通无阻、严格执行。在偌大的中国乡村疆域中，"以民治民"的编户齐民系统软弱无力，国家行政权力渗透乡村的努力难以达到预期效果。有鉴于此，宋朝统治者创建了保甲制度。其初衷在于以"节节相制、彼此相保"的族诛、连坐方式把高度分散的乡村居民纳入国家控制体系之中，使平民百姓相互监视以达到"制一人足以制一家，制一家足以制一乡一邑"的管控目的②。随着明清中央集权的高度发达、行政力量的不断壮大和控制能力的日益增强，县下"行政建制"渐趋成熟，强化封建统治的"社制""里甲制""里社制"得以全面推行，县下"行政建制"渐趋成熟，"地方权力只在官吏（正式政府）和士绅（非正式政府）之间进行分配。"③

乡村绅治官治一体化，外化于"家国同构"，内化于"思想统一"。外在层面上，通过"国家法令民间化""三纲五常宗法化"方式，重视律法乡规一体，倡行伦理教化一脉，形塑"修身、齐家、治国、平天下"的"家国同构"理念，维系中央集权专制制度。内在层面上，借助于"天道""仁政""大一统""忠孝仁义"等意识形态和道德教化的力量，有形的权力机构——君主专制中央集权建构起一个将皇权神化的象征符号系

---

① 陈洪生：《传统乡村治理的历史视域：政府主导与乡村社会力量的对垒》，《江西师范大学学报》2006年第6期。
② 张明琼：《我国乡村社会治理模式的变迁与优化》，《江西社会科学》2005年第1期。
③ 张明琼：《我国乡村社会治理模式的变迁与优化》，《江西社会科学》2005年第1期。

统，或显性或隐性地从思想层面上全面渗透和介入乡村治理的方方面面，来维护等级分明、长幼有序、礼治井然的乡村秩序，使国家权力没有必要以组织的形式延伸至每家大门。曾几何时，"刑不上大夫、礼不下庶民"在民众之间画出清晰的界限，但也在一定程度上撕裂着社群国家，使得"国不知有民、民不知有国"成为王朝轮回、国家更替的常态。宋明理学通过"法礼一体"、宗法制度乡野化民间化，旨在打破这种家国对立、社群分离局面，形成"家国同构"的大一统格局。"以儒家之礼来规范广大农村地区乡民的行为。继朱熹《朱子家礼》之后，许多曾经为官一方的地方缙绅都争相仿效之而制定乡礼，一时出现了如《陆氏家训》、《吕氏宗法》、《宁都丁氏家范》等若干乡礼版本。"①"乡礼""家礼"不过是国家藉以控制民众、维系大一统秩序为旨归，因势利导的思想信仰和意识形态工具。如从"礼"的角度看，"身体发肤受之父母"的汉族传统，一旦与满清入关之后"留发不留头"的法令相抵触，那么前者只能遵从后者，"礼"流于形式而疏于实质。概言之，以血缘、亲缘、地缘为核心聚族而居的乡村社会，"家国同构"、"法礼一体"、外礼（儒）内法互为表里、表里相成，国家的法令和三纲五常内化为乡规民约、忠孝伦理、规训道德，形塑了官绅共治的政治前提。

由上可见，乡村"绅治"并非一个完全独立的运作系统，而是在中央集权有效控制范围内运作，其程度、作用都取决于封建中央集权的意志与统治需要。纵观历史，乡村"官绅共治"伴随中华帝国治理循环的全过程。乡村绅治程度的高低同中央集权国家力量的强弱相关联，国家统治力量薄弱，行政"间接控制"乡村，乡村绅治践行良好；国家控制力量强大，不必担心乡村绅治势力对中央集权的威胁，为节约行政治理成本计，比较自信地积极鼓励乡村绅治。由此可见，传统乡村社会治理实质上是"国家推动的乡村行政建设的妥协性产物"②。对于国家官僚体系来说，以维护封建中央集权为前提，"作为官系统触角的延伸，绅士配合官府向人民征收赋税，维持地方自治"③，乡绅与其"休戚与共"，中央集权政府自然会默认和许可。反之，绅治组成成分的"民间性"、"中介性"、"上通

---

① 叶汉明：《明代中后期岭南的地方社会与家族文化》，《历史研究》2000 年第 3 期。
② 刘晔：《乡村中国的行政建设与中介领域的权力变迁》，《中国社会科学季刊》（香港）2000 年春季号。
③ 张健：《传统社会绅士的乡村治理》，《安徽农业科学》2009 年第 2 期。

下达性",其防范国家政权、县级官吏过度盘剥摊派民众的职责,招致官吏的"追呼笞棰",难以为国家政权所完全接纳认同,就会受到中央集权政府的干预。更有甚者认为,以愚民、束民、害民、贫民、弱民为底色,传统乡村所形塑的官治和绅治之间"命令—服从"关系、"法制—遵守"关系①,实质上是"伪"绅治的结论:"因为政府坚持握有在任何时候、出于任何原因干预地方事务的大权。它只是一种操作上的安排,主要是出于行政管理效率和保守的理由而设置。"② 究其根本,传统乡村官绅共治存在着"一体化治理的功能性联接与结构性张力",存在着官治的合法性与绅治的有效性的耦合、断裂可能性。一旦官治对于民众成为负担,大共同体的越位、缺位,过度汲取之时,即是乡村公共治理失序和断裂之日。

综上所述,在传统乡村治理上,存在着自上而下的行政治理与自下而上的乡绅治理:行政治理的强权力军事政治和弱经济社会能力,与乡绅治理的强征兵收税进赋弱行政力之间,既对抗冲突又依靠融合生生不息,公与私、官与民、管理与自治构成乡村治理的一体两面。官治是自上而下的,意味着国家权力的下沉与渗透,借助于科举、功名、授权等方式不断汲取乡村精英力量于彀中;绅治是自下而上的,借助于威望、荣耀、才干充任乡村经纪人或权力代言人,构成源于民、达于官的缓冲性力量、中介性力量,构成连接"小共同体"的家与"大共同体"的国不可或缺的纽带和桥梁,形塑了2000多年乡村的"超稳定"治理格局。

二 传统乡村公共财产的"夹缝"境遇

在自给自足的农业社会,"劳动是财富之父,土地是财富之母",乡村遵循"道法自然",勉力地稳定着两个财产源,形成超稳定的人与自然之间的平衡关系。乡村公共财产也不例外。"因为只有直接有赖于泥土的生活才会像植物一般地在一个地方生下根,这些生了根在一个小地方的人,才能在悠长的时间中,从容地去摸熟每个人的生活",所以"靠种地谋生的人才明白泥土的可贵。……'土'是他们的命根"③。这一描述形象地

---

① 徐勇:《为民主寻根——乡村政治及其研究路径》,《中国农村观察》2001年第5期。
② [美]詹姆斯·R.汤森、布兰特利·沃马克:《中国政治》,江苏人民出版社1994年版,第39页。
③ 费孝通:《乡土中国》,人民出版社2008年版,第2、7页。

刻画出传统之所以"落叶归根"的缘由：人不过是芬芳泥土长出的枝叶，他的茂盛来自于土地养料，他的使命也在于回馈乡村故土，从而不断平衡着"汲取"与"回馈"关系。乡村走出的绅士、乡贤、精英，不断"光宗耀祖"、"回归故里"，不断稳定劳动财产源，形成"学而优则仕"和"告老还乡"的双向良性循环流动。安徽"徽州古城"，贵阳"青岩古镇"、重庆"瓷器古镇"等士绅名居，既鼓动起民众向上的希望和信心，也为乡村输入新鲜血液，形成了乡村的有机循环。"生于斯长于斯逝于斯"，实际上也是一种化作春泥更护花式"汲取"和"回馈"一体化、小心侍候和落叶归根的有机联系，形塑了2000多年来生生不息的"有机乡村社会"。

但人与自然之间"汲取"与"回馈"的超稳定平衡屡被打破，不断陷入"失衡状态"。失衡有二：其一，民众"多子多福"、"人丁兴旺"的人口观与落后的社会生产力之间的矛盾，使得作为财产源的土地与人口之间存在着一条基本矛盾律：即人口呈现出"1、2、4、8、16、32、64……"式几何级数增长，土地的财富产出呈现出"1、2、3、4、5、6、7、8……"式算数级数增长。人口与土地财富之间增长的不成比例，在超过一定限度之后，人口与土地的矛盾凸现出来。"随着人口增多，中国农村土地越来越细分化。"[①] "平均"继承制以及由此而来的"富不过三代"的财富日渐匮乏，导致自给自足的农业经济陷入人地矛盾的恶性循环。纵观历史王朝兴衰更替不过300年，所谓富三代、穷三代、落魄三代，即是覆灭之际。虽然一个仁政帝王在额定的赋役之外不去扰乱民众，历代王朝统治者往往也是绞尽脑汁地厉行"重农"政策：天下平定之初，基于土地的荒芜、劳动力的匮乏、社会财富的稀缺，国家通过鼓励生育的方式来迅速增加劳动力、通过无偿分配土地的方式来鼓励生产、采纳"黄老思想"减免赋税劳役的方式来迅速增加财富。但传统乡村封闭性、有限性经济生产模式、人地之间的有限剩余难以恒久，使得乡村财产历9代人的枯荣盛衰交替循环。

其二，政治过度汲取乡村财产之际，既是"失衡"提前爆发之时，也是乡村小共同体公共失序、财产匮乏之时。君主专制中央集权的秦汉以

---

① 徐秀丽主编：《中国农村治理的历史与现状：以定县、邹平和江宁为例》，社会科学文献出版社2004年版，第355页。

降,"普天之下莫非王土率土之滨莫非王臣"的"家(大私)天下(大公)"① 格局,形塑了公私一体②、家国同构、政经联姻、人物(财)同一的道统。该"道统"的核心就在于政治与财产联姻、权力与经济结盟、政治主导性与财产依附性的古典社会财产问题:第一,财产与政治、特权相伴而行,甚至沦为政治的奴婢。随着政治的消亡,财产和人身也随之丧失。在皇权政治视野中,"以我之大私为天下之大公"③,"奴才""奴婢"式私财"人财合一"④,民众私产与乡村公产被当作"家天下"的私有财产来看待。第二,既然财产只具有政治依附性,那么公私不清就成为传统社会的痼疾,国家利益成为个人的私利,作为国家的公人成为脱不开个人私人利益干扰的私人。在法理上,"超级大家长"——皇帝可以随时根据自己的偏好将农业社会的主要生产资料拨付、赐予某个或某些"家庭成员",也可以随时根据自己的利益需要、凭借国家机器收回民众的财产使用权,"使天下人不敢自私,不敢自利"⑤。由此也不难理解中国历史上的公田、学田、屯田、民田、旗田不断听凭官府主导,在形式上的"官有"、"民有"之间轮回转换⑥。第三,由于古代世界财产不独立与不发达,因而政治国家的"整个私有财产对于大众说来,是公共财产"⑦,王朝的更替、

---

① 在夏商周侯国、君、卿、大夫、士的贵族分封制以及与之相伴而生的"制其畿疆而沟封之(《周官》)"的井田制下,在分封的诸小城圈之内,遍布小规模经济的井田(《春秋公羊传》),土地权归各领主,佃户农民耕种土地,层层分封制使得乡村治理上呈现出独立性和公私分明性。限于论题,笔者论述的逻辑起点肇始于秦汉以降的"封建社会"乡村公共财产。
② 公私是辩证一体的:自然经济的"自给自足"性使得家庭、宗族(血缘为纽带所编织起来的小共同体)是社会的基本单元(初始单位),不存在原子个人的生存空间,私和公、己和群之间权界不清晰,小共同体的"私"衍生出大共同体的"公"。"大公"大共同体(国家、社会)、"小公"小共同体(乡村)、私(乡民)三者之间,存在着"差序格局"样态。公共性存在层次性和相对性,公共性存在着两个层次,公共性的层次性体现在大共同体(国家、社会)、"小公"小共同体(乡村);公共性的相对性体现在,"小公"小共同体(乡村)对于私(乡民)来说是属于"公"的范畴,对于大共同体(国家、社会)来说,属于"私"的范畴。"公""私"之间的耦合与断裂,决定着传统社会的繁荣与兴衰、传承与更替。
③ 黄宗羲:《明夷待访录》,段志强译注,中华书局2011年版,第8页。传统中国除了东南沿海的广东、浙江、江苏诸省之外,乡村小共同体普遍比较衰败,中央层面的大共同体比较活跃的一种结局。
④ 不仅奴婢可以公开买卖、人可以金钱衡量、战俘转化为奴隶,而且政治随时可以把政治犯的家属化为奴婢。
⑤ 黄宗羲:《明夷待访录》,段志强译注,中华书局2011年版,第8页。
⑥ 邓建鹏:《财产权利的贫困》,法律出版社2006年版,第79页。
⑦ 《马克思恩格斯全集》第1卷,人民出版社1956年版,第383页。

政治的解体导致了乡村财产的发展。由此可见，乡村作为王朝的微附属单位和"家国天下"的息息相关一部分，其"公性逻辑"所运作出的公共产品和公共服务，并不是一片隐藏的世外桃源，而是遵循"封建王朝兴则乡村公共财产得以有效治理、封建王朝亡则乡村公共财产治理失效"的铁律。换言之，作为大共同体和小共同体实然组成部分的乡村公共财产，遵从于封建政治王朝的演迁规律。

既然财产不过是政治的奴婢，"劳心者治人，劳力者治于人"，那么在传统政治视野中，就会轻视人与自然关系的变革，轻视创造财富的"劳力者"，重视人与人关系的协调，重视驾驭政治的"劳心者"，由此导致了驾驭政治的规范知识的发达，创造财富的自然知识（自然科学）的弱化停滞。属于农民、手工业者和其他从事生产为生的自然知识，只有在生产应用中才能转化为技术知识，进而提升财富创造能力。但是自然知识往往不在统治者的考虑范围，也从未被纳入科举考试的范围；技术被视为"奇技淫巧"，技术的进步陷入停滞状态。"中国文字非常不适合表达科学或技术知识。这表明在传统社会结构中，既得利益的阶级的兴趣不在提高生产，而在于巩固既得的特权。他们主要的任务是为建立传统行为的指导而维持已有的规范。"① 人与人／人与自然之间关系的不均衡调整，科学技术知识的匮乏稀缺与停滞，人对自然控制能力的弱化，带来的是"存天理，去人欲"式人与人／人与自然之间关系的保守性调整，最终导致人与自然关系的失衡、失序以及财富的匮乏稀缺。

以国家机器为坚实基础和可靠保障的乡村治理，集中体现在土地制度（秦汉授田制以及由此而来的农民与土地的捆绑关系、北魏隋唐均田制和租佣调制、唐中后两税法和明一条鞭法、清摊丁入亩以及由此而来的按照土地征税和规避土地自由私有制所带来的税收的减少）、赋税制度、户籍制度（建构起农民与国家之间的人身依附关系，控制是本质）、乡里制度（秦汉伊始后世继承的大同小异的郡—县—乡—里的垂直行政建制，"中国乡里制度大体以中唐为界分成前后两个发展阶段，第一个阶段是乡官制，第二阶段是职役制"②，保证了国家的始终"在场"）、思想教化体系等方面以及与之相关联的一系列辅助性制度，规范着农业社会财富的人的因素

---

① 费孝通：《中国乡绅》，赵旭东、秦志杰译，生活·读书·新知三联书店2009年版，第61页。
② 白钢：《中国农民问题研究》，人民出版社1993年版，第131页。

和物的因素及其结合方式。进而言之,在"公共"方面,劳动力既是财产的创造源,维系个体家族的生存繁衍和宗族(小共同体)的秩序安定;又是纳税单位,即在屯田制、摊丁入亩中劳动力构成了封建政权(大共同体)的稳定税源。但是,在封建"恩荫"、特权、等级制下,特权占地多纳税少或免纳税,弱势农民占地少纳税多甚至委身于豪强地主。财富递减与财政供养人员、庞大的官僚体系递增之间的矛盾,在传统"刚性官治"之下加重,封闭性、保守性、简单性生产和再生产农业模式,靠天吃饭的治水社会,"重农抑商"的统治方针,无法开拓新产业从而坐以待毙等因素叠加下,久之小共同体利益不断挤压大共同体利益,大共同体税源趋于减少、收入陷入枯竭、权威加速丧失,进而加速土地制度的破产和政治权力的崩溃,导致乡村失序、失范,暴力革命肆虐王朝循环更替不绝于缕。

由上可见,传统乡村公共财产的发展变化是一种"平衡→失衡"不断交替循环往复的自然历史过程。乡村财富的平衡与失衡交替循环,"商纣"、"秦二世"暴政肆虐,则大大加快了失衡的频率;施仁政,所谓"政通人和、风调雨顺",则延长平衡时间,但总归不会逃离人地(财)之间的"300年之魔咒"。"征服自然""人定胜天""经济沦为政治的奴婢""家国同构"特性、权界不清和财产匮乏弊病,使得传统乡村公共财产处于停滞性增长的"夹缝"境遇。黑格尔东方"停滞说""主奴关系说""专制政体说""形式法制说"为我们理解公共财产的"夹缝"境遇提供了一个视角,即"在东方只有主人与奴隶的关系,这是专制的阶段","无论他们的法律机构、国家制度等在形式方面是发挥得如何有条理,但……它们不是法律,反倒简直是压制法律的东西。"[①] 在大共同体层面,行政机构未有"公共理念",更遑论"公共福利""公共服务""公共产品",偶尔的公共福利也不过是出于地方官员所谓的"为官一任造福一方"的道德荣誉感而已,广大乡村公共产品和公共服务的稀缺,民众生老病死方面的些许福利救济不仅微不足道从而形式化,而且内含道德教化和仁政施舍意义,"地方州县官员,一人以税收方式筹措的火耗、余平、耗米、耗羡等财政收入,究竟投入到衙门的办公费用或地方公共工程和福利救济,不

---

① [德]黑格尔:《哲学史讲演录》第一卷,贺麟、王太庆等译,上海人民出版社2013年版,第94、117页。

是出于规章制度,而是出于地方官员的名声需要或道德责任感"①。从民众的角度来看,传统乡村生活普遍不宽裕,贫困的乡村"公共性"是不足的,公共意识、公共福利、公共利益的概念是匮乏的。"中国人很难一下子理解'为了公益'这样的观念","对于中国乡村的道路来说,则前途渺茫。因为,中国的村民还不能理解个人利益必须建立在集体利益基础之上的观念,他们没有'明智的花费是最真实的经济'这样的概念。"② 贫和私之下,公共财产似乎可有可无,微不足道。逡巡乡村道路,我们脑海中会立马浮现羊肠小道、蜿蜒迂回等形容词汇。在晴日,路边沟渠井然有序,小路还算行走顺畅;在多雨季节,沟壑林立的小路则泥泞不堪,难以行走③。公共意识的匮乏,公私权界不清,公共财产(公共福利)不足与损毁过快的问题形成了一种长期得不到有效缓解的困境。

传统乡村公共财产的繁荣兴衰也都是取决于传统财产的富裕稀缺和个人关系运作公共事务的娴熟。乡村公共财产主要包括庙宇、公田、公林、公山、道路、桥梁、水利设施、公共池塘、村民为庙宇捐的布施、公益事业的捐款、大灾时期国家下拨的救灾物资等。来自于熟人社会和依靠自身的财富、学问与民间认同身份,读书人、地主富农和宗族长老构成的士绅阶层,"对内负责制定、维持乡村的规范和秩序,对外则维护乡村的整体利益,防范国家政权的过度侵害。"④ 村落的权威人物——士绅,征调赋税和徭役,执行地方社会的自治职能,承担起祭祖拜神、组织庙会、修路造桥、开河筑堤、兴修水利、救灾捐赈、兴办义学、修撰地方志、排解纠纷、维护村社治安、惩戒游手、督农劝桑等乡村公益事务⑤。由于其自身权威的非官方性,士绅阶层只有通过履行集体责任、供给最大额度的公共财产,才能获得社会声望和道德高地,反之成为他们能够出人头地的资本。作为村落共同体利益的保护者,管理、使用和控制整个村落的内部事务,维系村落共同体的社会秩序和乡村利益,管理村落共同体的公共财

---

① 瞿同祖:《清代地方政府》,范忠信译,法律出版社2003年版,第13页。
② [美]明恩溥:《中国的乡村生活》,陈午晴、唐军译,电子工业出版社2016年版,第29、24页。
③ 道路公私不分的情境遗传至今,在城市里那些比较狭窄的街道上,到处挤满了停车、走来走去的商贩,极大地阻碍了正常的通行。时至今日,即使行走在帝都宽阔的街道上,犹如行走在小城区狭窄的巷子里,拥堵不堪、行走不畅。
④ 贺雪峰:《乡村治理的社会基础》,中国社会科学出版社2003年版,第124页。
⑤ 董建辉:《传统农村社区社会治理的历史思考》,《中国社会经济史研究》2002年第4期。

产，并按照村落传统规约决定公共财产的占有、使用和分配。正是由于传统乡土社会长期的熟人关系脉络，形成了村落共同体的经济运营和政治内聚、财富获益和公共责任的一体化，奠定了村落共同体高度整合的基础。由此可见，传统农业社会自然经济的"自给自足性""封闭性""有限性""保守性"本性使然，以及"各亲其亲各养其养"、以"血缘"为纽带扩散开来的"私"社会，乡村公共财产只能勉为其难、陷入停滞性增长的"夹缝"境遇。

时空斗转星移。历史跨入19世纪之后，在国外商品资本冲击和国内社会动荡不安的双重压力之下，中国乡村社会不断被损蚀，一天天沉沦下去，"中国的乡土社会中本来包含着赖以维持其健全性的习惯、制度、道德、人才，曾在过去几百年中，也不断的受到一种被损蚀和冲洗的作用，结果剩下了贫穷、疾病、压迫和痛苦"[①]。

第二节 乡村公共财产治理内蕴的近代化变革

1840年到1949年清末民国的100多年时间里，正当传统农业中国呈现出落日余晖之际，世界资本主义大放异彩。在西方列强的外来资本主义经济、国内兴起的资本主义工商业经济和传统封建遗留因素的冲击下，乡村遭受双重灾难。乡村呈现出一幅生产迟滞、民生衰敝、财富枯竭、民众困苦的写实图景。在中国近代化进程中，传统乡村素被尊崇的东西烟消云散，双重权力权威沦落，乡村公共财产秩序动摇瓦解，以宗族为根基的传统乡绅自治和以国家结构、功能性权力下沉为根基的保甲治理机制，在欧风美雨的现代性冲击之下，出现了一定程度上的嬗变与沦落，既表现出了无所适从的迷茫、彷徨、困惑，又表征了不可逆转的趋势，作为传统器物、制度、文化系统里面的重要一环，乡村公共财产出现了治理困境·激烈应对（以乡建派为代表的投身改善活动）和"官·绅·民"三元共治的昙花一现宿命。

---

① 费孝通：《乡土重建》，岳麓书社2012年版，第56页。

一 近世以降乡村"公共性"变革

1840年以降,在西方物化的科学技术知识和商品资本侵袭、国内社会动荡不安、频繁的自然灾害因素影响下,大量耕地荒芜、人口锐减、民生日益凋敝、经济倍遭摧残,传统简单体力劳动、经验农学和土地三要素支撑的自给性乡村经济处于急剧损蚀中,以实验科学、技术知识为内蕴的近代乡村"公共理念"、"公共事业"在步履蹒跚地成长,由此开启了乡村公共财产治理内蕴的近代化变革征程。

(一)公共意识的苏醒

古人云:"穷则独善其身,达则兼济天下"、"仓廪实而知礼节"。这昭示着我们,"公"是文明的产物,财富丰盛一定程度上才能形塑文明的礼仪;"私"是自然而然的本能反应,物质的匮乏与丛林法则相伴而生。在人类学看来,囿于物质匮乏与体认粗糙,漫长的农业有限剩余导致公共意识不足和集体利益的缺场。概言之,在传统"家天下"意义上,往往导致"国不知有民,民不知有国"的"私域"泛滥。

在传统视域中,自给自足的自然经济只存在村内极为狭小的"公共"范畴。祠堂、庙宇、池塘、山林等传统公共财产,不过是维系宗族生存、繁衍意义上"小"公、大"私"而已,即物质层面上的"温饱"与精神层面上"祖先崇拜"、"祖宗保佑"精神慰藉。血缘纽带维系下的宗族,再大也逃不过一个"私"字。换言之,"公"只限于熟人社会而屏蔽于陌生人社会,即所谓以"私我"为中心投下的一颗石子,一圈一圈的涟漪不断扩散弱化到陌生人社会的"公"。以血缘为纽带、尊卑长幼为差序的乡村格局、"公""私"边界混沌的现实,又使得以"私"为中心所产生的涟漪扩散至小"公",这种私域中的公共性,画地为牢,谈不上种族、国家社会意义上的"公共财产"。

"公共性理念"意识的形塑,与近代中国"去君权""争绅权""兴民权"是相伴相生的过程。"天下兴亡,匹夫有责"、"公车上书"等近代化公共性理念、公共意识的苏醒,强烈冲击着"家天下私域"——大一统的中央集权(君权),唤醒着绅权和民权,形成了公共性空间和公共性权利。戊戌变法伊始,开启了近代"争绅权"、"初涉争民权"征程。在内外危机困境之中,"民生""民权""民利"进入当政者视野,

"吏治民生，学校科举，军机财政，当因当革，当省当并"①。但当局者关注民权，非为民也，而为平内乱、弥外患、固皇权。辛亥革命之后中华民国"一切主权归人民"的"形式民权"，从法制/法治的角度来呼吁权利观念，"劈头第一事须研究一部好宪法"②，从保护地权的角度出发来勃兴民权，提出"至于将来民生主义真是达到目的，农民问题真是完全解决，是要'耕者有其田'，那才算是我们对于农民问题的最终结果。"③五四新文化运动及其俄国"庶民的革命"定论，使得"实质民权"成为学人共识，"知识阶级与劳工阶级打成一气"、"我们青年应该到农村里去……来作些开发农村的事，是万不容缓的"④蔚然成风。总而言之，在近代工业化现代化进程中，统一的市场、陌生人之间的密切联系，使得一个全方位的"公共"范畴逐渐衍生出来，延伸至教育、医疗、道路上的现代宽泛"公共财产"。

当然，多种掣肘性因素制约下，近代乡村公共事业的发展是一个或快或慢，或者停滞甚至倒退的梯级渐进过程。1928年《下级党部工作纲领案》把卫生运动列为七项国策运动之一，在各县设立卫生医药机关，从事医药救济等卫生事业，这昭示着卫生事业纳入到公共财产范畴中。当然，囿于中心——边缘式治理需要，传统中央集权制也存在着"涟漪"效应：核心区控制严密，越往边缘越控制松散；甚至四分五裂或地方势力割据各行其是，乡村公共理念（公共卫生、公共教育、公共物品）变革往往流于形式："自国民政府成立以后，卫生的机关居然独立了，卫生的事业也有人负责了，但是这样的机关，除都、市、商埠以外，多半还是一个附属品，所以能直接得到卫生利益的，也不过是局部的民众。换一句话说，也就是都市的民众，至于农村的卫生，可说是没人问过的。"⑤时至20世纪20—30年代，在强大保守的传统力量和困顿的政治格局下，乡村"多半是芜秽不治的"，"没有所谓公共卫生，到处都是鸡犬猪牛，到处都是鸡粪狗粪猪粪垃圾泥土"⑥。

---

① 《近代中国宪政历程：史料荟萃》，中国政法大学出版社2004年版，第36页。
② 孙中山：《孙中山全集》第3卷，中华书局1982年版，第5页。
③ 孙中山：《孙中山全集》第9卷，中华书局1986年版，第399页。
④ 李大钊：《李大钊选集》，人民出版社1959年版，第46页。
⑤ 子孚：《农村卫生问题》，《中国卫生杂志》1931年第2年合集。
⑥ 黄尊生：《中国问题之综合研究》，天津启明书社1935年版，第94页。

(二) 乡村公共性内蕴的形塑

传统文化教育，更多的不是论述经世致用、提升财富的自然科学，而是协调人伦、维系秩序的规范知识。农业口口相传的直接经验沿袭，"学而优则仕"的古代教育旨归，使得文化教育远离实用主义、远离乡村普通民众、远离财产的范畴，进而成为少数精英特别是官贾之家的专利，教化了熟读四书五经、规范人伦礼常的绅/士。在此理念熏陶之下，"有教无类"只是一种理想情怀，大部分乡村民众只能望"学"兴叹。帝王期冀"天下英才，皆入彀中"。事实的确如此。规范知识的本性使然，知识分子（"士"或者"士大夫"）不能心系农耕，向来素有庙堂情怀，所谓"学而优则仕"、"学成文武艺、货与帝王家"的"仕途经济"（唯"仕"一途），从而"致君尧舜上，再使风俗淳"。不能"入彀中"的乡绅，"处江湖之远，则忧其君"，化纲常为乡规民约，维系着封建礼仪秩序。士绅规范着社会秩序，但阻滞着自然科学与技术知识的变革，束缚了驾驭自然能力的扩张。

近世以降，随着八股科举制的废除和经世济用的自然科学登上历史舞台（1905年京师大学堂设立3年制农科大学），教育实用化、大众化、公共财政化应运而生，教育逐渐纳入乡村"公共财产"的范畴，文化教育走上公共化变革之路。科举制的废除，彻底了断"孔乙己"之梦，"农学、农艺化学"学科进入大雅之堂，农工商医并重，学问知识的提升与从业技艺的追求有机结合在一起。"人才教育，屋之在地上者也；国民教育，屋之在地下者也。"[①] 这昭示出大众教育的根基性作用和精英教育的提升性作用。惟此，才能变"愚民"为"国民"、"智民"，变"传统人"为"现代人"。有鉴于此，民国时期主张"精英教育"与"大众教育"并行，大力发展普及教育、平等教育事业。

乡村公共教育事业的蓬勃发展，造就了一批掌握自然知识的公共知识分子，为"公共性空间"的形塑奠定了坚实的经济基础、人力资源保障和组织结构保障。在新兴产业与"学而优则仕"的科举制废除、新式学堂的诞生、实业界的大力投资、农村复兴委员会的成立、舆论宣传界的推波助澜等一系列因素综合作用下，一个不同于传统士绅阶层、饱含"救世精神"的乡村建设派（乡村公共知识分子阶层）横空出世。乡村"公共性议

---

① 《阎伯川先生言论辑要》（三），太原绥靖公署主任办公处编印1937年版，第49页。

题"成为时代主题,"乡村建设派""山药蛋派"成为显派,"归农运动""农为邦本""复兴农村""救济农村"成为时代最强音,翻译介绍农学知识、引进传播农业技术、发展乡村教育与卫生建设事业、繁荣乡村经济构成乡村公共变革的主旋律。

是时,"中国问题原即乡村问题"、"中国问题的解决还只有于乡村求之"①!针对困扰广大乡村"愚、穷、弱、私"的糟糕现状及其"民智未开、文化失调"的根源之所在,乡村建设派提出"从教育入手,提升'知识力、生产力、健强力、团结力'"、"从实业、科学入手,变革乡村面貌"的方法论原则。对于乡村的"愚、穷、弱、私"四大弊病,晏阳初主张"文艺、生计、卫生、公民"四大教育,以文艺教育治愚,培养农民的知识力;以生计教育治穷,培养农民的生产力;以卫生教育治弱,培养农民的强健力;以公民教育治私,培养农民的团结力②。不唯如此,乡村建设派进一步主张兴民权、不断提升民众素质、不断改善物质生活条件,使得民众初步具备参与公共事务治理的基本素养和能力。乡村治理运动如火如荼地展开了。

在从乡村远景规划的教育入手进行乡村社会改造之外,沿着洋务运动所开创的器物层面变革乡村求富求强,从民生·乡村现代化——公共产品③的角度入手,进行乡村自救也提上日程。就此而论,"从农业引发工业"、"以乡村为本而繁荣都市"④可谓中国乡村问题实质及其出路。在内忧外患、天灾人祸、传统现代双重灾难压榨下的农村,危机重重、生产凋敝、土地荒芜、破败不堪、匪患丛生、民不聊生。现代化工业、农业、商业无从谈起,乡村自给自足的自然经济入不敷出,农业生产力水平低下,乡村经济发展缓慢,农民生活贫困,不能维系以往的生产方式和生活方式。民国乡村建设派主张器物层面上的经济建设,特别是实业家卢作孚从发展农业工业入手,大力拓展工矿经济建设、创办经济事业、文化事业、

---

① 乡村工作讨论会编:《乡村建设经验》第2集,中华书局1935年版,第14页。
② 李济东主编:《晏阳初与定县平民教育》,河北教育出版社1990年版,第28页。
③ 依据目标及其依赖路径,民初乡建理论模式主要有米迪刚的"中华报派"、王鸿一的"村治派"、晏阳初的"平民教育派"、陶行知的"教育改进派"、黄炎培的"职业教育派"、梁漱溟的"乡建派"、阎锡山的"村本政治派"、卢作孚的"民生—现代化"派。
④ 乡村工作讨论会编:《乡村建设经验》第2集,中华书局1935年版,第14页。

社会事业①等实体。救济、复兴乡村的要旨在于自救，在于"以经济建设为基础"②、"要用工业化解决一切生产问题，……政治建设问题，文化建设问题。"③ "多些收获，多些寿数，多些知识和能力，多些需要的供给，多些娱乐的机会"④ 之后的自救。

显然，在资本—帝国主义的商品倾销下，自然经济丰收成灾和谷贱伤农（如"多收了三五斗"所描述的丰收），低下的生产效率、太少的农业产出、国家职能的缺失、社会管理体系的不完备，使得乡村经济破产、秩序动荡不定。面对兵荒马乱、割据混战的不安定状况，新文化运动"德先生"和"赛先生"的衣钵直接继承者和勇敢探索者⑤，"道德教化（平民教育、职业教育）"与"孤岛（农业技术改良、农业合作的推广）"式"救济乡村（公共服务、救济灾荒）"、"复兴乡村（乡村自治、乡村自卫、新型社会组织构造）"、"工业化远景式乡村建设（四大弊病，治'愚'先行）"等乡村治理运动，如飘摇在风高浪猛的大海上的一叶孤舟，难免落得"南柯一梦""昙花一现"的黯淡结局。实质上，乡村愚穷弱私的表象病症，直指中国社会的根本问题，暗隐着在"资本统治和驾驭"世界历史进程的是时，中国社会、政治、经济、文化深受资本主义显性因素的侵蚀、封建主义隐性而强大的保守、固化、僵化双重因素抑制下，守旧的封建主义因素"乡村工作无出路"⑥，乡村建设运动无疾而终。

二 乡村治理的近代化变革

清末民国，面对乡村损蚀严重和欧风美雨侵袭，在自上而下的政府推

---

① 《晏阳初全集》（二），湖南教育出版社1992年版，第122页；《陶行知全集》（三），湖南教育出版社1985年版，第311页。
② 卢作孚：《卢作孚文集》，北京大学出版社1999年版，第603页。
③ 卢作孚：《卢作孚文集》，北京大学出版社1999年版，第614页。
④ 卢作孚：《卢作孚文集》，北京大学出版社1999年版，第86—87页。
⑤ 乡村问题源于欧风美雨激荡催迫侵蚀而来的"文化破坏""教育不兴"，故乡村建设的出路不在于器物层面变革，而在于"创造新文化，救活旧农村"[《梁漱溟全集》（一），山东人民出版社1989年版，第614页]。
⑥ 《乡村建设经验》第2集，中华书局1935年版，第1页。

动和社会力量参与下，近代"乡村自治"① 运动兴起。

（一）自上而下的乡村自主治理

作为一个乡土社会，乡村的有序、有效治理一直萦绕在统治者心中。2000多年来，历代统治者一直努力探索适合乡村的治理结构，周朝的乡遂制、秦汉的乡亭制、唐代的乡里制、宋代以降定型的保甲制，虽称谓、形式、规模、控制程度发生了诸多变迁②，但总脱离不开"官绅共治"的窠臼。

1840年鸦片战争伊始，在乡村战乱动荡、灾害频仍、乡村衰败、内困外焦、经济社会转型的冲击和挑战下，变革乡村公共治理之道提上日程。针对"官绅"之弊，时人一针见血地评价道："故所谓政治者，不操于官，即操于绅，甚或操于地痞恶棍，生杀予夺，为所欲为，民之所能自存、自主、自治者，亦几希矣。"③清末戊戌变法首倡"兴民权"、"重乡权"、建立"地方自治政体"④，其弱君权、强绅权、兴民权的政治主张顺应了时代潮流。在内困外焦双重压力下，1908年清政府发起乡村地方公益事业治理改良运动，倡行乡镇自治，变革地方公益治理模式。客观上来看，这是我国历史上第一次由统治者"自上而下"主动提出的乡村自治。但其"地方自治以专办地方公益事宜、辅佐官治为主。按照定章，由地方公选合格绅民，受地方官监督办理"（《城镇乡地方自治章程》第1条）相关规定，揭示乡村自治的"官主绅辅"底蕴和维护"君权"统治的实质倾向，因而引致了民众的激烈反对，"当地方自治进入具体实施阶段时，各地纷纷爆发了'自治风潮'——民众反对地方自治的暴力行动"⑤。当然，风雨飘摇、危机四伏的社会现状，也注定了清

---

① 三次"地方自治"：第一次，清末，1904年河北定县米迪刚的"村治"实验与1907年清政府颁布实施《地方自治实施条例》，但随着清政府的灭亡而戛然终止；第二次，北洋政府，20世纪20年代上半叶中华平民教育促进会及其农村教育实验；第三次，国民党南京政府时期，在政治上，1932年10月国民党内政会议决定开展县政建设，设立县政建设研究院和试验区；在学术界，梁漱溟的"乡治讲习所"、《村治》月刊、河南村治学院、《乡村工作讨论会》、《乡村建设实验》，等等，随着抗日战争的全面爆发，乡村建设运动戛然而止。
② 李德芳：《"民国"乡村自治问题研究》，人民出版社2001年版，第3页。
③ 黄强：《中国保甲实验新编》，中华书局1935年版，第184页。
④ 《戊戌变法》（二），《中国近代史资料丛刊》，上海人民出版社1957年版，第197—204页。
⑤ 黄东兰：《清末地方自治制度的推行与地方社会的反应——川沙"自治风潮"的个案研究》，《开放时代》2002年第3—4期。

末乡村自主治理变革的虚幻性、短暂性、空想性。武昌起义一声炮响，终止了清末自治变革。

其后，乡村治理变革在曲折中不断前行。中华民国成立之后，为加强对基层的控制，重建国家政权的合法性，行政权力十分重视乡村自治规章制度的建立健全，"以行使直接民权之知识与方法，训练全国人民"①。《中华民国临时约法》（1912）规定，"中华民国之主权属于国民全体。""盖今是共和时代，与专制不同，从前皆以政府，今日所赖者国民。故今日责任，不在政府而在国民。"② 民国主权宗旨和总理训导，指明了民国乡村自治的方向。1914年中华民国颁布《地方自治试行条例》和《施行细则》，重新开启了地方公益事业自主治理变革的历史征程。民国时期的乡村自主治理运动，发轫于直隶定县翟城村自治（1915），兴盛于山西村治，推广于国民政府成立后的自治实验县③，衰落或形式化于内战时期。依据国民党《地方自治》规划，1933年底设立自治机关，1934年完成地方自治，但到1934年3月，只是完成了县政府组织，划定自治区，编订乡镇④。再者，民国时期厉行乡村自主治理的目的终究是服从和服务于国家政权建设。在20世纪30年代内忧外患危及政权之下，南京国民政府试行保甲制度，强化国家政权对基层乡村的控制，从而吞噬了乡村自治功能，使得地方自治徒有其名。"南京政府1934年通过了《修正县自治法及其实行法要点》，将'联保连坐'式的'保甲制度'推行全国，至此地方自治结束。"⑤

总体上看，在治理模式和治理内容上，国民党乡村自治制度借鉴欧美三权分立模式，设立决议机关、执行机关和监督机关，通过选举产生的乡

---

① 荣孟源主编：《中国国民党历次代表大会及中央全会资料》（上册），光明日报出版社1985年版，第3页。
② 孙中山：《孙中山全集》第2卷，中华书局1982年版，第471页。
③ 聂家昕：《近代中国社会宗教的灾荒治理——读〈中国基督教乡村建设运动研究（1907—1950）〉》，《中国读书评论》2011年第10期。也参见1928年梁漱溟在广州建设委员会履职时提出的《请办乡治讲习所建议书》及试办计划大纲，以及1929年起草的《河南村治学院旨趣书》及组织大纲；黄炎培领导的中华职业教育社在江苏昆山县徐公桥进行的乡村改进实验；晏阳初领导的中华平民教育促进会在河北定县进行的平民教育实验；陶行知组织中华教育改进社，试图通过科学、文化的传播来改善中国农民的处境与前途；阎锡山在山西主持进行的"村政运动"。
④ 中国国民党中央执行委员会宣传部：《地方自治》，1931年印行，第46页。
⑤ 祁勇、赵德兴：《中国乡村治理模式研究》，山东人民出版社2014年版，第35页。

村自治机关,除负责征收赋役和诉讼等主要职能之外,还负责治理地方商务、农业、交通、教育、卫生、水利、慈善等公共事务。但是民国乡村自治存在两个问题:一是在破除传统"官绅共治"模式的过程中,乡村官·绅·民多元民主共治模式并未有效建构起来,地方自治往往流于形式,收效甚微。"一般人民心目中均以为自治一事,不过制度之变更而已,对于自治之实质与功效反无明白之认识。"① 二是在乡村自治过程中,伴随"自上而下"的指导性命令性意见、国民党基层县党部的建立、保甲制度的推行等活动,实际上是现代国家政权不断渗透、下沉、扩张到乡村的过程,破除传统"官权绅权"之后并未形成民权,而是官权的更加集中化,进而形成行政一体化和新权威的过程。"(民国时期——笔者注)国家政权建设的目标是建立自上而下的完全行政一体化的官僚机制,力图把传统的乡村治理从多元性的地方社会手中提归国家政权的耳提面命,达到对乡村社会的绝对控制"②。传统官绅共治的损毁、民间精英的不断进入"彀中"、行政权力不断下沉到乡村、汲取乡村资源和监控乡村社会能力的不断强化等,由此而来的一个显著结果就是乡村公共治理的失序、乡村社会发展的停滞。从一定意义上可以毫不夸张地说,国民党政权溃败的一个重要原因就在于乡村治理的失败。

(二)社会力量参与下的乡村治理变革

清末民国以来,由于内忧外患,国家政治权力的公共性日渐式微,不仅无力承担乡村公共事务的治理,而且不断汲取地方资财,因此由内驱力催生、"绅治"深度参与的带有地方自治色彩的治理方案不断涌现。20世纪20年代以来,在自然灾害频发,连年军阀混战,世界经济危机的袭击,资本主义商品倾销等因素影响下,中国乡村社会处于破落败坏境地,民不聊生,乡村经济处于严重衰落状态:农业产出低,农产品价格大幅度下降,生产萎缩,农民购买力锐减,农村人口绝对贫困化,入不敷出,乡村陷入空前绝境。在此境况之下,以"致良知"为使命的知识分子开始关注并投入到"救济乡村"、"复兴乡村"、"建设

---

① 潘振球:《浙江地方自治之检讨》,《浙江民政》1935年第5卷第1期,第50页。
② 任吉东:《多元性与一体化——近代华北乡村社会治理》,天津社会科学院出版社2007年版,第217页。

乡村"①、"再造乡村"、"乡村自治"运动中,兴起了一场轰轰烈烈的乡村治理变革实验。

之所以"从乡村自治入手,改造旧中国"②,是因为在乡村建设派看来,"中国社会是以乡村为基础的,并以乡村为主体的;所有的文化,多半是从乡村而来,又为乡村而设——法制、礼俗、工商业等莫不如是。"③对于以农立国的中国而言,乡村担负着"民族再造"的使命④,中国的出路必须立足于乡村,走一条从农业引发工业、以乡村为本而繁荣都市的路,在重光中国传统文化"老根"的前提下吸收西方近代文化的长处,使中西文化得以融通从而创造出一种更有生命力的"新芽",这就是梁漱溟所谓的"老树发新芽"⑤。"中国是一个散漫的乡村社会","所以乡村建设,实非建设乡村,而意在整个中国社会之建设,或可云一种建国运动。"⑥ 乡村建设运动注意到了中国乡村建设的重要性,提出了改造乡村、再造乡村的历史重任。从实践上来看,乡村建设运动重视村学和乡学建设,通过完备的教育体系,改造愚穷弱私的乡村;通过知识分子的"农民化"来"化农民",使专家的科学知识能够打入民间去,最终产生"新民"。最为重要的一点是,"产业发达,文化始能增进"⑦。为此,乡村建设派成立农业生产合作社以发展生产,建立农村金融流通处和实验农场,藉以帮助农村经济发展,促兴农业、振兴乡村经济。

但是,社会参与下的乡村自治效果差强人意,甚至陷入尴尬境地:一方面,乡村治理变革只能囿于政治允许、法律认可和地方实权派肯定支持推广的权限内,始终不脱"政府推动和官主民辅"的治理窠臼,乡村治理变革在大部分地区流于形式,并无实效⑧,甚至沦落为政治的附庸,"走上

---

① "乡村建设",从狭义上来看,意指"建设乡村";从广义上来看,意指变乡土中国为现代中国。"中国是一个散漫的乡村社会"、"所以乡村建设,实非建设乡村,而意在整个中国社会之建设,或可云一种建国运动。"(梁漱溟:《乡村建设理论》,上海人民出版社2006年版,第11、19页)
② 汪东林:《梁漱溟问答录》,湖北人民出版社2004年版,第72页。
③ 梁漱溟:《乡村建设理论》,上海人民出版社2006年版,第11页。
④ 《晏阳初全集》第1卷,湖南教育出版社1989年版,第294页。
⑤ 古梅:《乡村建设问答》,民智书局1932年版,第57页。
⑥ 梁漱溟:《乡村建设理论》,上海人民出版社2006年版,第11、19页。
⑦ 《梁漱溟全集》第4卷,山东人民出版社1991年版,第877页。
⑧ 徐秀丽主编:《中国农村治理的历史与现状:以定县、邹平和江宁为例》,社会科学文献出版社2004年版,第2—9页。

了站在政府一边来改造农民,而不是站在农民一边来改造政府的道路"①。另一方面,在乡村自治并不能有效提升和改善乡村经济面貌、行政权所任命或指定的乡村治理人员与乡绅冲突对立的情况下,以致乡村建设派落入乡村运动与乡民"心理上合不来"的"两大难处",深陷"头一点是高谈社会改造而依附政权;第二点是号称乡村运动而乡村不动"②的尴尬境地。反之,广大民众政治无权经济贫困状况陷入困顿,从而对自治秉持淡漠态度,知识分子因乡村经济恶化不断单向游离,现代知识分子的匮乏进而导致乡村陷入恶性循环③。

综上所述,清末民国时期,乡村中国一直处于政治动荡、经济停滞不前、文化中西对撞、社会利益矛盾纠葛重重、军阀混战格局中,乡村农业衰残,经济普遍匮乏,发展极其落后,公共财政极端贫困,民众愚穷弱私的积习成常流弊兹甚,"救死犹恐不赡,其何暇谈自治哉。……故地方自治之难期成功"④,外力促成的乡村治理变革效果不佳、草草收场也就在情理之中。

---

① 《梁漱溟全集》第2卷,山东人民出版社1989年版,第573页。
② 《梁漱溟全集》第2卷,山东人民出版社1989年版,第573页。
③ 徐秀丽:《中国农村治理的历史与现状:以定县、邹平和江宁为例》,社会科学文献出版社2004年版,第68页。
④ 《梁漱溟全集》第4卷,山东人民出版社1991年版,第830—832页。

第二章 计划时代乡村绝对公共财产的一元行政治理

新中国成立，宣告"风雨如晦"、"救亡图存"历史重任的胜利结束，也在一定程度上拉开了自给自足的自然经济到工业化经济、"中国人民站起来了"到探索现代化的社会主义富裕之路的序幕。在1949—1956年完成新民主主义革命遗留重任的同时，开启了社会主义建设新征程，即在以优先发展重工业为中心环节、变"落后的半封建半殖民地的农业国"为"先进的社会主义工业国"的目标指引下，通过"改造方式"建立起一元行政治理下的农村绝对公共财产，通过行政的、政治的方式集中统一乡村有限剩余，为改革开放奠定了不可或缺的物质基础和坚实的前提条件。

第一节 乡村一元行政治理结构与指令性计划治理模式

一 乡村治理变革的双重认知

"10亿—20亿农民站在工业文明的入口处，这就是在20世纪下半叶当今世界向社会科学提出的主要问题。"[①] 这构成了新中国成立之后最大的历史方位。在人类历史发展进程中，存在着两种经济秩序："当独立的主体或多或少自愿地服从共同制度但在其他方面可自由决定做什么的时候，自发秩序就会出现"、"当有人计划出一个严密的交往模式并强制执行该模

---

① [法] H. 孟德拉斯：《农民的终结》，李培林译，中国社会科学出版社1991年版，第1页。

式的指令时"①，计划秩序就会出现。在乡村经济道路上，是顺其自然地走"自发经济秩序"，还是改造"小农经济"、实行"计划经济秩序"，从而顺利跨过"工业文明的入口处"，取决于对"农民"和"小农经济"的理性认知。

在经典作家看来，农民是"革命性"和"保守性（反动性）"的矛盾集合体："（农民——笔者注）同资产阶级作斗争，都是为了维护他们这种中间等级的生存，以免于灭亡。所以，他们不是革命的，而是保守的。不仅如此，他们甚至是反动的，因为他们力图使历史的车轮倒转。如果说他们是革命的，那是鉴于他们行将转入无产阶级的队伍，这样，他们就不是维护他们目前的利益，而是维护他们将来的利益，他们就离开自己原来的立场，而站到无产阶级的立场上来。"②"小农人数众多，他们的生活条件相同，但是彼此间并没有发生多种多样的关系，他们的生产方式不是使他们互相交往，而是使他们互相隔离……广大群众，便是由一些同名数简单相加形成的，好像一袋马铃薯是由袋中的一个个马铃薯所集中的那样。"③由此可见，在"工业文明的入口处"，自然经济的封闭性、有限性、分散性、落后性、保守性，使得小农经济与新时代格格不入甚至成为工业化的掣肘；在自然经济向工业化经济转型进程中，深受资本主义、封建主义的双重压榨，农民一不小心就容易滑入无产阶级的行列，成为自由的一无所有的工人，这使得农民身上存留着工人阶级天然同盟军的"革命性"一面。近代中国"救亡图存"的历史史实和新中国的落后现实也证实了这一认知。在经济水平十分低下、工业基础十分薄弱的语境下，为早日摆脱一穷二白和人民生活困苦的日子，为了加快经济建设的步伐，特别是加快重工业建设的步伐，必须借助于行政命令和行政手段，实行指令性计划机制，集中全国的人力、物力和财力，乃至采取"压消费挤流通"、"工农业剪刀差来以农养工"方式，来确保工业化城市化重点建设。有鉴于此，在新民主主义革命胜利和社会主义工业化展开之际，改造落后生产力的小农经济，改造不代表历史前行方向的"小农意识"，就成为实现工业化城市化的前提条件和必然选择。有鉴于此，毛泽东同志得出一个重要结论：

---

① [德] 柯武刚、史漫飞：《制度经济学：社会秩序与公共政策》，韩朝华译，商务印书馆2000年版，第182页。
② 《马克思恩格斯选集》第一卷，人民出版社1995年版，第282页。
③ 《马克思恩格斯选集》第一卷，人民出版社1995年版，第677页。

"严重的问题是教育农民"①、"贫农和中农只有在无产阶级的领导下,才能得到解放。"② 正是出于社会生产力发展和工业化战略需要,"在革命胜利以后,迅速地恢复和发展生产,对付国外的帝国主义,使中国稳步地由农业国转变为工业国"③。为此,在政治上,农民代表名额有所限制:"各省应选全国人民代表大会代表的名额,按人口每 80 万人选代表一人,……中央直辖市和人口在 50 万以上的省辖工业市应选全国人民代表大会代表的名额,按人口每 10 万人选代表一人。"④ 在制度设计上,以户籍壁垒为基础严格限制乡村人口向城市流动,国家有限的医疗服务、社会保障、基础设施、公共教育等资源配置更多地向城市倾斜,在生活水平、财产权利、身份等级、公共服务等方面形成了城乡二元体制机制⑤,使农村农业农民服从和服务于国家工业化战略。

在政治经济关系的认知上,新中国成立之初,面对国内外严峻的政治环境和民生凋敝、破败不堪的经济"烂摊子",面对帝国主义的仇视封锁、封建敌对势力和国民党残余的虎视眈眈、长期战争造成经济混乱、资金短缺、物质匮乏,新生政权步履维艰。在革命逻辑的惯性作用下,毛泽东同志深刻指出:"政治工作是一切经济工作的生命线。在社会经济制度发生根本变革的时期,尤其是这样。"⑥ "工、农、商、学、兵、政、党这七个方面,党是领导一切的。"⑦ 在救亡图存重任中不断发展壮大、领导坚强有力的中国共产党人,率先通过土地革命实现了"耕者有其田",赢得了民众的衷心拥护,进而把"政治挂帅"、"一切经过政治"的原则覆盖到国民经济社会的方方面面。

正是出于"政治统帅经济"的关系认知,在经济治理变革中更多的是出于政治需要,更多的是出于政治性因素考量,这贯穿了从土改到人民公社化的乡村治理结构变革全过程。土地改革不仅是一场经济革命,更是一

---

① 《毛泽东选集》第四卷,人民出版社 1991 年版,第 1477 页。
② 《毛泽东选集》第二卷,人民出版社 1991 年版,第 643 页。
③ 《毛泽东选集》第四卷,人民出版社 1991 年版,第 1437 页。
④ 《中华人民共和国全国代表大会及地方各级人民代表大会选举法》第 20 条,1953 年 2 月。
⑤ 1958 年 1 月,全国人大常委会第 91 次会议通过《中华人民共和国户口登记条例》规定:"公民由农村迁往城市,必须持有城市劳动部门的录用证明,学校的录取证明,或者城市户口登记机关的准予迁入的证明。"这标示着城乡二元户籍管理制度的正式形成。
⑥ 《毛泽东文集》第 6 卷,人民出版社 1999 年版,第 449 页。
⑦ 《人民日报》1975 年 1 月 21 日。

场政治革命,一场"疾风暴雨"式阶级斗争①,即"土改当然要分配土地,但又不是单纯地分配土地,还要着眼于根本改变农村社会结构、政治结构,亦即不仅要夺取国家政权,而且还要改造基层政权。"② 土地改革以军事力量和政治力量为坚强后盾,军事力量和政治力量所及之处即是土改进行之处,解放区推进到哪里,行政领导和政治组织推进的土地革命就在哪里"生根发芽"。进而言之,建国之后的互助组、合作社和人民公社化运动亦是"强力土改"、"计划土改"的翻版和逻辑延伸。"我们的方向,应该逐步地有次序地把工(工业)、农(农业)、商(交换)、学(文化教育)、兵(民兵,即全民武装)组织成为一个大公社,从而构成我国社会的基本单位。"③ 之所以把人民公社设想为未来社会基层单位,是因为"还是办人民公社好,它的好处是可以把工、农、商、学、兵结合在一起,便于领导"④。《中共中央关于在农村建立人民公社问题的决议》(1958年8月)从正式出台到全国农村基本实现人民公社化,在短短的一个月时间内,全国农村就呈现出"组织军事化、行动战斗化、生活集体化"样态。由此可见,互助组、合作社、人民公社等乡村基层社会组织,不是自然历史进程,而是政治动员的产物。由上可见,正是出于小农经济落后性、政治与经济的内在关联性的双重认知,新生政权成立之初,即轰轰烈烈地展开了变革乡村治理结构的政治运动。

二 乡村一元行政治理模式的形成

"政治现代化的源泉在城市,而政治稳定的源泉却在农村。"⑤ 新政权伊始,快速整合散落在广袤乡村中的一个个农民和剩余资源,快速提升其对新生政权的忠诚度,快速凝聚农业经济来支持工业化建设,成为摆在党和国家面前的首要重任。对于自上而下的国家政权渗透延伸和自下而上的乡村整合集中难题,日渐式微的传统乡村"官绅共治"结构显然不能胜此

---

① 张乐天:《告别理想——人民公社制度研究》,上海人民出版社2005年版,第39页。
② 杜润生:《关于中国的土地改革运动》,《中国现代史》1997年第1期。
③ 薄一波:《若干重大决策与事件的回顾》(下卷),中共中央党校出版社1993年版,第749页。
④ 山东省档案馆编:《毛泽东与山东》,中央文献出版社2003年版,第93页。
⑤ [美]塞缪尔·P.亨廷顿:《变化社会中的政治秩序》,王冠华、刘为等译,上海人民出版社2008年版,第68页。

重任。鉴此，国家政权借助于土地改革，使"农民取得土地，党取得农民"，从而"彻底推翻乡村的旧秩序，使中国借以完成20世纪的历史任务：'重组基层'，使上层和下层、中央和地方整合在一起。使中央政府获得巨大组织和动员能力，以及政令通行等诸多好处"①，重构乡村一元行政治理结构。在"组织严密、上下垂直、领导有力"的新型乡村政治组织领导下，国家政权体系嵌入到农村，全面渗透于乡村日常生活。乡村一元行政治理结构的重构经历了三个阶段：

第一个阶段，新中国成立前后通过土改运动、发动和组织群众斗争传统乡村社会士绅阶层的方式，变革封建秩序和土地制度，划分县、区、村三级治理机构，建构起由上级下派的工作组指定的村级组织——农民协会及其主要领导，统一管理生产、劳动、物资、财产。通过"打土豪分田地"的土改运动，破除了传统乡村政治权威的经济基础。通过镇压、批斗的方式，原来在乡村社会掌握政治和经济权力的族长、士绅、地主、富农，成为恶霸地主、劣绅、反动分子，在政治上一落千丈。"农村古老的社会权力结构，经过这场变动被全部颠倒了过来，没有人再可以凭借土地财富和对文化典籍的熟悉获得威权，原来的乡村精英几乎全部瓦解，落到了社会的最底层，从前所有的文化、能力、财富以及宗族等资源统统不算数了。"②反之，处在乡村社会最底层的贫雇农被结合进新生政权，掌握了政治斗争的主动权，成了乡村社会的主人，站到乡村政治权力的顶峰③。

第二个阶段，农业生产合作社时期，国家政权不断下沉，县以下的农村基层社会的管理体制形成了区——行政乡（村）——自然村三级，其中设置农村基层党组织（农村党支部）、行政乡（村）政府、农民协会（乡人民代表大会）、农业合作社、共青团、妇联、民兵等组织，以党支部为核心把农民组织起来，变革了传统"止于县政"的绅治，在历史上第一次实现了乡村总动员。"共产党支部建立在乡村成为共产党中

---

① 杜润生：《杜润生自述：中国农村体制变革重大决策纪实》，人民出版社2005年版，第20页。
② 张鸣：《乡村社会权力和文化结构的变迁》，陕西人民出版社2008年版，第230—231页。
③ 彭向刚：《中国农村基层政权研究》，吉林大学出版社1995年版，第13页。

央和地方方针直达草根社会（比中国历史上任何时期都明显）的组织保证"①。农村党支部是党在农村的最基层组织，在农村基层治理中处于领导核心。行政乡（村）政府是最基层的政权组织，一般由一个大自然村或几个小自然村组成，行政村的行政机构为村公所，村公所是村级组织的权力执行机构。

第三个阶段，在新中国成立初我国短暂实行区乡制之后，公社化运动随即兴起（1958），进而席卷全国。公社体制是"政社合一"、"经社一体"的全新乡村基层政权形式，主要特点有二：其一，通过生产资料集体化和农村居民社员化，实现了经济组织行政化政治化，即党社政高度合一和工农商学兵五位一体，集国家行政管理和乡村生产经营活动职能于一身。农村按军事化和行政化组织起来，人民公社对农民实行行政化军事化管理，将农民仿照军事建制、按照军队体制组织起来，形成农村公共资源由下向上集中、由行政向党组织集中、由党组织向党负责人集中的权力结构，执政党的领导权以行政权的形式延伸到农村最基层，对农民实行直接的、全面的、刚性的控制②。其二，在党、政、经、文合一的人民公社制度下，自上而下的经济决策指令化、集权化、行政化运作。在一元行政治理模式中，全国上下一盘棋，乡村的人、财、物、产、供、销均由政府计划安排和统一调配。在准全民所有制的人民公社中，乡村"生产、分配、交换、消费"遵从工业化、城市化战略需要，执行上级行政机关下达的生产任务、资金安排、生产资料和劳动力调配、农作物种植事宜（具体操作上则是按照生产队安排，严格执行农业生产和经营计划，农作物种植面积，农作物种植时间、除草时间，日常生产和经营决策，集体劳动，按劳分配等，都集中于公社或生产队）。这就使得经济关系实物化和单一化、简单化，即一切以国家计划为中心，中央计划部门通过主管部委和地方政府，用层层分解实物指标和产值指标的办法，将计划任务直接下达到农村，农村按下达的指令性计划组织生产。

"人民公社制度"之所以最终成为乡村集体经济的治理结构和组织模

---

① 庄孔韶：《银翅：中国的地方社会与文化变迁（1920—1990）》，生活·读书·新知三联书店 2000 年版，第 99 页。

② 张明琼：《我国乡村社会治理模式的变迁与优化》，《江西社会科学》2005 年第 1 期。

式，从生产力的角度来看，土改之后，小农经济的落后性，耕畜、农具等劳动资料的匮乏短缺，劳动力的稀缺和良莠不齐等效率不足问题凸现出来。如何克服乡村普遍存在着的生产力落后问题？松散性的单干还是组织起来分工互助合作，个体经营还是规模经营？经过党内一番争论后，确立了走乡村集体化和规模化经营道路。从上层建筑的角度来看，既然"小农经济"和自然经济意味着落后性、保守性，既然农田水利基本建设大会战的需要联合生产力，那么在政治热情高涨和计划秩序强行介入之下，农业合作化运动步伐加快。在这种历史背景下，"政社合一"、以生产小队为基本核算单位的"三级所有、队为基础"的人民公社组织，就成为适应生产力的财产关系组织形式。指令性计划治理模式就是把小农经济改造成为社会主义公有制经济，从而为工业化和城市化创造条件的历史必然产物。社会主义改造完成之后，广大农村建立了劳动群众集体所有制，实行有计划、按比例的发展。"人类的发展有了几十万年，在中国这个地方，直到现在方才取得了按照计划发展自己的经济和文化的条件，直到现在方才取得了按照计划发展自己的经济和文化的条件。自从取得了这个条件，我国的面目就将一年一年地起变化。每一个五年将有一个较大的变化，积几个五年将有一个更大的变化。"① 在人民公社集体经济计划管理中，各个基本核算单位需要在国家计划的统一领导下，独立编制计划，组织计划的实施，集体自主生产和自主经营。

在"一万年太久，只争朝夕"，"鼓足干劲，力争上游，多快好省地建设社会主义"等革命理想主义情怀驱动下，全国上下政治热情高涨，群众运动蓬勃发展，新中国农村治理结构和治理模式一直处在自上而下的"暴风骤雨"式急剧变动中②。对此邓小平诚恳地评价道："有人说，过去搞社会主义改造，一两年一个高潮，一种组织形式还没有来得及巩固，很快又变了。从初级合作社到普遍办高级合作社就是如此。如果稳步前进，巩固

---

① 《建国以来重要文献选编》第七册，中央文献出版社1993年版，第213页。
② 1958年3月成都会议上中央制定了《中共中央关于把小型的农业合作社适当地合并为大社的意见》，这一意见在4月8日得到中央政治局的批准。1958年4月20日，第一个人民公社——嵖岈山人民公社（初始名称为"卫星集体农庄"，后改名为"嵖岈山卫星公社"）成立。1958年8月13日，毛泽东发出"人民公社好"的指示后，全国立即掀起大办人民公社的高潮。1958年8月29日，党中央通过《中共中央关于在农村建立人民公社问题的决议》。1958年12月，党的八届六中全会通过《关于人民公社若干问题的决议》。

一段时间再发展，就可能搞得好一些。"① "在一九五五年夏季以后，农业合作化……的改造要求过急，工作过粗，改变过快，形式也过于简单划一，以致在长期间遗留了一些问题。"② 在农业集体化、人民公社化运动中，政府作为运动的组织者和推动者与农民作为被动参与者之间，在农业合作化一刀切、分配上的绝对平均主义与"农民的私有心理是突出的"③之间，存在着一定程度的对立和冲突。"政社不分，也是人民公社体制存在各种弊端的渊薮。因为它可以以此为理由排斥一切以经济办法管理经济的可能性，为单纯用行政办法管理经济提供了制度根源。"④ 在"政社合一"、"一大二公"、"三级所有、队为基础"的人民公社，在保留少量"自留地"的前提下，禁止一切自由经营活动，统一规划。革命成功之后，在乡村公共治理上，不是更多地运用经济手段和法律手段，而是延续政治手段、行政手段乃至军事手段来管理乡村公有制经济；不是依赖具有稳定预期的法律法规，而是依赖经常处于变化调整的政策、指令，所谓"天不怕，地不怕，就怕政策变了卦"；在政治和经济上，强调"政治挂帅"、"讲经济更要讲政治"，把路线和政策对立起来，甚至出现"只要路线对头，不怕政策过头"、"割社员家庭副业的资本主义尾巴"等极端现象。起初"自愿互利"原则往往被摒弃，"组织起来消灭单干"、"谁要单干政府来见"、"谁要不参加社谁就是想走地主、富农、资产阶级、美国的路"⑤等，群众运动、政治动员、"强迫命令运动"行为时有发生。"集中的权力能够颁布土地改革法令，但只有广泛扩展的权力才能使这些法令成为现实。农民的参与对通过法律或许并非必要，但对执行法律却不可或缺。"⑥显然，政治主导农村经济活动、主观脱离客观的经济治理方式，违背经济发展规律，政治性、政策性、运动性、军事命令性农村治理方式，大大超越了当时的生产力水平、群众觉悟程度和干部管理水平。显而易见，这种带有浓厚的平均主义、经济问题行政化政治化治理模式，这种命令—服

---

① 《邓小平文选》第二卷，人民出版社 1994 年版，第 316 页。
② 《改革开放三十年重要文献选编》上，人民出版社 2008 年版，第 189 页。
③ 蒋伯英：《邓子恢与中国农村变革》，福建人民出版社 2004 年版，第 622 页。
④ 薄一波：《若干重大决策与事件的回顾》（下卷），中共中央党校出版社 1993 年版，第 948 页。
⑤ 林蕴晖、顾训中：《人民公社狂想曲》，河南人民出版社 1995 年版，第 83 页。
⑥ ［美］塞缪尔·P. 亨廷顿：《变化社会中的政治秩序》，王冠华、刘为等译，上海人民出版社 2008 年版，第 68 页。

从、计划权利—计划义务的治理模式一旦凝固化、绝对化，其"大跃进""高指标"思维，势必导致"共产风、命令风、浮夸风、瞎指挥风、干部特殊化风"五风劲吹，不仅没有实现"经济按比例协调快速的发展"，反而严重挫伤了农民的生产积极性，抑制了生产、流通和消费，引致乡村经济长期停滞、比例失调、低速增长、物资匮乏。

第二节　乡村绝对公共财产治理

新中国成立之初，党和国家确立了"工业化道路"优先策略。在资金匮乏、经济落后的社会主义农业国家开展工业化和城市化建设，首当其冲的一个问题就是利用为数众多的农业劳动力、化极为分散和极为有限的农业剩余为工业必要的资金积累问题。但通过集中农业有限剩余的方式来筹集工业化所需资金，显然与《中国土地法大纲》所确定的土地私有和剩余私有相冲突。为此，在决策者"组织性与计划性"经济思想指引下，1949—1978年我国限制农民的交易权利，逐步割断了农民同市场的联系，乡村形成了高度集权的集体计划经济体制。在以高级农业合作社和人民公社为标示的计划经济时代，生产资料的高度集体化、公有化（自留地的偶性化），生产大队、生产队的生产组织高度统一化（包产到户的偶然性——工作量和农产品产出量之间的比例），分配上的绝对平均主义，使得乡村公共财产（生产、分配、交换、消费四领域）呈现出"绝对化"特性。

一　乡村绝对公共财产的变革历程

1947年《中国土地法大纲》规定："乡村中一切地主的土地及公地，由乡村农会接收，分配给无地或少地的农民"。通过土改运动，没收地主、富农的土地、房屋、粮食、耕畜、农具，按劳动力和人口重新分配，颁发土地证和房屋证，废除封建半封建的土地所有制，确立农民个体土地所有制，农村实现了"耕者有其田"和"土地私有制"，农民享有自由经营、出租、雇佣、买卖等土地财产权利，实现农村财产占用的平均化和私有化。乡村"土地财产私有制"的主旨在《中国人民政治协商会议共同纲领》(《宪法》性质的法律文件)和《中华人民共和国土地改革法》两个法律文件中得到进一步深化："凡已实行土地改革的地区，必须保护农民已得土地的所有权"[①]、"土地改革完成后，由人民政府发给土地所有证，并承认一切土地所有者自由经营、买卖及出租其土地的权利"、"保护富农所有自耕地和雇人耕种的土地及其他财产，不得侵犯。"[②] 土改之后，土地私有的个体经济成为农村主要经济成分。翻身做了土地主人的农民，焕发出极大的生产热情，农业生产得以快速恢复和获得相当大的发展；也焕发出极大的政治参与热情，增强了对新生政权的政治支持，为解放战争的胜利和肃清旧势力奠定了深厚的群众基础。但是，土地平均化私有以及由此而来的分散化经营、碎片化耕作、粗糙化工具劳动，劳力、畜力、工具的不足，耕作技术的落后，农业资金的匮乏稀缺等，使得乡村不仅无力大规模兴修农田水利设施、平整土地和改良土壤、改进农具和运用机器进行耕作播种收获，扩大再生产，而且极度匮乏抵御自然风险的能力，难以成为"工业化"的坚强后盾。因此在新民主主义革命胜利之后，到底需不需要一个独立的、建设新民主主义社会的阶段，反映在农村，即是在保存土地私有制、维系农民的自发因素，实践和探索"包产（一定的作业量或一定的农产品产量）到户"、包干到户、分田单干，还是"用劳动互助组和供销合作社的办法去达到阻止或避免此种趋势的目的……逐步动摇、削弱直至否定私有基础，把农业生产互助组织提高到农业生产合作社"[③]，这在中央是存在着一番争论的。

在马克思主义经典作家看来，在历史长河中，小农经济必然为规模经济、合作社经济、集体经济所取代。"凡是农民作为土地私有者大批存在

---

① 国家农业委员会办公厅：《农业集体化重要文件汇编》（上），中共中央党校出版社1981年版，第33页。
② 《中华人民共和国土地改革法》，选自王元进主编：《土地法全书》，吉林教育出版社1990年版，第30页。
③ 国家农业委员会办公厅：《农业集体化重要文件汇编》（上），中共中央党校出版社1981年版，第5页。

的地方,……一开始就应当促进土地私有制向集体所有制过渡,让农民自己通过经济的道路来实现这种过渡"①,"我们对于小农的任务,首先是把他们的私人生产和私人占有变为合作社的生产和占有"②。马克思主义经典作家的理论设想及其在社会主义苏联集体农庄的成功践行经验,引起了毛泽东同志的深思:"在农民群众方面,几千年来都是个体经济,一家一户就是一个生产单位,这种分散的个体生产,就是逐渐地集体化;而达到集体化的唯一道路,依据列宁所说,就是经过合作社"③、"苏联所走过的这一条道路,正是我们的榜样"④。在经过一段时间的反复论证之后党中央达成共识:新民主主义革命胜利之后,不是保护私有制、建设新民主主义社会,而是逐步动摇、削弱直至否定私有基础,逐步过渡到社会主义社会。有鉴于此,通过各种方式把新中国内部的前资本主义因素的经济成分和资本主义因素的经济成分消灭殆尽,在从低级的社会主义萌芽的"互助组"、不完全社会主义性质的"初级农业生产合作社"到完全社会主义性质的"高级农业生产合作社"建设进程中,引导个体农民逐步走上"互助合作"的道路,建立社会主义集体所有制经济和乡村绝对公共财产,就成为社会主义政治革命成功之后经济革命的主要目标。

20世纪50年代,在一番疾风暴雨式政治运动之后,新中国乡村财产关系实现了从财产的私有到绝对公共财产的深刻变革。乡村从私有制到动摇、削弱私有制,其萌芽发轫于《关于农业生产互助合作的决议(草案)》(1951年9月20日),农业合作化运动和乡村私有财产公有化运动正式肇始于《关于发展农业生产合作社的决议》(1953年12月)。正是在

---

① 马克思曾经指出:"凡是农民作为土地私有者大批存在的地方,凡是像在西欧大陆各国那样农民甚至多少还占据多数的地方,凡是农民没有消失,没有像在英国那样为雇农所代替的地方,就会发生下列情况,或者农民会阻碍和断送一切工人革命,就像法国现在所发生的那样;或者无产阶级将以政府的身份采取措施,一开始就应当促进土地私有制向集体所有制过渡,让农民自己通过经济的道路来实现这种过渡;但是,不能采取得罪农民的措施,例如宣布废除继承权或废除农民所有权。只有租佃资本家排挤了农民,而真正的农民变成为同城市工人一样的无产者、雇佣工人,因而直接地而不是间接地变成了同城市工人有共同利益的时候,才能够废除继承权或废除农民所有制"(《马克思恩格斯全集》第18卷,人民出版社1964年版,第694—695页)。虽然马克思是针对西欧所作的论述,但在方法论上,却具有一定的普适性。
② 《马克思恩格斯选集》第四卷,人民出版社1995年版,第498页。
③ 《毛泽东选集》第三卷,人民出版社1991年版,第931页。
④ 《毛泽东文集》第六卷,人民出版社1999年版,第434页。

第二章 计划时代乡村绝对公共财产的一元行政治理

此理论认识和实践真知语境下,新政权稳定下来之后,以农民的自愿互利为原则,"摊派而不强迫,不是命令主义"①,依靠强大的军事保障和政治优势,通过自上而下的行政手段和政治舆论,从1951年—1958年,雷厉风行、疾风骤雨,短短几年的时间里,4亿人口的农业大国迅速实现了个体经济到合作化经济(互助组、合作社)、集体化经济(人民公社)的升级换代,乡村公共财产呈现出规模不断扩大的趋势。

在"一化三改造"的社会主义革命时期,一场农业生产互助合作运动轰轰烈烈地展开了。在低级的社会主义萌芽性质的"互助组"中,主要进行牲畜、生产工具、劳力的简单互助,以及一定程度上的生产分工和分业、组织合作、产品平均分配。其后,在互助组基础之上,土地入股、所有权归农民、统一经营的半社会主义性质的初级农业生产合作社在全国普遍建立起来。在1956年对农业的社会主义改造完成之际,遵循"自愿互利、等价交换和国家帮助"原则,"生产资料共同占有、集体生产、按劳分配"的高级农业生产合作社运动随即展开。高级农业合作社是社会主义性质的劳动群众集体经济组织,土地无偿入社,水利设施随地入社,牲畜、车辆等大型生产工具作价入社,现金按劳动工分配,粮食按人口和劳动工分配,土地入股按股分红,劳动力分红,入社股份基金筹集按土地股和劳力股均摊,地七劳三,统一经营、联合劳动。

在一定意义上来说,互助组、合作社还存有地域性、血缘性、宗族性利益掣肘,还是属于"小共同体"的范畴,因而存在两个方面的弱点:一是存在着与"大共同体"——社会主义国家之间的利益纠葛;二是在"大干快上、多快好省地建设社会主义"的时代重任上,互助组和合作社的"小共同体"特性,使得其自身在农田水利兴修建设等大协作、大量资金、技术、人才、劳动力、土地集中调配方面,具有一定局限性和不适应性;又与"成本和收益主体一致性"基础上的经济关系调整存在一些冲突②。既然大规模的农田水利工程兴修需要协调不同合作村、社、乡、县之间的经济利益关系,"打破社乡界限",超越局部利益的束缚,使得利益收益与受损、成本付出与成本收益相协调,那么,从调整合作社规模和行政区划出发来保障大型农田水利工程的兴修则不失为上策。为了农田水利化、耕

---

① 《毛泽东文集》第六卷,人民出版社1999年版,第298页。
② 薄一波:《若干重大决策与事件的回顾》(下),中共中央党校出版社1993年版,第728页。

作机械化之需，各地零零散散地出现"打破社乡界限"的跨社行动。

正是在此语境下，毛泽东同志从生产关系与生产力相适应的原则高度出发高瞻远瞩地指出："现在办的半社会主义的合作社，为了易于办成，为了使干部和群众迅速取得经验，二、三十户的小社为多。但是小社人少地少资金少，不能进行大规模的经营，不能使用机器。这种小社仍然束缚生产力的发展，不能停留太久，应当逐步合并。有些地方可以一乡为一个社，少数地方可以几乡为一个社，当然会有很多地方一乡有几个社的。不但平原地区可以办大社，山区也可以办大社。"① 从提高生产力、改变"一穷二白"落后面貌的角度出发，必须打破社队界限，不断调整财产利益关系，实行社会大协作生产。毛泽东同志的讲话掀起了社会主义性质的高级农业生产合作社的高潮，以土地等生产资料完全归合作社集体所有、农业合作化大发展高潮席卷全国。1958年以"一大二公"为标示、"共产主义是天堂，人民公社是桥梁"定性的人民公社化运动兴起，农村呈现出"绝对公共财产化"特点。从经典作家生产决定"分配、交换、消费"原理来说，生产资料所有制的这一变革，在没有"（经济所有权和法律所有权）两权分离"、"（所有权、承包权、使用权）三权分立"前提下，实质上形成了乡村绝对公共财产状况。"生产力有两项，一项是人，一项是工具。"② 从物的层面来看，一切生产资料（甚至包括部分生活资料）归公社所有。从人的层面来看，在绝对公共财产理念指引下，乡村村民随时听候组织和政府的差遣，"服从命令听指挥，铺盖卷子身上背。随身携带碗和筷，南征北战不懈怠。"③ 秋冬农闲季节，农民被无偿组织起来，兴修水利、平整土地、改造坡耕地。就此而论，乡村绝对公共财产意指国家主导下乡村集体经济的准全民所有制性质，并为进入共产主义社会做准备。在生产资料上，土地归集体所有；在生产经营上，联合劳动，集体经营，粮食实行定购、定产、定销的"三定"；在分配上，因应国家工业化、组织规模效应实现"大跃进"和社会主义优越性需要而在工农业剪刀差、农业税、主要农作物的统购统销等政策中，不断扩张国家所有、压缩集体所有、侵占农业剩余、剥夺农民所有，进而在"共产"原则下分配剩余，所谓

---

① 《建国以来重要文献选编》第七册，中央文献出版社1993年版，第225页。
② 中共中央文献研究室编：《毛泽东著作专题摘编》上，中央文献出版社2003年版，第160页。
③ 董江爱：《三晋政治——公共财产治理中的村民参与》，中国社会科学出版社2010年版，第60页。

第二章 计划时代乡村绝对公共财产的一元行政治理

"第一锄头保政府，第二锄头保干部，第三锄头保五保户，第四锄头养懒汉，第五锄头才保自肚。"① 换言之，人民公社的"公"凸显出来的是社会主义社会生产力组成部分的生产资料和劳动者所有制和分配制上的高度"公有"。

乡村绝对公共财产在第一个人民公社"嵖岈山公社草案"中得到了淋漓尽致的体现："共产主义在我国的实现，已经不是什么遥远将来的事情了"、"根据共产主义大协作的精神，应该将一切公有财产交给公社，多者不退，少者不补；社员转入公社，应该交出全部自留地，并且将私有的房基、牲畜、林木等生产资料转为全社所有，但社员可以保留少量的家畜和家禽；实行工资制、粮食供给制、合作医疗、义务教育等，组织公社食堂、托儿所等。"② 甚至出现荒唐的一幕："1958年10月中旬的一天，跑马乡的党委书记在大会上宣布：11月7日是社会主义结束之日，11月8日是共产主义开始之日。会一开完，大家就上街去拿商店东西，商店东西拿完后，就去拿别人家的：你的鸡，我可以抓来吃；这个队种的菜，别的队可以随便跑来挖。小孩子也不分你的我的了。只保留一条：老婆还是自己的。这位乡党委书记说：不过这一条，还得请示上级。"③

由上不难看出，为了变革生产关系从而推进生产力的快速发展，乡村公共财产呈现出"一曰大，二曰公"④ 特点，尽管"大"的程度、"公"的范围有所伸缩，但在性质上并不影响问题实质。"公"，即公有化程度更高，生产资料公有制范围更大，体现出社会主义生产关系的一系列变化。乡村绝对公共财产的"大"和"公"是紧密关联的："大"是"公"的手段和表征，越"大"越"公"。"公"是"大"的价值归宿，"公"能够反作用于"大"，推动生产力的快速发展，实现"集体所有制"到"全民所有制"的转变："人民公社的集体所有制中，就已经包含有若干全民所有制的成分了。这种全民所有制，将在不断发展中继续增长，逐步代替集

---

① 戴浩天：《燎原火种：1956年永嘉包产到户始末》，新华出版社2002年版，第16页。
② 刘乐庆：《权力、利益与信念——新制度主义视角下的人民公社研究》，中国社会科学出版社2010年版，第65页。
③ 薄一波：《农村人民公社化运动》（三），《农村合作经济经营管理》1994年第1期，第39—40页。
④ 《红旗》，1958年第8期。

体所有制。"① "摆在我国人民面前的任务是：经过人民公社这种社会组织形式，根据党所提出的社会主义建设的总路线，高速度地发展社会生产力，促进国家工业化、公社工业化、农业机械化电气化，逐步地使社会主义的集体所有制过渡到社会主义的全民所有制，从而使我国的社会主义经济全面地实现全民所有制，逐步地把我国建成为一个具有高度发展的现代工业、现代农业和现代科学文化的伟大的社会主义国家。在这一过程中，共产主义的因素必将逐步增长，这就将在物质条件方面和精神条件方面为社会主义过渡到共产主义奠定基础。"② 在人民公社的设计"初衷"里，取消商品生产、价值规律、按劳分配，割裂农民与市场的联系，一步一步从较小的集体所有制到较大的集体所有制到准全民所有制、全民所有制，以人民公社为跳板，最终跑步进入共产主义。以互助组、合作社、人民公社的"大"代替个体农民经济的"小"，在大量资金的统筹，生产工具的购置、改善和扩大，劳动力的分工、调剂与合作，生产技术的提升，农业病虫害的防治等方面形成比较优势，从而有能力推广农业技术、整修土地、改良土壤、兴修水利、提升耕作技术、改善经营管理，创办工业和交通运输业，在生产力的布局更加合理和大型农业机械和工程设施的利用更加充分中，大幅增加土地单位面积产量。"大"，即尽可能组织规模大，大量扩展公社户数和田地亩数；经营范围广，农林牧副渔五业并举，体现出来的是社会主义生产力的联合程度。在生产上，不断探索适应生产力发展水平的"生产规模"。当然，在不同时期，依据生产力发展水平，"大"的规模和程度存在着一定的弹性空间和收缩尺度。

二 乡村绝对公共财产的历史方位

（一）在相对贫困的基础上提供了相对充裕的公共产品和公共服务

从形式上看，乡村公共财产是乡村家户财产的集体合作关系，但是，乡村人财物的配置和产供销的决策，都控制在国家权力之下。"集体经济，就其实质来说，它是国家控制农村经济权力的一种形式。集体在合法的范围内，仅仅是国家意志的贯彻者和计划的执行者，它至多只是占有着生产

---

① 《建国以来重要文献选编》第 11 册，中央文献出版社 1995 年版，第 449 页。
② 《建国以来重要文献选编》第十一册，中央文献出版社 1995 年版，第 601 页。

第二章 计划时代乡村绝对公共财产的一元行政治理

资源,并且常常无力抵制国家对这种集体占有权的侵入。"① 换言之,乡村集体经济、公共财产虽然带有乡村集体公有制烙印,但性质上不过是准全民所有制的过渡形态,"逐步地使社会主义的集体所有制过渡到社会主义的全民所有制,逐步地使社会主义的集体所有制过渡到社会主义的全民所有制。"② 就此而论,乡村公共财产的首要属性就是服务于国家战略,从属于工业化建设。

毫无疑问,在相对贫困的情况下,乡村公共财产的准全民所有制性质能够为国家大共同体的工业化战略决策提供有力支持。低附加值的农业产出构成工业化原料资金人力的重要来源,新中国门类齐全的工业体系和比较完整的国民经济体系的建立,都离不开农业剩余的有效转化。乡村,作为国家大共同体的有机组成部分,乡村公共财产作为准全民所有制为国家大共同体公共事业的积累和跨越式发展做出了巨大贡献。在经济困难、资金匮乏、条件简陋的情况下,国家拟定和主导了快速工业化进程,采取征收农业税、工农业剪刀差、以农补工、粮食统购统销等方式,从农村农业农民经济剩余中汲取资金、农民多提供一些积累的方式来支持重工业的发展。农村农业农民"勒紧裤腰带"过日子,连续不断地为工业化提供"原始"积累。在生产力低水平状况下,以简单手工劳动和畜力代替农业机械、农业技术,以劳动力为最基本的财富源,使得大中小型水利工程的兴修与农田灌溉、坡耕地整修为梯田、化学肥料、农业机械、灌溉机械、农村用电等都有了长足的增长,粮食单位面积产量和总产量都有了较大幅度提升。在一元行政治理模式下,人多力量大的优势凸现出来,通过"人民公社"的方式掌握了对义务劳动力的支配权和大规模劳动投入权,长久影响耕作的淮河、海河、黄河、珠江、辽河、长江治理效果显著,农田水利设施建设成就斐然,全国大中型水库处处可见,大量旱地改造为水浇地、开荒造林等受益至今。公正地看待这一时期,"在公共卫生,社会服务,工业建设,以及各种福利事业方面取得的伟大成就是我们亲眼目睹的;而这一切成就,如果没有不同年龄,不同种类的体力和脑力工作者真诚自愿

---

① 孔令栋:《权威与依附——传统社会主义模式下国家与社会的关系》,《文史哲》2001年第6期。
② 《建国以来重要文献选编》第十一册,中央文献出版社1995年版,第601页。

的合作与团结,是绝对不可能实现的"①。

同样,在相对贫困的情况下,计划时代乡村在医疗、教育、养老、救助等方面成果斐然,有效提升了乡村公共产品和公共服务的供给水平,满足了人民群众的基本需求。从国家的层面来看,政府对农村农业农民采取"多取少予"措施:尽管农村医疗卫生、教育等纯公共资源稀缺匮乏,不能有效满足农民基本公共服务需求,但是在更多地确保城市居民和重工业轻工业建设需要的前提下,国家对农村纯公共财产不予或少予投入。"从公共产品的角度讲,就是农民基本上被国家排除在了公共产品供给的范围之外,而只能主要依靠自己的力量来提供公共产品。"②"集体经济中的生产资料和产品都是属于集体所有的,因此,它们发展生产所需要的资金,也必须首先由内部积累来解决。在这种思想指导下,农村和农民生产、生活所需要的公共产品也必须首先依靠农民自己"③。在人民公社极低的生产力发展水平、支付能力被压缩到极限之下,农村养老、医疗、住房、教育等各种社会服务和社会保障,几乎都源自于农民自身,农业合作社与农民联合起来筹集资金,保障基本的公共服务。

综上所述,从"私"的方面来看,乡村经济发展缓慢、乡村普遍贫困落后,农村农业农民长时间处于相对贫困状况;从"公"的方面来看,乡村公共财产成果显著,医疗、教育、社会保障提升明显,在乡村纯公共财产极为稀缺匮乏下,乡村普遍建立了基本医疗卫生保障制度、弱势群体的社会保障制度、健全的基础教育体系,满足了人们的基本公共服务需求。横向来比,乡村公共服务供给水平,不仅丝毫不逊色于同时期的发达国家,而且远远超越了同时期发展中国家的水平。不唯如此,在毛泽东同志的远景设想中,未来"我国的乡村中将是许多共产主义的公社,每个公社有自己的农业、工业,有大学、中学、小学,有医院,有科学研究机关,有商店和服务行业,有交通事业,有托儿所和公共食堂,有俱乐部,也有维持治安的民警等等。若干乡村公社围绕着城市,又成为更大的共产主义

---

① [英]李约瑟:《四海之内:东方和西方的对话》,劳陇译,生活·读书·新知三联书店1987年版,第47页。
② 孔令栋:《权威与依附——传统社会主义模式下国家与社会的关系》,《文史哲》2001年第6期。
③ 向萱培:《农村人民公社财务》,中国人民大学出版社1964年版,第94页。

公社。前人的'乌托邦'想法，将被实现，并将超过。"① 在阿玛蒂亚·森看来，"毛泽东的土地改革、普及识字、扩大公共医疗保健等政策，对改革后的经济增长起了非常有益的作用。改革后的中国受益于改革前中国所取得的成果的程度，应得到更多的确认。"② 这一评语可谓一语中的，廓清了改革开放前后乡村继承发展的逻辑关系。

（二）一种低效率的财产权利安排

在全能型行政体制下，人民公社不仅拥有土地、山林、荒滩、道路、牲畜、农具的所有权，而且拥有人财物的支配权和乡村一切经济活动的管理权。"政社合一"、"党政一体"、"一大二公"的人民公社，既是乡村基层社会组织，也是乡村基本经济管理组织，拥有政治、经济、文化权利，支配着乡村劳动力、生产资料、资金的调配。这解决了个体经营者资金匮乏、经济贫困所带来的制约农业经济发展的牲畜、农具、水塘等最基本的公共财产，组织生产、提供公共产品和公共服务，在特定历史时期具有其自身的合理性。在分配体制上实行工分制，扣除各项开支之后，农业剩余平均分配给社员。生产什么、怎样生产、生产多少，种植什么、怎样种植、种植多少等等，事无巨细，悉听公社指挥。在作为准全民所有制性质的人民公社，服从和服务于国家战略需要，国家能够以"共产"名义无偿调拨乡村人财物，"三级所有"使得公社及其以上行政机构能够直接平调乡村劳动力和财产。"在公社体制内，国家完全控制了乡村社会的所有资源，一切生产资料和劳动产品的使用与分配都由国家行政权力来决定。"③ 这种无偿调拨违反了等价交换的商品经济规律，导致了高昂的管理成本（费用指数）和低下的治理效益（收益指数），严重影响乡村生产积极性的发挥。

在落后的农业经济率先保证"工业化"战略推进中，使得乡村出现有限剩余，因而农民基本公共服务的保障只能采取量力而行的策略，在集体经济发展缓慢、农民维系基本温饱的情形下，乡村纯公共财产呈现出"制度化程度低、随意性大"、"保障水平的低层次性、有限性、不稳定性"等特点。乡村纯公共财产发展水平极低，仅限于基本的、低水平的公共服务

---

① 薄一波：《若干重大决策与事件的回顾》（下），中共中央党校出版社1993年版，第732页。
② 阿玛蒂亚·森：《以自由看待发展》，中国人民大学出版社2002年版，第260页。
③ 董江爱：《三晋政治——公共财产治理中的村民参与》，中国社会科学出版社2010年版，第73页。

保障，难于供给风险大、资金多、水平高、技术难度大的一些公共服务。这种低水平、低发展程度的纯公共财产，联合范围和作用极其有限，仅限于一个集体所有制单位之内，横向联合能力和纵向联合层次有限，存在着低廉、低层次、但更为普及的微薄集体"抱团取暖"特性。纯公共财产，是集体所有制在优先保障国家大共同体的公共产品、公共服务之后，乡村集体经济剩余才供给乡村公共财产，乡村集体经济规模和发展程度直接关乎纯公共财产的兴衰废止。纯公共财产的范围、规模、程度（如公共医疗报销范围和报销比例）直接受制于集体所有制经济的发展水平。

由上可见，人民公社的财产权利是模糊的，财产权属是矛盾的。在"三级所有，队为基础"的提法中，"三级所有"为人民公社和生产大队随意平调农村财产提供了合理性说辞。"人民公社带有全民所有制成分"的提法，为国家无偿调拨农村财产奠定了合法性基础，昭示了人民公社的绝对平均主义理念。绝对平均主义，否定人的天赋能力的差别，否定"定额计酬"，甚至推行"评大寨工"，把个人的政治思想表现作为评功计酬的主要依据，把平均主义"大锅饭"褒扬为"共产主义因素"，背离按劳分配的社会主义分配原则。这种绝对平均主义的"一平二调"的共产风，"生产权在小队，分配权在大队"的平均主义，严重打击了民众、生产小队、生产大队的生产积极性，在当时就有所警觉，不断探索生产权与分配权相统一的问题。在《中共中央关于农村人民公社当前政策问题的紧急指示信》（1960 年 11 月）中，着重批判人民公社"共产风"，下调核算单位，规定了"三级所有、队为基础"的核算制度；下放了少量自留地和小规模家庭副业的自营权，以便改善和调节社员生活资料。1962 年 2 月《关于改变农村人民公社基本核算单位问题的指示》落实了"三级所有，队为基础"的农村经济管理体制，在一定程度上缩减了"大"的规模和"公"的程度，昭示着生产关系调整探索进入平稳发展期。

反思 20 多年的经验教训，毛泽东同志有一段话值得我们深入思考："什么叫'左'？超过时代，超过当前的情况，在方针政策上，在行动上冒进，在斗争的问题上、在发生争论的问题上乱斗，这是'左'，这个不好。落在时代的后面，落在当前情况的后面，缺乏斗争性，这是右，这个也不好。……我们要进行两条战线的斗争，既反对'左'，也反对右。"[①] 这就

---

① 《毛泽东文集》第六卷，人民出版社 1999 年版，第 403 页。

昭示着我们,必须遵循客观经济规律,符合当时的现实,既不夸大也不缩小主观能动性的作用。我国从半殖民地半封建社会跨越资本主义发展阶段而进入社会主义社会的时候,在政治、经济、思想领域残留着许多封建性的因素,如对商品经济的作用和性质认识不到位,否定价值规律的作用,人为限制和取消商品经济的发展,割裂农民农业农村与商品经济的关系;脱离生产力发展实际水平,无视不发达的社会分工,一味追求"小而粗糙"、"大而全"的经营方式,否认差别,吃大锅饭,大搞"一平二调"的平均主义,主张"发扬风格"、"多做贡献"、"共产主义协作",随意平调生产队的人力、物力、财力,甚至出现"上下左右都向生产队伸手,四面八方挖生产队墙角"现象,实际上是过度剥夺了农民的劳动产品;不是重视经济规律、技术革新、生产效率的提升,而是依靠"人海战术"、发扬"不怕流血牺牲"的革命英雄主义大无畏精神来发展生产,脱离现实。在1960年人民公社"全能型"政府调整为"三级所有,队为基础"的"规模缩小型"所有制,约束无偿平调劳动力和财产行为,实质上就是对商品经济的回潮、对"一大二公"的反思、对简单追求集体经济规模和公有化程度的纠错。

  显而易见,国家控制集体经济下无偿调拨和过度汲取乡村有限剩余,以及其后绝对平均主义的乡村公共财产体制安排,事实上取消了乡村剩余的处分权。剩余激励机制的取消(即多劳不能多得,干多干少一样),致使农民和集体经济监管者丧失了生产积极性,在1958—1978年长达20年的时间内,农业集体化经济效率是比较低的。应当承认,尽管人民公社化时期如水利设施事业有了跨越式发展,有效地改善了农业生产条件;但总体上来看,农村经济追求100%的公有制,强行进行财产关系的变革,背离了生产力发展水平的要求:一是在生产资料所有制的关系上,加快向生产大队、人民公社所有制、全民所有制过渡。二是在经营方式上,只允许集体经营,否定一切个体经营。人民公社制度的实行,导致生产关系超越生产力发展水平,造成了乡村普遍的"共同贫穷",农民人均收入、农村集体积累、农业只能维持简单再生产。曾几何时,"共产主义是天堂,人民公社是桥梁"的革命理想主义情怀激励了人民勇做革命的螺丝钉。从经济学的角度来看,"私"是一种难以规避的本能性行为,"除非一个集团中人数很少,或者除非存在强制或其他特殊手段以使个人按照他们的共同利益行事,有理性的、寻求自我利益的个人不会采取行动以实现他们共同的或集团的利益。"① 公共财产制度难以有效规避乡村干部特权、消极劳动、道德风险的冲击,更遑论在极度稀缺匮乏语境下,"公"时常面临人性之"私"的考验。何况"公"和"私"也是一种辩证关系,乡村小共同体相对于国家大共同体来说是"私","家户"相对于乡村小共同体来说也是私。反之,乡村的"共同贫穷",也使得政府收益"亏损",导致国家有机体的"贫穷",二者之间形成一种互为因果关系。"公"和"私"在价值归宿上是有机统一的,即在大共同体的"大公"与小共同体的"小公"的发展上,实现马克思终极维度上"自由人联合体"和"重建个人所有制"理念:"建立在个人全面发展和他们共同的社会生产能力成为他们的社会财富这一基础上的自由个性"②,"每个人自由发展是一切人的自由发展的条件"。马克思的这段话值得我们深思:"在什么都没有的地方,也就没有什么可以平均化。"③ 进而大力提倡生产力的发展和财产的充裕,"生产力的这种发展……之所以是绝对必须的实际前提,还因为如果没有这种发展,那就只有贫穷的普遍化;而在极端贫困的情况下,就必须重新开始争取必需品的斗争,也就是说全部陈腐的东西又要死灰复燃。"④ 由此一来,人们不断摸索与探索变革"全能型"人民公社制度,以"包产到户""包干到户""分田单干"的方式来替代乡村绝对公共财产。

---

① [美]曼瑟尔·奥尔森:《集体行动的逻辑》,陈郁等译,上海三联书店、上海人民出版社1995年版,第2页。曾几何时,针对"私",通过高压性的政治手段,如"狠斗私字一闪念""灵魂深处闹革命",但效果并不佳,即使在人民公社化时期,也存在着许多"私"行为。
② 《马克思恩格斯全集》第46卷上,人民出版社1979年版,第104页。
③ 《马克思恩格斯全集》第26卷Ⅱ,人民出版社1973年版,第208页。
④ 《马克思恩格斯文集》第一卷,人民出版社2009年版,第538页。

第三章　改革时代乡村相对公共财产的"双轨治理"

1978年改革开放率先在农村展开。当贫困的乡村底层民众推动"自下而上"的自发性变革，国家层面收益与成本指数上扬之间的失衡推动"自上而下"的自觉性变革，两者之间的良性互动，使得政策的松动、制度的变革成为共识。改革时代乡村形成了"乡政村治"的"双轨治理"，即行政主导治理的弱化、农民自主治理的初萌、社会参与治理的有限，形塑了改革时代乡村相对公共财产：其一，相对于计划时代农村低效率、不充分的经济增长和相对充沛的公共财产来说，改革时代"乡政村治"的"双轨治理"使得乡村经济相对快速发展与公共财产相对不充裕；其二，相对于改革时代农民农业农村经济相对快速发展，和同时期城市公共财产的富足来说，改革时代乡村公共财产呈现出相对不充分不平衡发展甚至相对贫困稀缺匮乏状况。

第一节　乡政村治与"双轨治理"

在改革开放前的计划经济时代，乡村实行"政社合一"、高度集权、一元行政治理的人民公社制度。在改革时代，自上而下的乡镇行政管理与自下而上的乡村自主治理相结合，适应了家庭联产承包责任制的"统"、"分"结合的双层经营模式，促进了乡村的繁荣、农民的富裕、经济的发展。但是，随着"分税制"改革、农业税取消、市场化改革进程的加快，乡政村治的双轨治理模式的历史局限性逐渐显现，这就使得行政主导下乡村自治、法治、德治相统一的乡村公共治理体系和治理能力现代化变革迫在眉睫。

一 从"政社合一"到"乡政村治"

在经典唯物主义看来,"随着经济基础的变更,全部庞大的上层建筑也或慢或快地发生变革"①。马克思在这里虽然说主要是针对社会形态变革的意义上所作的"经济基础和上层建筑"关系论述,但从方法论上看也适用于改革开放之后"经济基础与乡村治理变革",即从"包产到户""包干到户""分田单干"到"乡政村治"转型。家庭联产承包责任制赋予乡村更多的生产经营自主权,农民自由活动空间的不断增加和乡村资源流动性的不断增强,村庄集体经济的经营方式发生了重大改变。虽然乡村生产队、生产大队保留着劳动群众集体所有制合作经济性质的名义②,但生产队组织生产、决定分配的功能不断弱化乃至丧失。乡村经济基础的历史性变迁和集体经济基础的内在变革,引致乡村公共治理的变革。

坚持人民群众路线,尊重人民群众的首创精神,历来是我党的优良传统。对于乡村治理变革,政策决策层予以充分肯定和高度评价,"农村按居住地区设立的村民委员会是基层群众性自治组织。"③《关于实行政社分开建立乡政府的通知》(1983)设立乡(镇)政府作为基层政权组织,设立村民委员会作为乡村群众性自治组织。至此,"三级所有,队为基础"的人民公社·生产大队·生产队三级农村基层社会组织顺利转变为乡(镇)·村民自治委员会·村民小组管理机构,负责辖区内治安、公共卫生、公共事务、公益事业等行政管理工作,新的乡村治理结构渐具雏形。

其后,乡村治理在探索中不断前行,并最终以法律的形式确立下来。《村民委员会组织法(试行)》(1987),开始在全国范围内试行村民自治。《村民委员会组织法》(1998)规定村民委员会"自我管理、自我教育、自我服务"的基层群众性自治组织性质和"民主选举、民主决策、民主管

---

① 《马克思恩格斯全集》第31卷,人民出版社1998年版,第413页。
② 罗平汉:《农村人民公社史》,福建人民出版社2003年版,第403—409页。
③ 《中华人民共和国宪法》第一百一十一条,1982年12月。

理、民主监督"运行机制,及其"协助乡、民族乡、镇的人民政府开展工作"的工作任务,从而将"乡政村治"即国家基层政权定位于乡镇、乡镇以下行自治的新型乡村管理创新模式以法律的形式确定下来。如果说人民公社制度是新中国乡村治理的第一次创新,那么"乡政村治"就属于乡村治理模式的第二次制度性创新①,由此开启了我国乡村治理新格局②。

在"乡政村治"体制下,作为国家权力的末梢,"乡(镇)政"权力是主导性和领导性因素,借助于村委会来贯彻国家政策和完成国家任务,发挥着指向、保障方面的核心作用,支撑起乡村治理网络中主导性权力支配网络。在"村治"方面,家庭联产承包责任制为核心的经济体制和以村民自治制度为核心的政治体制改革,给乡村社会提供了较大的自主发展空间。现阶段乡村村级管理体系包括党组织、村民自治组织和村集体经济组织三个国家认可的组织系统。农村党支部在村级管理组织中发挥领导的核心作用;村民委员会作为基层农村群众自治性组织,是村民自治日常工作机构,负责处理本村公共事务,执行村民会议或村民代表会议的决策,决策村公共财产的使用和分配;村集体经济组织存在于集体统一经营的体制和家庭经营与集体统一经营的双层经营体制中,负责村集体经济。就村庄内部自生的组织来说,主要有老年协会、妇女组织、家族、宗派、利益团体及其他社会组织等,对村庄公共财产治理发挥一定的实际作用。一句话,自上而下的乡政与自下而上的村治,共同构成了乡村治理结构的主体。

二 从一元行政治理到"双轨治理"

在改革开放前"三级所有,队为基础"的人民公社,集体所有、统一劳动、平均分配的纯粹指令性计划经济治理,往往不是遵循经济规律,而

---

① "乡政村治"格局,即在乡镇建立基层政权,对本乡镇事务行使国家行政管理职能,但不直接具体管理基层社会事务;乡以下的村建立村民自治组织——村民委员会,对本村事务行使自治权(崔永军、庄海茹:《乡政村治:一项关于农村治理结构与乡镇政府职能转变的个案研究》,《社会科学战线》2006年第4期)。
② 施雪华:《社会资本视角下的中国乡村治理研究》,《北京行政学院学报》,2008年第2期。在一些学者看来,我国农村自改革开放后逐渐形成了县政·乡派·村治,精乡扩镇·乡派镇治,乡镇自治,乡治·乡政·社有,大农村社区等五种乡村治理模式(张慧卿:《社会主义新农村视野下乡村治理模式的重构》,《中共福建省委党校学报》2009年第5期)。

是通过开展政治运动、群众运动的方式，乡村经济始终脱离不开政治运动藩篱，甚至承载了过多的政治责任，导致经济缓慢停滞性增长。

　　1978年改革开放，拉开了变革乡村一元行政治理的大幕。家庭联产承包责任制的"联产"、"承包"核心关键词，体现出来的是"统·分"结合的双层经营体制，"统分结合"性质呈现出村民自治委员会的政治属性和经济属性的二重性，作为土地所有权的拥有者的村集体，承担着征收"三提五统"税费，规划管理农地、兴修水利等经济职责。换言之，"统·分"结合的双层经营体制体现出来的是乡村财产所有权和使用权的两权分离，在"公"、"私"混合性所有制的乡村财产中，逐渐形塑了以"乡政""村治"为主导的新型双轨治理①：既有主导型的乡镇政府的权力运作和行政管理，又有自主型的乡村基层组织的自我治理，村庄的自组织和村民的自治；既有法定的制度，又有村规民约；既有国家和行政的介入，又有民间、市场和社会的参与。《关于实行政社分开建立乡政府的通知》（1983年10月）提出"政社分开""建立乡政府""建立乡党委"和"建立经济组织"的主张，昭示着在治理模式上，"乡政村治"克服了"党不管党、政不管政和政企不分的状况"弊病，厘清了政治职能、经济职能、社会职能权限边界②，不断转变为"职能分开""放权让利式多元公共治理"。

　　在"乡政村治"双轨治理结构中，乡村公共事务治理上存在着两个处于不同层面、相互独立运作的载体：一个是处于政权体系"神经末梢"的乡镇政府，代表国家行政权力行使宏观管理职能，履行对"村治"的管理、领导、引导、服务功能，是连接国家与乡村的关节点。一个是群众自治的村民委员会，代表村民行使乡村公共事务的具体治理。在乡村公共治理实践中，"乡镇政府可以依法行政，可以贯彻、执行、监督法律和方针、政策的事实，可以'对于村民委员会的工作给予指导、支持和帮助'，但是，'乡镇政府不得干涉属于村民自治范围内的事项，村民委员会协助乡镇政府开展工作'"③。这就划清了村民委员会和行政权力边界，建构了高效廉洁的乡村治理体系，规范了"公""私"二者之间的良性互动关系，

---

① 陈东琼等：《"三农"问题与农村治理创新》，《求实》2005年第10期。
② 《关于实行政社分开建立乡政府的通知》（1983年10月）提出，"有些以自然村为单位建立了农业合作社等经济组织的地方，当地群众愿意实行两个机构一套班子，兼行经济组织和村民委员会的职能，也可同意试行。"
③ 陈东琼等：《"三农"问题与农村治理创新》，《求实》2005年第10期。

达成了"交够国家的、留足集体的、剩下的都是自己的"的合作共赢理想状态，是乡村治理的第二次创新。乡政村治，适应了家庭联产承包责任制，实现了资源的优化配置，释放了乡村生产力，推动了乡村经济发展。这一创新，既在如何发展乡村集体经济，发展公共利益和公共事业，提高村民生活质量等问题上；又在乡村公共财产的使用、收益和分配上，实现公共利益最大化。

但是，家庭联产承包责任制"统"、"分"结合的双层（双轨）经营，衍生出"双轨治理"的隐患。所谓"双轨治理"，是指在乡村公共事务和公共财产的治理权限上，存在着作为群众自治性组织的村民委员会与乡镇行政（延伸至乡村）之间的划界、作为基层政权认可下的村民委员会与以宗族、血缘、地缘为基础的各种自治组织之间的划界、乡村和村民委员会之间的划界、乡政村治与县以上行政治理之间的划界问题。笔者在此主要对乡镇和村民委员会双轨治理做一详述。从法律规范的角度来看，村民自治权与乡镇管理权（乡镇权力延伸至乡村）之间的权限边界模糊。《宪法》《村民委员会组织法》《地方政府组织法》中存在"自我管理、自我教育、自我服务"、"民主选举、民主决策、民主管理、民主监督"等原则性和理念性规定，而在原则性和运行性之间往往存在着一定制度弹性和模糊性空隙，甚至存在着"非自治性"、模糊性、不同法律文本之间的冲突，在实际运行中缺乏可操作性和可行性。《地方政府组织法》规定，乡镇政府"执行国民经济和社会发展计划、预算，管理本行政区域内的经济、教育、科学、文化、卫生、体育事业、环境和资源保护、城乡建设事业和财政、民政、公安、民族事务、司法行政、监察、计划生育等行政工作。"《村民委员会组织法》规定，"村民委员会依照法律规定，管理本村属于村农民集体所有的土地和其他财产，引导村民合理利用自然资源，保护和改善生态环境。"村民委员会的职责关联着"应当支持"、"应当尊重"、"应当宣传"、"应当保障"、"引导"等大量模糊性用语，这些表述不是对权力的确定性和约束性表述，而是价值性、责任性、道德性表述[①]。当然，作为上层建筑的法律法规之所以模糊、权界不清，已经蕴含在经济基础的模糊性——家庭联产承包责任制的"统分"二元性决定，第一位的"所有

---

① 乔运鸿：《乡村治理：从二元格局到农村社会组织的参与》，中国社会出版社2016年版，第55—56页。

权"虚化,第二位的"使用权"实化中。由于历史的惯性,"乡村治理机制仍是脱胎于计划经济时代的社会控制机制,内置于其中的乡村权力结构呈现出明显的'上强中薄下弱'特征,是一种乡政村治格局下的'中心—边缘'结构"①,国家行政权力下移并全面渗透到农村社会、控制和分配一切社会资源并以此实现对每一个农民的控制和对乡村社会统治的治理模式②余绪仍存。当然,"双轨治理"的隐患在 80 年代改革开放之初并未显现。

在"分税制"改革(1994)和农业税取消(2003)之后,随着乡镇治理的经济异化现象的凸显,乡村"双轨治理"的隐患逐渐显现。在人民公社解体之后的农村家庭联产承包责任制中,实行"交够国家的,留足集体的,剩下的都是自己的"的土地承包制,即"村提留和乡统筹(三提五统)"承担着维系乡村公益事业和公共事业的重任。在 20 世纪 80 年代乡镇财政(1983)建立以后,乡镇"以自身的财政收入增长为目的,有条件地执行国家的政策,具有了很强的自利性。由于'乡政'是一级国家政权,它在为自身谋利时依赖的是国家权威,因此它具有国家型经纪的某些特征。随后进行的'分灶吃饭'、'分税制'财税体制改革进一步刺激了乡镇面向农民的集资、摊派等行为的扩张,农民负担问题日益突出,'乡政'作为国家一级政府的合法性权威受到损害。"③ 随着乡镇财政人员越来越多,用来维系村集体公共事业的"村提留"常常被挪作村务管理和"乡镇摊派",用来兴办乡村公益事业的"乡统筹"常常被挪作乡镇政府日常运转费用和临时工薪酬。在家庭联产承包责任制的运行从而集体公共财产日渐减少之际,农村税费改革特别是"三提五统"和农业税的免除从而导致农村事务变得没有多少额外剩余,农村承包地时间不断延长,农村劳动力流动人口愈来愈多,粮食和其他农产品统购统销被取消,乡村公共水利、道路、教育、医疗所需费用无从着落,"乡政村治"治理结构出现一定程度上的失范,即在治理中过度使用和依赖行政控制和规范手段导致行政强控制状况的出现,从而使得国家基层政权设立在乡镇、乡镇以下的农村实行村民自治的"乡政村治"治理模式呈现出很大的不足,乃至于村民

---

① 甘庭宇:《农村社会结构变动下的乡村治理机制探索》,《农村经济》2012 年第 11 期。
② 刘安:《协商共治:建构农村基层治理的制度性合作关系》,《南京师大学报》(社会科学版)2011 年第 2 期。
③ 张举:《乡民自治:农村治理模式的一种选择》,《理论导刊》2005 年第 9 期。

自治逐步纳入代表国家刚性"乡政（乡镇政权）"的行政范畴，以至于导致村干部的行政权与自治权之间的悖论，增强了村治的行政性，丧失了其本有的自治意义①。

乡镇行政治理财权的越位和事权的缺位，形成乡村"空心化"窘况。在改革时代相当长的一段时间内，广大乡村几乎都是传统农业主导型经济，基层践行"财权不足费来补"对策，通过强制农民调整产业结构、高估农民纯收入水平、分配税收任务等方式来广辟财源、多创税基，在以往所谓"分权让利"、"分灶吃饭"等财政包干政策的基础之上，不是依照公共支出责任、税收的经济功能和内在特性划分其归属，而是模糊了财权和事权界限。1994年中央启动了权力主导型的"分税制"改革，乡村两级基层政府的公共财产供给能力得到进一步削弱、财权和事权的严重失衡，导致乡村公共财产供需失衡，公共社会事业发展明显滞后，转移支付制度存在诸多不足，"自上而下"的公共财产决策机制偏离农民需求，自上而下的达标考核机制使得农村项目存在无效投资现象。在税费改革和农业税取消从而村庄公共事业来源不断弱化的岁月里，行政治理成本的不断上涨与制度内经费拨付不足和准公共财产收益率有限之间的矛盾，使得不同时期不同阶段的"税费"转化为治理成本，即所谓的"保工资"、"保运转"、"吃饭财政"意义上的治理成本。"自上而下的供给决策机制"的僵硬、机械、有限理性、不完全信息，县乡行政治理的越位和村民委员会财权缺失与事权的不足或缺位，治理财权不足和事权过多、治理成本过高和治理对象不足之间的矛盾凸现出来，决策的连续性和规划性一定程度上的滞后，需求和偏好的脱节等，制度内财政"项目制供给"全面铺开，一些人为因素如地方政绩、关系、财政因素所导致的村庄不平衡发展，村民自治委员会在财权和事权双重缺位下流于形式化。凡此种种，不一而足。

综上可见，改革开放后乡政村治的"双轨治理"曾经适应了家庭联产承包责任制"统"、"分"结合的双层经营体制，有效地促进了乡村繁荣、经济发展和秩序安定。时至今日，经济基础的变革（家庭联产承包责任制"统"的部分形式化、农村"税费"取消以及由此而来的乡村公共财产的

---

① 从本质上来看，改革力度大、贯彻法治自治德治力度强的地方，"乡政村治"效果就好，制约农村经济和社会发展的瓶颈因素就少，市场化和社会化力量和因素就多，反之，计划性、行政性等传统体制性和机制性的阻碍因素就多，从而窒息着农村经济社会的快速发展。

匮乏稀缺,城乡二元对立与乡村城市化进程的不断提速,乡村社会组织参与治理的滞后与农民的原子化游离化,乡村公共财产的"封闭性"集体属性与市场经济的人物流动性,农业经济效益递减以及由此引致的乡村公共财产的相对不足)与滞后的乡村治理之间矛盾凸显,"双轨治理"难以适应市场化、工业化、城镇化、信息化的乡村经济变迁,引致乡村公共财产治理失效、失范、失序(乡政村治行政治理上"经济异化"所导致的错位、缺位、越位、不到位现象,在乡村自主治理上农村治理议事能力不足、参与治理意识不强,社会参与治理有限)。如果说改革开放后横亘40多年的"乡政村治"属于乡村治理模式的第二次制度性创新,那么乡村市场化、工业化、财产"权利化"的变迁语境,呼唤乡村治理模式的第三次变迁(创新),即行政主导下乡村自治、法治、德治相统一的乡村公共治理体系和治理能力现代化变革。

第二节　计划·市场二元运行机制下乡村相对公共财产

一　乡村绝对公共财产到相对公共财产

20世纪60年代,"一切资产都姓公"和绝对平均主义的人民公社化运动造成了农村困难局面。在经济效率低下、人民生活水平提升缓慢、生产力破坏严重、深受"五风"的危害、人民对集体经济产生动摇怀疑甚至丧失信心的一些地方,以安徽《关于推行包产到队、定产到田、责任到人办法的意见》的"按劳动力分包耕地,按实产粮食记工分"、"包工包产责任制"行包产到户之实为肇始,各地先后出现了"按劳分田""分田到户""分口粮田"等形式各异实质上变相恢复分田单干、"包产到户"作法①,计划公有制下乡村绝对公共财产制度被撕开了一道口子,从中产生出私有财产权利的萌芽。在当时安徽省委看来,这一办法并没有改变生产

---

① 《当代中国农业合作化》编辑室:《建国以来农业合作化史料汇编》,中共党史出版社1992年版,第648页。

资料集体所有制，土地、耕畜、大农具仍是集体所有的，没有改变生产统一计划安排、集体劳动和产品收入统一分配方式，只是将土地所有权与使用权分离开来，农民行使土地的使用权而并没有土地的所有权，因而不会增加农民的私有观念，这一两权分离理论可谓是对人民公社制的一次重大突破。"包产到户"到底是"恢复和发展农业生产、解决过度平均主义的良药"，还是"破坏集体经济，发展个体经济"？"包产到户"这一萌芽，在1962年4月14日《关于解决包产到户问题的意见》中受到了严厉批判，被指责为"带有修正主义色彩"、"削弱和瓦解了集体经济"、犯了"走资本主义道路"的方向性严重错误①，乡村绝对公共财产的变革萌芽戛然而止。

1978年十一届三中全会的胜利召开，开启了思想解放的大门，迅速引起"乡村公有制"行动上的变革。1978年安徽、四川率先试行包产到组和包产到户的农业生产责任制。从中央政策文件来看，《关于进一步加强和完善农业生产责任制的几个问题》（1980）肯定了包产到户、包干到户制度，确立"以包产到户的方式来解决农业生产责任问题"。1982年1月1日《全国农村工作纪要》正式确立了农村土地的家庭联产承包责任制。八二宪法第八条第一款（1993年修订版）规定"农村中的家庭联产承包为主的责任制和生产、供销、信用、消费等各种形式的合作经济，是社会主义劳动群众集体所有制经济。"家庭承包经营制入宪，标示着农村财产权利的革新变化得到了相应的法律肯定，国家承认私人的土地使用权以及承包所得的财产权，由此揭开了乡村绝对公共财产到相对公共财产的变革之幕。是时，在农村农业问题上，人们感兴趣的不是"打击一小撮阶级敌人的破坏活动，打击资本主义势力的进攻"，而是"人民公社、生产大队和生产队的所有权和自主权必须受到国家法律的切实保护；……建立严格的生产责任制"②，实行"包产到户"。各地在探讨和落实形式各异的"生产责任制"，提出在生产资料集体所有、集体统一核算、统一分配的前提下，实行"定额到组、评工到人"、"只需个别人完成的农活可以责任到人"、"包产到户岗位责任制"、"联系产量责任制"、"区别包产到户和单

---

① 1962年3月20日，中共安徽省委常委会《中共安徽省委关于贯彻落实〈关于改正"责任田"办法的决议〉的通知》。
② 《中共中央关于加快农业发展若干问题的决定（草案）》，1978年11月18—22日十一届三中全会。

干，单干和资本主义"①等突破性举措，以及零零星星的包产到户、包干到户、分田单干等家庭联产承包责任制火苗。"农村政策放宽以后，一些适宜搞包产到户的地方搞了包产到户，效果很好，变化很快。……我们总的方向是发展集体经济。"②邓小平一语中的，指明了乡村"包产到户"的路径和方向，从此以后，建立在土地公有制基础之上，集体统一管理土地、大型农机具和水利设施，统一规划农田基本建设，包产到户、包干到户为主要形式，家庭承包经营为基础、统分结合的双层经营的家庭联产承包责任制，成为乡村集体经济的主要组织形式。

随着"包产到户""包干到户""分田单干"为核心内容，"独立经营""自负盈亏"为核算模式的家庭联产承包责任制的确立，各种财产权利集于一身的土地出现了"所有权"和"使用权"的"两权分离"，甚至土地30年长期承包并且期满之后无条件续期等规定，就在事实层面上使得"一切资产都归公"的乡村绝对公共财产，开始转变为资产所有权归公，家户拥有土地的长期使用权、流转权、剩余索取权和非农资源的部分财产权利。由此一来，生产队、生产大队、人民公社与农民的关系，不是"三级所有，队为基础"的财产关系，而是简单的形式上的承包关系或契约关系。"包产到户""包干到户""分田单干""大包干"等一系列改革深入推进，农户拥有了土地使用权和部分生产资料所有权，乡（镇）、生产大队和生产队渐次退出农业集体直接生产领域，调整"生产责任制"的改革初衷有了根本性变化。"家庭联产承包责任制"中的"联产——联系产量计酬"③和"统分结合的双层经营体制"的"统"的经营体制流于形式。换言之，"三级所有，队为基础"的乡村各项资源集体所有制发生了两重变化：形式上，生产资料所有权归集体，生产资料使用权、经营权、剩余索取权归农民的两权分离；内容上，以农业为主导的广大农村，财富的土地源泉和劳动者源泉（自身人力资源的所有权）重归农民。统分结合的家庭联产承包责任制具有"统"和"分"、"联产"和"承包"双层意蕴，体现出来的是乡村土地两权分离，"统"的部分由村集体来行使经济责任，即所有权归村集体；"分"的部分由村民来自由发挥，即使用权

---

① 罗平汉：《农村人民公社史》，福建人民出版社2003年版，第387—396页。
② 《邓小平文选》第二卷，人民出版社1994年版，第315页。
③ 《关于加快农业发展若干问题的决定》（1979）规定："人民公社各级经济组织……可以在生产队统一核算和分配的前提下，包工到作业组，联系产量计算劳动报酬，实行超产奖励。"

（承包权）归农民。从财产所有权的角度来看，村集体毫无疑问是担当着"统"的经营功能，发挥着"统"的支配空间。在法律上，乡村土地、宅基地、森林、山岭、草原、荒地、滩涂归集体所有，乡村公共财产相当充沛。换言之，形式上，"统"在前，体现出来的是社会主义集体所有制经济形态，从"共同富裕"的社会主义本质特征来看，最终实现"统"起来的价值归宿；"分"在后，从属和依附于集体经济，主要是从"效率"角度出发对乡村"生产责任"的一种临时性调整。

但是在"中国特色"语境下，乡村计划公有制的改革，特别是法律所有权与经济所有权分离，或者说事实上的财产所有权和法律上的财产所有权不一致，使得乡村公共财产部分转化为私有财产，联产承包责任制中"统"的功能形式化、弱化、虚置化，乡村公共财产变得相对稀缺匮乏。据国家统计局1993年数据显示，"目前中国农村的总资产（95196.12亿元，1992年）中的77.29%为集体的地产（耕地和山林）和企业资产，22.71%为农户私产；而全部集体资产的95%以上已长期承包给农户和个人经营，仍由集体经营的部分不足4%。"① 这一数据大致表明了农户私产与集体财产（承包经济）之间统分结合、双层经营的财产结构：在土地、水面、草场、山林、荒滩等承包确权之后，15—30年长期不变（土地承包权、使用权的确认），农户几乎承包了乡村所有公共财产并拥有剩余索取权，虽然名义上集体经济的最终财产权利归属于集体，但农户享有财产权利的实际利用权、支配权、经营权、收益权、剩余索取权。集体组织的经济职能不断弱化式微，财产的所有权属性不断被虚置化，在当代中国最广大地区的乡村，公共财产实力相当薄弱。"在农村分田到户若干年（15年和30年）不变和中央相关农村政策安排下，村庄经济合作组织'统'的功能很少得到发挥，也缺乏发挥的空间。"② 在笔者调研的一个村庄中，公共财产主要包括一些集体的机动土地和公共山林，村集体的经济收入就是集体土地和山林的承包费。由上可见，在"包产到户"、"包干到户"、"分田单干"的家庭联产承包责任制落实之后，两权分离实质上形塑了所有权虚化、使用权实化的乡村公共财产现实语境。与"全能型"计划时代

---

① 周其仁：《中国农村改革：国家和所有权关系的变化——一个经济制度变迁史的回顾》，《中国社会科学季刊》1994年夏季卷。
② 罗兴佐、贺雪峰：《农村社区组织建设与公共品供给》，《理论与改革》2008年第2期。

的绝对公共财产不同，在改革时代，不是集体掌握乡村大部分财源，而是农民拥有大部分财源，土地所有权并不能给集体带来充沛收益，由此造成了乡村公共财产的相对性甚至严重稀缺匮乏问题。

对于乡村公共财产来说，改革前集体通过统一经营、集体分配的方式来实现公共财产的所有权。改革后其来源主要有二：其一，体制内供给，行政上的财政拨付。在税费改革前，在"乡村"和"城市"的公共财产二元对立状态中，乡村附属和服从于国家战略需要①，使得乡村公共财产制度内供给严重不足；城乡二元化体制机制继续存在，使得国家对农村农业农民公共投资相对不足甚至比重明显偏低。在农业税取消之后，通过专项拨款的方式，负担义务教育、乡村道路建设、新型合作医疗补助、土地开发金的财政转移支付为基础的公共财政投入；通过财政转移支付的方式加强乡村公共财产的能力。自上而下的制度内供给构成乡村公共财产源泉。其二，制度外筹资为主，农户承包上交税费。乡村公共财产的制度外供给特性，使得农民构成乡村公共财产的主要分摊者；而农村农业农民的效益递减作用使然，乡村公共财产虚置化、集体经济枯萎化，乡村公共财产勉为其难地满足公共需求；家庭联产承包责任制之后，土地等生产资料使用权分配给农户，理所当然地使得乡村"公共程度和公共规模"不断缩小，形成相对公共财产。"交足国家的，留足集体的，剩下的都是自己的"统分结合、双层经营的家庭联产承包责任制的初衷，乡村公共财产的主要来源为农民的"三提五统"、"两工"、集资、摊派等，政策决策层从法律法规政策层面对乡村公共财产的制度外筹资特别是村提留和乡统筹的缴纳比例收支用途和性质归属、义务工和积累工的天数去向、法律和政策允许范围内的行政事业性收费集资等，做了细致规定和严格界定，在乡村经济缓慢发展中，保障了乡村公共财产基本维持在收支平衡状态和乡村基层政权组织的正常运转。但是在分税制改革之后，乡村公共财产失衡状态渐露端

---

① 新中国成立以来国家重工业优先发展战略及其改革时代的遗留，使得制度内供给上存在着"工业化中心"和"城市化中心"特征，和一定程度上忽略忽视农村农业农民的现实，从1980年开始国家数十年如一日的发布涉农的《中央一号文件》，这种政策文本层面的"重视"，与我国底子薄经济财政差的现实之间的悖论，使得乡村公共财产制度内拨付不足。国家制度层面上的政策措施，以及工业效益递升的内在驱动发展动力必然存有"传导效应"，从而进一步拉大城乡之间公共财产差距和治理上的歧视性、不公平性差别。在取消农村税费改革从而农村农业农民不再直接关联农村公共财产、工业化关联公共财产利益关系之后，这种公共财产差距和治理上的不公平差别愈加明显。

倪：农业收益递减规律使然，农民负担的乡村公共财产占到人均纯收入10%以上，甚至出现公共财产治理成本费用远超公共财产本身[①]。随之而来的"头税轻，二税重，三税是个无底洞"等各种乱集资、乱摊派、乱罚款等行政性财产收益分配作为，模糊了乡村财产权利边界，侵损了民众合法权益，增添了民众负担，遗留问题较多。

税费改革后，乡村公共财产收支失衡状态进一步加剧。面临加入WTO，规范直至取消农民"税费（三提五统）"和农民"两工"提上日程：《关于进行农村税费改革试点工作的通知》（2000）、《关于2001年农村税费改革试点工作有关问题的通知》（2001）、关于废止《中华人民共和国农业税条例》（2005）、《关于做好农村综合改革工作有关问题的通知》（2006）等三个文件，实现了农村税费和义务工的取消，使得乡村公共财产治理发生了一定意义上"质"的变化。不同于农地规模小、农业税在财政收入中占比小、城市化、工业化水平较高的沿海地区，以农业为主的经济结构、乡镇经济欠发达、广大的乡村地区，公共财税的减少与公共事业的继续维系之间的矛盾冲突，这就使得农业税的取消存在两个方面的后果：其一，农业税的取消，实际上就是取消了地方行政机构的财源（财政来源），乡村基层政权维系运转的经费失去了重要来源，集体的可控资源在渐次萎缩，集体的经济职能在政治职能的强化之下被隐没化了，乡村"统"的方面不断形式化，基层治理由管理型政府转变为服务型政府，使得村乡两级基层治理组织的治理行为由"积极"转为"消极"，乡村基层组织为村庄集体服务意愿不断下降，即行政主导治理权力的弱化。其二，乡村"税费"的取消，财政体制、义务教育、基层行政机构等乡村综合改革工作，以及由此而来精干高效的乡村行政管理体制和运行机制、覆盖城乡的公共财政制度、政府保障的乡村义务教育体制等改革目标，使得乡村公共财产管理模式逐渐向乡村公共财产"一事一议"治理模式转变，即乡村公共产品事实上是一种农民自愿合作供给公共产品的方式，乡村公共财产的社会服务保障水平日渐式微。基层行政机构的经济职能得到进一步清理和剥离，集体经济组织职能单一化，与村庄的经济联系越来越松散，经济能力不断弱化，村乡两级基层行政组织对于村庄发展责任、治安责任、公共秩序责任也随之弱化。

---

① 于建嵘：《我国现阶段农村群体性事件的主要原因》，《中国农村经济》2003年第6期。

可以预料的是，在相当长的一段时间内，随着乡村经济要素流动性的加强和城市化进程的加快，乡村人力、人才、资本的不断游离出去，从理论上来说，乡村公共财产的"人"、"物"源被消解了，乡村公共财产稀缺匮乏、乡村公共治理失序失范现象还会存续甚至不排除进一步恶化的趋势。从作为乡村公共财产源的劳动力来看，在计划时代，作为乡村主要财富源的劳动力，被户籍制度、口粮制度、政社合一的组织制度牢牢捆绑在乡村土地上。改革时代，随着家庭承包制、城市化、工业化等改革的渐次推进，尽管城乡二元体制尚存，但劳动力具有了流动性，具有了不同产业间、不同区域间的流动性，劳动力权利的复归，农民从事经济活动的自由空间的扩大。换言之，实现了劳动力资源产权的集体所有到私人占有的变迁，以及劳动时间的集体所有到私人所有的变迁。从计划经济时代的准公共财产的维护上来看，准公共财产的相对化和有限化，必然使得乡村纯公共财产的下降。农田水利设施维护不当失修、基本普及的乡村合作医疗覆盖率退化、农业技术推广体系萎缩等不具有排他性的纯公共财产，一度出现了"公地悲剧"问题。由上不难看出，在一个流动性的市场经济和工业化2.0版的新时代，乡村城市化与乡村公共财产相对化之间陷入"恶性循环"，乡村公共财产有效治理的出路成为学界探讨的热点和焦点问题之一。

二 乡村公共财产的"权利化"重构

时至今日，在农民公共产品公共物品享用和集体财产增收上，乡村公共财产的发展前景状况堪忧。从农民的角度来看，随着改革开放的深入发展，农民从事非农业生产活动的权利、自由流动迁徙务工的权利不断扩大，改变就业范围、居住地点、社会身份的农民越来越多。据国家统计局数据显示，城镇人口占总人口比重由17.92%增加到59.58%（2018），农民工总量为2.8836亿人（2018），真正在乡村从事农业生产经营人员3.1422亿人（2016）。这些在实际上已经扮演着新的社会角色的"农民工"，队伍庞大（近3亿人口），他们中的一部分或许会随着城市化水平的提升而不断转变为"新市民"，但由于众所周知的原因（如高昂的城市房价、谋生能力的不足、两栖的生活状况等），在短时间内大部分农民工会保留着目前的"漂泊"身份。显然，农民工的生活方式、生产方式和社会福利方式发生了多方面"质"的变化：不同于市民，他们基本无法充分享受城市公共产品公共服务；也不同于传统农民，虽然在某种程度上农民工还保留着与乡村公共财产的一定联系，但其流动性身份使得他们基本不能正常享受乡村公共产品公共服务的福利，甚至因为劳动力的游离稀缺而隐性地荒废着土地，导致土地的占而不用、闲而不租、荒而不让。

与此同时，改革开放40年以来，乡村集体所有权与农户承包经营权之间的权限处于持续调整中：一方面，集体所有权在不断收缩，集体所有权被极大地虚化、淡化和弱化，甚至集体只有名义所有权。如2019年8月24日山东省临沂市"加强乡村治理体系建设暨农村人居环境整治现场会议"提出"落实村级组织运转经费每年不低于15万元"，即包括村干部补贴报酬、公共设施维护费用、村组织运转经费在内，一个村庄每年的运转费用区区15万元（据挂职乡村第一书记娓娓道来的实情：有的村庄一年运转费用也就是3、2万），乡村的空心化与乡村集体公共财产的稀缺匮乏可见一斑。另一方面，虽然农户承包经营权在持续扩张，集体财产中不断积累起私有的财产，但是小农经济耕地的狭小、土地的碎片化经营，都不利于土地的规模化机械化耕作，在市场化、城市化、全球化的语境下，乡村振兴举步维艰、困难重重。

这种乡村空心化现象在改革开放之前和改革开放之初并不明显。改革开放前，乡村公共财产不过是全民所有制的过渡形式，形式上集体占有经济资源，实际上其占有、使用、收益、处分等权利都集中到了国家手中，集体财产主要服从和服务于国家工业化战略规划需要。集体所有、统一经营、集中劳动的集体化运作下，并不存在上述问题。改革开放后，《宪法》对全民所有制和劳动群众集体所有制做了明确划界，实际上终止了乡村公共财产的全民所有制的价值旨归。"交够国家的，留足集体的，剩下都是自己的"的"包产到户""包干到户""分田单干"的一幅"生产经营责任制"图景，规避了"集体激励不足所导致的消极劳动行为"，极大地释放了乡村生产积极性。家庭联产承包责任制开启了乡村公有制"两权分离"改革，"统一经营"和"分散经营"相结合、"联产"和"承包"相统一的家庭承包责任制是所有权与承包经营权相分离的一种初级形态，发包权、生产经营计划权、统一经营权、收益分配权等集体所有权的各项权能是完整的。显然，在一个极富流动性的市场社会中，"家庭承包制"的身份依附性、乡村封闭性、不可分割性、成员权自动获得不可交易自然丧失等瓶颈性因素制约着乡村公有制的进一步发展①。只有实现乡村公共财产"权利化"运作和"权利分离"，即低级的不完全不发达的不动产范畴到发达的现代动产形态的转变，从而使得要素自由流动特别是社会资本的下乡与乡村要素的入城成为现实，才能有效适应城市化背景下人口流动、市场化背景下资源跨区域配置。

以财产的发展与成熟程度为圭臬，可以把财产划分为"最不完全的财产"、"较完全的财产关系"②、"完全的财产"三种历史形态。在土地构成主要财产形态的前现代社会，因为对土地较为稳定的占有构成了一种较完全的财产。财产与各种政治因素、社会因素掺杂在一起，以及土地的不可移动性、有限性、封闭性特点，因而这种财产具有不自由、非独立的特点，人们习惯称之为不动产亦即地产。在现代社会，财产摆脱了政治的和社会的装饰物和混杂物，消解了人格、地域、血缘依附关系，具有了纯粹经济的形态，逐渐从作为不动产的地产转化为作为动产的资金。从财产内容即财产的客体对象来看，不仅依旧存在永久性的土地财产，而且无形物、拟制之物也不断被纳入财产的范畴，股票、债券等有价证券，著作权、专利权、商标、商业秘密等知识产权都成为财产，是事实上的占有与法律上的认可相统一的财产，因而是一种完全的财产：不动产动产化的权利型财产，可分割可交易型财产，使用价值型的有限财产转化为价值型的无限型财产，一种发展到完备形态的财产形式。

"权利分离"（"两权分离"、"三权分离"）是发达的现代权利型财产的产物，是处于从资本主义社会向共产主义社会过渡进程中的社会财产规定。社会化大生产的快速发展，生产规模的惊人扩大，要求巨额资金与之相适应。个别财产的有限性与进行有效生产与扩大生产所必需的大规模财产之间的矛盾凸现出来。为了克服单个财产进一步投资或扩大再生产不再受自身积累的限制，具有筹集资金功能的股份制应运而生。所有者在共同

---

① 传统集体所有制特征主要表现为，"集体所有权由成员集体享有，但成员不能以个人身份享有和行使集体所有权；成员子女、配偶等遵循一定规则自动获得对集体所有权的分享权利，取得成员权不需要支付对价；成员权不可交易、继承，若成员死亡或退出其成员权自然丧失；土地的集体所有权不可买卖，成员不能请求分割土地集体所有权。"（国务院发展研究中心农村经济研究部：《集体所有制下的产权重构》，中国发展出版社2015年版，第4页）
② 《马克思恩格斯全集》第46卷上，人民出版社1979年版，第500页。

利益的作用下，将自己的财产投资入股，分散的财产在较短的时间内可以较为迅速的集合为巨额的股份制财产。股份制财产，不是通过暴力的手段和残酷斗争的方式，而是通过比较平滑、温和、稳妥的方法，通过财产所有权与财产占用权（财产的占有权、使用权、处分权、支配权的综合体）、财产的法律所有权与财产的经济所有权的"两权分离"的方式①，实现了不同所有者的生产要素如资本、劳动力、技术和管理等的联合与协作。股份制财产在一定程度上扬弃了生产社会化同生产资料私人占有之间的矛盾，扬弃了私人财产所有权与社会财产占用权之间的对立，扬弃了私人财产与私人生产的无政府状态、无计划性、盲目性、无组织性，促使生产方式具有了一定的社会性、协作性和计划性。它既避免了剧烈的社会经济震荡，又调动了一切生产因素促进了经济的发展，因而股份制财产既是生产社会化的结果又进一步推动了社会生产力的发展，构成从私人财产向未来社会财产、"个人财产"②的一个过渡点。

高度发达的股份制，把分散的、旧式的劳动逐渐转变为大规模的结合劳动、协作劳动，实现分散经营到规模经营、个别劳动到联合劳动的转变，这样就使得劳动的社会性质、生产资料的节约、科学在现代工艺学上的自觉应用、劳动生产率的不断提高都成为可能，从而造成了巨大的经济作用。私人所有的生产资料转化为社会的生产能力，从而构成从资本主义生产方式转化为联合的生产方式的过渡形式。马克思合理地得出结论，股份制作为自在的社会力量和社会产物，作为没有私有财产控制的"物化社会"的私人生产，是资本转化为联合起来的生产者的财产或直接的社会财产的过渡点。作为从现代资本主义社会私人财产到未来共产主义社会财产

---

① 当然，"两权分离"还存在着管理劳动（指挥劳动）同资本所有权的分离，从而劳动完全同生产资料的所有权和剩余劳动的所有权相分离。就管理劳动者（单纯的经理）来看，他们不过是他人资本的管理人、实际执行职能的资本家，因而他们获得的不过是某种熟练劳动的工资。这样，在生产过程中起作用的，一方是劳动，作为实际执行职能的资本家的熟练劳动，以及工人的劳动；另一方是资本，不过是作为直接联合起来的个人的资本，从而是作为与私人资本相对立的社会资本。这种两权分离，直接导致了单纯的私人资本及其所有者与生产过程的完全分离，"资本家则作为多余的人从生产过程中消失了"（《马克思恩格斯全集》第25卷，人民出版社1974年版，第436页），因而在一定程度上扬弃了资本同劳动的对立现象。正如贝尔在评价马克思的两大图示——股份制的时候所指出的，"经理与业主的分离，企业的官僚科层化，职业结构的复杂化，这一切都使得一度明确的财产统治和社会关系的情况模糊了。"（［美］贝尔：《后工业社会的来临》，高铦等译，商务印书馆1984年版，第84页）

② 《马克思恩格斯全集》第23卷，人民出版社1972年版，第832页。

萌芽的股份制财产和股权化运营方式，在方法论上也同样适用于现实社会主义社会财产形态。

由上可见，集体所有权与集体成员承包经营权混合下的乡村公共财产，萌芽性的"股份制""股权制"与经典马克思主义股份制、股权制下的"权利分离"理论界说有着异曲同工之妙。股份合作制是集体经济和家户经济的混合式经济模式，按照股份合作制结构，把集体财产折股量化到人，财产变股权，家户变股民，实行集体成员按份享受集体财产收益的新型分配制度。股份制、股权制，既有助于正在流动之中的民众充分享受公共财产福利，又能够在小农经济到规模经济的转变中起催化剂作用。但是，乡村公共财产的股份制、股权制尚待形成高度的马克思财产理论方法论自觉，进而克服其自身所存在的诸多难题，择要如下。

其一，对于以公平和效率为价值旨归的乡村公共财产来说，股份制、股权制下的"两权分离"的前提是财产权利化和权界清晰化，从而在乡村公共财产的平等参与、中性竞争中适应市场化、城市化诉求。以此标准来审视当下乡村公共财产，不难发现，在现行土地（作为最主要的乡村公共财产）制度规定中，存在着三种类型的财产权利（见表一）。我国现行法律制度对农用地、集体建设用地、国有建设用地三种类型的土地财产权利规定是不一致的，不一致的初级土地财产权利设置又引致次生土地财产权利（抵押权和交换权）的差异（见表二）。对此，尚待理论界、政策决策层、实务界不懈努力，实现乡村公有制的产权改革和产权重构，孕育乡村公共财产的所有权（虚置、弱化）、承包权（身份依附性、乡村封闭性、不可交易性）、经营权（开放性、可交易性）三权分离的现代化产权。

表一　　　　　　　　土地财产权利的三种法律制度

权利要素	农用地			集体建设用地			国有建设用地		
	所有权	承包经营权	发展权	所有权	使用权	发展权	所有权	所有权	发展权
权利人	农民集体	农民家户	政府	农民集体	企业或个人	政府	政府	企业或个人	政府
期限	永久	30年	不定	永久	不定	不定	永久	40—70年	不定

表二　　　土地财产权利的交换权和抵押权设置与实施情况一览表①

实施情况	农用地				集体建设用地				国有建设用地			
	所有权		承包经营权		所有权		使用权		所有权		所有权	
	交换权	抵押权	交换权	抵押权	交换权	抵押权	交换权	抵押权	交换权	抵押权	交换权	抵押权
是否设置	否	否	否	否	有	有	有	有	否	否	有	有
是否实施	否	否	否	否	不全	不全	有	有	否	否	有	有

其二，法律所有权与经济所有权相统一，构建一份完整清晰的财产权利，从而使得产权关系由模糊逐渐走向清晰、从封闭逐渐走向开放。在法律文本中，乡村公共财产的权利主体为"本集体成员"（《物权法》）②，"农民集体所有"和"农民集体组织所有"（《民法通则》第74条和《土地管理法》第8条），"劳动群众集体所有"（《民法通则》和《土地管理法》）。乡村公共财产权利主体的这些"混合型"概念，本来是适应于"统分结合"、"双层经营"的家庭联产承包责任制的一些过渡性概念。"产权不能流转，意味着离开村集体就等同于个人产权的丧失，阻碍了行政村内部和外部各类资源的交换和融通，形成强烈的地域封闭性。"③但时至今日，一份处于残缺状态的财产权利，一份内涵模糊、权界不清、所有权主体缺位的财产权利，其所有权、承包权、使用权、收益权、转让权、处置权受到了某种限制、管制与干预，并不是统一在一起的，也不是集中在一个主体手中的，甚至是相当模糊、弱化、虚置的，不完整的或残缺的财产权利不能很好地适应市场化、城市化，市场是没法明晰产权和定价产权的。

---

① 陈元红、刘冬春：《土地权利和利益视角下的农村集体建设用地流转研究》，经济科学出版社2016年版，第55页。
② 2007年《物权法》第59条规定："农民集体所有的不动产和动产，属于本集体成员集体所有。"
③ 袁方成：《治理集体产权：农村社区建设中的政府与农民》，《华中师范大学学报》（人文社会科学版）2013年第3期。

第四章　乡村公共财产治理变革的时代经济方位

在科学社会主义财产理论看来，物质生活资料的生产体现出"人对自然界的关系"以及人们之间的"共同的活动方式"两个方面，这表明财产具有生产力（物质内容）和生产关系（社会形式）双重属性。就财产的客体对象来看，财产是生产力的前提条件和内在构成要素，因而在一定程度上可以说，财产的发展与生产力的发展是有机统一的过程。就财产是把生产条件看作是自己的东西这样一种关系来说，财产只有通过生产本身才能实现，财产就是人在生产过程中，把自身内在的本质力量不断对象化和物化的结果和产物。随着天然自然不断转化为人化自然，这一生产过程与财产创造过程的统一更为显而易见：作为生产条件的财产必须不断通过劳动才真正成为劳动的条件和客观因素，随着生产的发展，财产的数量也在不断增加。财产又内含着生产关系属性。虽然财产体现在一个物上，但物本身并不是财产，物只有处于一定社会关系中才成为财产。"物只有在交往的过程中，……成为真正的财产。"[①]"私有财产的现实存在形式是与生产的一定阶段相适应的社会关系"[②]。反之，财产也只是存在于一定的社会关系中，存在于特定的社会发展阶段。

财产的生产力属性与生产关系属性二者之间存在着作用和反作用的辩证关系。"在详细描述长期变迁的各种现存理论中，马克思的理论框架是最有说服力的，这恰恰是因为它包括了新古典分析框架所遗漏的所有因素：制度、产权、国家和意识形态。马克思强调在有效率的经济组织中产权的重要作用，以及在现有产权制度与新技术的生产潜力之间产生的不适

---

① 《马克思恩格斯全集》第3卷，人民出版社1960年版，第72页。
② 《马克思恩格斯全集》第3卷，人民出版社1960年版，第255页。

应性。这是一个根本的贡献。"① 财产的生产力属性和生产关系属性的辩证统一关系，潜含着科学的财产理论的总体方法论。就本论题而言，市场化、工业化（工业化、信息化、城镇化、现代化等变迁因素属于同一序列的范畴，不过工业化是第一因，构成乡村"四化同步推进"的肇始性、先导性、基础性因素）实质上形塑了当代中国乡村公共财产治理变革的生产力属性和生产关系属性交织的时代经济方位。如果说以扩大中等收入群体为抓手、推动中国式现代化道路视域中的共同富裕，更多地从属于生产关系层面上的变革，那么以技术变迁为内核、以效率为旨归、内含人本意蕴的工业化，更多地从属于生产力层面上的变革。随着财产的生产关系属性和生产力属性的双重变迁，"占有（财产——笔者注）就必须带有适应生产力和交往的普遍性质"②，"乡村公共财产治理"的重构提上日程：乡村公共财产产权的不完备性、非流动性和不平等性，"二国营"身份，一元行政干预和管制，治理主体、治理思路和治理方式的非规范性，等等，必须适应市场化对要素自由流动、平等交换、中性竞争、信用伦理、一体化保护、权利同质性的诉求，工业化对技术提升、规模经营、效率范式、"人本"意蕴、知识经济的呼唤，城镇化对土地等乡村公共财产价值扩展的现实，提升其保值增值、提供乡村公共产品和公共服务的能力，从而更好地释放经济活力、发展集体经济、保障农民权益、实现城乡一体化公平旨归乃至全面建成小康社会和全面建设社会主义现代化国家。

第一节 扎实推进共同富裕的实践探索和理论自觉

"共同富裕"是科学社会主义的本质规定和根本目标，扎实推进共同富裕是马克思主义政党的内在本质和不懈追求，也是中国共产党坚定不移的历史使命和对人民的庄严承诺。毋庸置疑，"推动共同富裕"既是理想

---

① [美]道格纳斯·C.诺思：《经济史中的结构与变迁》，陈郁等译，上海人民出版社1994年版，第68页。
② 《马克思恩格斯全集》第3卷，人民出版社1960年版，第76页。

社会主义和现实社会主义永恒的主题,也是每一位党和国家领导人重点强调的核心命题。总结中国共产党在实现共同富裕道路上艰辛探索所积累的宝贵历史经验,是在建党百年历史条件下开启全面建设社会主义现代化国家新征程、在新时代高质量发展中促进共同富裕的客观需要。从本质论、方法论、认识论、价值论四个层面深入探析和全面总结中国共产党百年来促进全体人民共同富裕的历史经验,形成促进全体人民共同富裕的规律性认识,才能在实现共同富裕的道路上行稳致远,不断开辟扎实推进共同富裕的新境界。

一 中国共产党扎实推进共同富裕的实践探索

新中国成立以来,我们党从基本世情国情党情出发,在对"共同富裕"的不懈追求上,走过了一段从理论到实践探索、从粗线条勾勒到系统化体系化精细化构建的曲折发展道路。党的十八大以来,逐步实现共同富裕成为中国共产党人的首要使命,扩大中等收入群体成为扎实推进共同富裕的重要举措和阶段性标志。党的十九届五中全会提出,到二〇三五年,"人均国民生产总值达到中等发达国家水平,中等收入群体显著扩大,……人民生活更加美好,人的全面发展、全体人民共同富裕取得更为明显的实质性进展";到本世纪中叶,"全体人民共同富裕基本实现,我国人民将享有更加幸福安康的生活"①,这构成我们在"推动共同富裕"远景展望方面的根本遵循。

(一)"既反对平均主义,也反对过分悬殊"的有益探索

中华人民共和国成立之初,回眸百年苦楚,痛定思痛,改变"一穷二白"的落后面貌、实现独立富强的社会主义现代化成为全国人民的共同诉求。在向社会主义的过渡进程中,《关于发展农业生产合作社的决议》(1953年12月)从提高农业生产力的角度出发,中国共产党第一次提出"共同富裕"概念:"使农民能够逐步完全摆脱贫困的状况而取得共同富裕和普遍繁荣的生活。"②"共同富裕"这一概念最早出现在《关于发展农业生产合作社的决议》中,表明在革命重任得以完成之际,共同富裕理念作

---

① 《习近平谈治国理政》第三卷,外文出版社2020年版,第23页。
② 《建国以来重要文献选编》第四册,中央文献出版社1993年版,第662页。

为社会主义建设的重要内涵被突出地提上了党和国家的议事日程。换言之,作为用马克思主义武装起来的中国共产党人执政之初,就立即践行"无产阶级的运动是绝大多数人为绝大多数人谋利益的"①。无产阶级政党的使命是,通过集体化、规模化生产的合作经济,迅速地恢复和发展生产,逐步实现农业的社会主义性质改造和全体人民共同富裕的社会主义目标。

毛泽东曾反复说明,共同富裕就是"使全体农村人民共同富裕起来"②,"所有一切人都富裕起来"③。社会主义的生产目的是为群众服务,从增加生产中逐步增加个人收入,给人民以东西,增加他们的物质福利,全国人民的生活水平每年应提高一步。如何实现共同富裕?从根本上来说,社会主义基本制度为实现共同富裕奠定了根本前提,取得了按照计划发展自己的经济和文化的条件。"我们实行这么一种制度,这么一种计划,是可以一年一年走向更富更强的,一年一年可以看到更富更强些。而这个富,是共同的富,这个强,是共同的强。"④ 从具体路径来看,在社会主义过渡时期,通过"一化三改造",在农村中消灭资本主义的剥削制度,限制富农经济的剥削,克服小农经济的落后性,使全体农村人民共同富裕起来;在社会主义革命和建设时期,经过合作社,使分散的个体生产逐渐地集体化和合作化,发展社会主义的农业经济,使农业高度地发展起来,帮助农民提高生产力,增加收入,使全体农民一年一年地富裕起来。

在"一万年太久,只争朝夕""鼓足干劲,力争上游,多快好省地建设社会主义"⑤ 的革命理想主义情怀激励下,新中国成立初期,我们党带领全体人民满腔热情地投入到迅速克服农村普遍存在的生产力落后问题和走共同富裕的社会主义道路中。1951—1958年短短几年的时间里,全国上下热情高涨,农业合作化积极推进、加速发展,4亿人口的农业大国迅速实现了从个体经济到带有社会主义萌芽性质的"互助组"、半社会主义性质的初级农业生产合作社、完全社会主义性质的高级农业生产合作社(人民公社)的发展道路。应该指出的一点是,对农业合作化运动中的"要求

---

① 《马克思恩格斯全集》第4卷,人民出版社1958年版,第477页。
② 《毛泽东文集》第六卷,人民出版社1999年版,第437页。
③ 《建国以来重要文献选编》第十一册,中央文献出版社1995年版,第612页。
④ 《毛泽东文集》第六卷,人民出版社1999年版,第495页。
⑤ 《中共中央文件选集(1949年10月—1966年5月)》第48册,人民出版社2013年版,第223页。

过急，工作过粗，改变过快，形式也过于简单划一"①"'一平二调'的平均主义"弊病，在当时就有所警觉，即既反保守又反冒进，在综合平衡中稳步前进："超过时代，超过当前的情况，在方针政策上，在行动上冒进，……这个不好。落在时代的后面，落在当前情况的后面，……这个也不好。"②"我们的提法是既反对平均主义，也反对过分悬殊。"③ 不断探索生产权与分配权相统一问题，使得对生产关系的调整进入平稳发展期。就其所显示的优越性和重要作用来看，在"合作经济、共同劳动""集体财产、联合经营"的合作化模式中，"在公共卫生，社会服务，工业建设，以及各种福利事业方面取得的伟大成就是我们亲眼目睹的；而这一切成就，如果没有不同年龄，不同种类的体力和脑力工作者真诚自愿的合作与团结，是绝对不可能实现的"④，从而为"推动共同富裕"进行了有益探索、提供了宝贵经验和奠定了坚实的物质基础。

中华人民共和国的成立和社会主义制度的建立，为广大人民摆脱贫困、逐步过上富裕生活提供了根本条件和坚实基础。生产资料公有制、计划经济、按劳分配和绝对平均主义的分配政策，形塑了一个高度均等化社会。从衡量居民收入差距的基尼系数来看，改革前夕城镇内部的基尼系数大约为0.16左右，农村内部的基尼系数为0.22左右，这一基尼系数远远低于同期世界上大多数发展中国家的基尼系数（0.34—0.43）⑤。从"共同富裕"的效果来看，在相对贫困的情况下，社会主义革命和建设时期在医疗、教育、养老、救助等社会保障方面成果斐然，乡村普遍建立了基本医疗卫生保障制度、弱势群体的社会保障制度、健全的基础教育体系，满足了人民群众的基本公共产品和公共服务需求。横向来比，乡村公共服务供给水平，不仅远远超越了同时期发展中国家的水平，而且丝毫不逊色于同时期的发达国家。对此，诺贝尔经济学奖获得者阿玛蒂亚·森予以高度称赞：中国改革前的"土地改革、普及识字、扩大公共医疗保健等政策，对改革后的经济增长起了非常有益的作用。改革后的中国受益于改革前中

---

① 《改革开放三十年重要文献选编》上，中央文献出版社2008年版，第189页。
② 《毛泽东文集》第六卷，人民出版社1999年版，第403页。
③ 《毛泽东文集》第八卷，人民出版社1999年版，第130页。
④ ［英］李约瑟：《四海之内：东方和西方的对话》，劳陇译，生活·读书·新知三联书店1987年版，第47页。
⑤ 赵人伟、李实：《中国居民收入差距的扩大及其原因》，《经济研究》1997年第9期。

国所取得的成果的程度，应得到更多的确认。"① 当然，在不断探索实现共同富裕的途径和办法上，也经历了一些曲折，走了一些弯路。这实质上昭示着我们：在没有现成的道路可循语境下，很不发达的国家特别是新中国搞社会主义必须理论上不断反思特别是反思苏联建设社会主义的缺点弯路，在实践中进行复杂、艰难和曲折的中国式现代化建设道路探索。

（二）"让一部分人先富起来，最终达到共同富裕"的新探索

在一定意义上可以说，中国特色社会主义是在自我觉醒、自我完善中不断前行的②。在对"平均主义""共同贫穷""生产力发展方法"③ 的反思中，邓小平从发展生产力和共同富裕的角度出发，不断探索"什么是社会主义""怎样建设社会主义"等大是大非问题，提出了"共同富裕是社会主义的'目的'、'本质'和'根本原则'""'先富'到'共同富裕'"的科学论断，形成了"让一部分人先富起来，最终达到共同富裕"的新思路。

什么是社会主义？在这一问题上的种种误读和曲解，构成了一系列模糊的、片面的、不科学的认识论根源，掣肘中国特色社会主义事业的进一步发展。以"三个有利于"为标准，邓小平一针见血地指出，"贫穷"不是社会主义，"搞平均主义"不是社会主义，"两极分化"不是社会主义，"平均发展"也不是社会主义，"发展生产力"才是社会主义，"共同富裕"才是社会主义的本质特征。这实际上形成了"怎样建设社会主义"的两个方法论原则：发展生产和共同富裕。发展生产与创造财富，是从生产力角度提出的一种功能性要求，社会生产效率的提升和物质财富的极大充

---

① ［印］阿玛蒂亚·森：《以自由看待发展》，中国人民大学出版社2002年版，第260页。
② 党的十九届六中全会《中共中央关于党的百年奋斗重大成就和历史经验的决议》指出："改革开放是党的一次伟大觉醒。"转引自曲青山《改革开放是党的一次伟大觉醒》，《人民日报》2021年12月9日第9版。
③ 正如邓小平后来在总结历史经验时所指出的，"过去搞平均主义，吃'大锅饭'，实际上是共同落后，共同贫穷，我们就是吃了这个亏。改革首先要打破平均主义，打破'大锅饭'，现在看来这个路子是对的"（《邓小平文选》第三卷，人民出版社1993年版，第155页）。在反思"什么是社会主义"理念时，邓小平指出，"从一九五八年到一九七八年这二十年的经验告诉我们：贫穷不是社会主义，社会主义要消灭贫穷。"（《邓小平文选》第三卷，人民出版社1993年版，第116页）毛泽东"一个重大的缺点，就是忽视发展社会生产力。不是说他不想发展生产力，但方法不都是对头的。"（《邓小平文选》第三卷，人民出版社1993年版，第116页）。在一定意义上可以说，中国特色社会主义就是在自我觉醒、自我反思、自我革命、自我完善中不断前行的。

盈，构成"推动共同富裕"的前提和基础；共同富裕与财富的公平分配，是从生产关系角度提出的一种合理性合法性诉求，反映了社会成员期望对社会财富的共同占有方式，构成社会主义社会发展生产力的根本目的和价值归宿。

有鉴于此，邓小平从解放生产力、发展生产力角度出发，提出"先富"到"共富"的"共同富裕"新路向："让一部分人、一部分地区先富起来，大原则是共同富裕。一部分地区发展快一点，带动大部分地区，这是加速发展、达到共同富裕的捷径。"①"先富"是指允许一些地区有条件先发展起来，一些人先富起来；允许一部分地区、一部分企业、一部分工人农民，通过诚实劳动、合法经营先富裕起来，由于辛勤努力而收入多一些。"共同富裕"，即我们要建设的社会主义，是要在更快一些发展生产力的基础上，国民收入分配要使所有的人都得益，人民物质生活普遍改善，文化水平普遍提升，全国人民日子普遍好过的小康社会。

在具体路径上，以农村家庭联产承包责任制为例，其具有"统"和"分"、"联产"和"承包"相结合的双层意蕴，开启了乡村公共财产所有权和承包权"两权分离"的新征程。从财产所有权的角度来看，生产资料所有权归村集体，村集体发挥"统"的支配功能。从财产承包权（使用权）的角度来看，生产资料使用权（承包权）、经营权、剩余索取权归农民，村民自由发挥"分"的经营功能。"我们总的方向是发展集体经济。"② 在逻辑上，"统"在前，乡村土地、宅基地、森林、山岭、草原、荒地、滩涂归集体所有，乡村公共财产相当充沛，体现出来的是社会主义集体所有制经济形态，最终实现"共同富裕"的社会主义价值归宿。"分"在后，在以农业为主导的广大农村，财富的土地源泉和劳动者源泉能够自由结合起来，主要是从"效率"角度出发对乡村"生产方式"的一种调整。公共财产所有权与承包经营权相分离、"统一经营"和"分散经营"相结合、"联产"和"承包"相统一的家庭联产承包责任制，释放了生机活力，促进了乡村的繁荣、农民的富裕和经济的发展。

但是，沿着这样的新思路，"发展多种经济成分""让一部分有条件的地区和个人先富起来""有计划的商品经济""按劳分配和按生产要素分

---

① 《邓小平文选》第三卷，人民出版社1993年版，第166页。
② 《邓小平文选》第二卷，人民出版社1994年版，第315页。

配相结合"等措施，在克服分配上的平均主义和促进一部分人、一部分地区先富起来的同时，收入差距悬殊现象也引起邓小平的高度关注："共同富裕……将来总有一天要成为中心课题"①。对此，从"先富""共富"关系出发，在"推动共同富裕"的时间和条件上，邓小平提出，"可以设想，在本世纪末达到小康水平的时候，就要突出地提出和解决这个问题。"② 在"推动共同富裕"的方式上，邓小平提出，先富起来的一部分人和一部分地区可以通过"多交点利税""征收所得税""技术转让""自愿拿出钱来办教育、修路"等方式，激励、示范、帮助、带动、支持和反哺不发达地区，不断推动全体人民走向共同富裕。

在社会主义市场经济体制的建立过程中，经济成分的多元化、竞争机制的激励作用、按劳分配和按生产要素分配相结合等因素，使得人们的收入逐渐拉开一定差距。对此，在"积极扶持""财政转移支付""扶贫开发""西部大开发"等政策措施之外，江泽民第一次从"扩大中等收入群体"的角度出发，提出了实现社会主义共同富裕的新设想："以共同富裕为目标，扩大中等收入者比重，提高低收入者收入水平"③。如何在提高效率的前提下更好地实现社会公平？江泽民提出"推动'先富'到'共富'"的新原则——"效率优先，兼顾公平"：只有把"市场的效率作用"和"政府的公平调节职能"相结合，在经济发展的基础上普遍提高居民收入水平，逐步形成"中等收入人群占大多数"④的分配格局，才能在社会主义初级阶段使最大多数人民共享改革发展成果，不断提高人民物质文化生活水平，逐步实现全体人民的共同繁荣和共同富裕。其后，胡锦涛坚持科学发展，把实现共同富裕放到更加突出的位置，更加注重社会公平——努力缓解收入差距扩大趋势，持续扩大中等收入群体，着力提高低收入者收入水平，大幅减少扶贫对象，基本消除绝对贫困现象，使发展成果更多更公平惠及全体人民，使全体人民朝着共同富裕的方向稳步前进。在战略原则上，胡锦涛统筹兼顾，更加注重"公平与效率"的有机统一："初次分配和再分配都要处理好效率和公平的关系，再分配更加注重公平"⑤。在

---

① 《邓小平文选》第三卷，人民出版社1993年版，第364页。
② 《邓小平文选》第三卷，人民出版社1993年版，第374页。
③ 《江泽民文选》第三卷，人民出版社2006年版，第550页。
④ 《江泽民论有中国特色社会主义（专题摘编）》，人民出版社2002年版，第59页。
⑤ 《胡锦涛文选》第二卷，人民出版社2016年版，第643页。

具体措施上,通过"积极扶持""振兴发展""促进崛起""率先发展"和"扶贫开发"相结合等政策措施,不断探索减少相对贫困、实现共同富裕的有效路径,缓解了收入差距扩大趋势,形成了合理的区域发展格局。

综上所述,1978年十一届三中全会后,在"效率优先、兼顾公平"的观念主导下,邓小平"'先富''共富'论"力图通过把人们的付出与报酬相联系的方式,打破过去较为严重的平均主义分配格局,在"让一部分人先富起来"的基础上实现"共同富裕"。邓小平理论是中国特色社会主义理论体系的奠基之作,"'先富''共富'论"开启了让一部分人先富起来、最终达到共同富裕的大门。江泽民全面贯彻落实"让一部分人一部分地区先富起来,逐步走向共同富裕"理念,率先提出"扩大中等收入者比重"范畴,强调"以共同富裕为目标,扩大中等收入者比重,提高低收入者收入水平"。胡锦涛在论述建设小康社会目标的要求时,提出"以共同富裕为目标""使中等收入者占多数""持续扩大中等收入群体"的战略任务,形成了扩大中等收入群体、推动共同富裕的新局面。截至2010年,我国GDP总量跃居世界第二,人均国民总收入步入中等偏上收入国家行列,基尼系数的变化从20世纪70年代末和80年代初的0.28,不断攀升至2001年的0.447,2012年的0.474[①]。这些因素的变化表明,在富起来之后,消除绝对贫困、提高低收入群体收入、扩大中等收入群体、促进全体人民共同富裕等重任提上日程。一句话,逐步实现共同富裕成为我们新时代的中心课题。

(三)开辟"扩大中等收入群体,推动共同富裕"的新境界

党的十八大以后,中国特色社会主义进入新时代,扎实推进共同富裕被提到了更加突出的位置,在高质量发展中促进共同富裕,扩大更高质量、更高水平的中等收入群体,全面建设共同富裕的社会主义现代化国家是我们党的历史使命和对人民作出的庄严承诺。习近平高度重视共同富裕问题,以"我将无我,不负人民"的无产阶级革命家风范,践行"人民至上"的核心原则,强调"把增进人民福祉、促进人的全面发展、朝着共同

[①] 资料来源:UNU,WIDER(2005),世界银行(2005),转引自《收入分配与公共政策:中国改革与发展报告2005》,上海远东出版社2005年版,第1页。一个值得注意的现象是,2013年国家统计局局长马建堂公布了过去十年中国基尼系数,2012年中国为0.474(2013年01月19日09:34 来源:中国广播网)。虽然0.474的基尼系数不算低,但自2009年起,数据显示我国基尼系数逐步回落。当然,基尼系数差距和导向意义值得关注。

富裕方向稳步前进作为经济发展的出发点和落脚点"①，作出"脱贫致富路上一个都不掉队"、全体人民"享有更加幸福安康的生活"、"让13亿多人都过上好日子"等一系列重要论述，坚持新发展理念，打赢脱贫攻坚战，使7亿多人口摆脱贫困，顺利实现了邓小平当年所设想的共同富裕目标——"人民生活普遍提高的小康社会"，使全体人民朝着共同富裕方向稳步前进。

在开启全面建设社会主义现代化国家新征程之际，习近平提出要"抓紧制定促进共同富裕行动纲要"②，对扎实推动共同富裕作出重大战略部署。习近平高举共同富裕旗帜、科学把握时代脉搏，在探索共同富裕的道路上所提出的"共享理念""协调发展""发挥第三次分配作用""分阶段性""坚持循序渐进"等制度性安排或战略性举措，使得"共同富裕"被放置在更加重要的位置，让实现全体人民共同富裕在广大人民现实生活中更加充分地展现出来。2021年6月10日《中共中央国务院关于支持浙江高质量发展建设共同富裕示范区的意见》发布，这是新时代从先行先试、作出示范的角度不断探索"推动共同富裕"，让共同富裕成为看得见、摸得着、真实可感的新创举，充分体现了党中央扎实推动共同富裕的坚定决心。促进全体人民共同富裕是一项长期艰巨的任务，需要我们脚踏实地，久久为功。站在"两个一百年"奋斗目标的历史交汇点上，2035年"全体人民共同富裕取得更为明显的实质性进展"、2050年"全体人民共同富裕基本实现"③远景目标的表述，为我们在相当长时期扎实推动共同富裕指明了前行方向、提供了根本遵循。

其中，在实现共同富裕的战略举措上，习近平指出，扩大中等收入群体，逐步形成橄榄型分配格局，构成推动共同富裕、落实共享发展理念的重要措施。在习近平看来，现阶段"中等收入群体"主要是指企业家、科技人员、技术工人队伍，教师、医生、律师、金融从业人员、信息服务人员、社会组织管理者等队伍，也就是新型农业经营主体、新型职业农民等新兴产业和现代服务业从业人员；在未来，"中等收入群体"扩大对象主要瞄向从事制造业的农民工——达到八千六百多万人，"只有让他们长期

---

① 《十八大以来重要文献选编》下，中央文献出版社2018年版，第4页。
② 习近平：《扎实推动共同富裕》，《求是》2021年第20期。
③ 《习近平谈治国理政》第三卷，外文出版社2020年版，第23页。

专注于某一领域的专业技能，才能不断提升技能，也才能成为中等收入者，为此要大力推进农民工市民化。"① 党的十八大以来，在顶层设计上，习近平强调："要深化收入分配制度改革，合理调节过高收入，稳步扩大中等收入者比重，努力提高低收入者收入水平，规范收入分配秩序。"② 在"最后一公里"落地上，习近平指出："转方式调结构和扩大中等收入群体是同一个过程的两个侧面。……如果转方式调结构进程顺利，中等收入群体必然随之扩大。"③ 习近平关于"中等收入群体"的一系列重要论述，为科学认识和全面把握"中等收入群体"核心范畴、历史方位、路径指向奠定了根本前提和提供了根本遵循。

党的十八大以来，习近平立足中国特色社会主义新时代，科学研判当代中国发展大势："我国正处于跨越'中等收入陷阱'并向高收入国家迈进的历史阶段，矛盾和风险比从低收入国家迈向中等收入国家时更多更复杂。"④ 为了跨越"中等收入陷阱"，习近平从内容到形式上全面系统深入探索"扩大中等收入群体"问题，提出了许多新理念新思想新战略，作出扩大中等收入群体的六个"必须"⑤、"统筹发展和安全两件大事"⑥、防范"民粹主义"⑦、"不断推进科技创新"⑧ 等一系列重要论述，不断破除制约中等收入群体高质量发展的一些瓶颈性因素，廓清困扰和束缚中等收入群体扩大的思想迷雾，从而使得中等收入群体的扩大和"橄榄型"社会结构的建设步入"快车道"——中国的中等收入者的比重在逐渐地升高，目前（2020年11月20日——引者注），有超过4亿中等收入人口⑨，不断夯实着共同富裕的主体基础。

在习近平看来，实现共同富裕不仅是经济问题，而且是关系党的执政基础的重大政治问题。从经济上看，"扩大中等收入群体比重"与"逐步

---

① 《习近平关于社会主义经济建设论述摘编》，中央文献出版社2017年版，第56页。
② 《习近平关于全面建成小康社会论述摘编》，中央文献出版社2016年版，第130页。
③ 《习近平关于社会主义经济建设论述摘编》，中央文献出版社2017年版，第106页。
④ 《习近平关于全面建成小康社会论述摘编》，中央文献出版社2016年版，第19页。
⑤ 《习近平谈治国理政》第二卷，外文出版社2017年版，第369页。
⑥ 《习近平谈治国理政》第三卷，外文出版社2020年版，第218页。
⑦ 《习近平关于社会主义社会建设论述摘编》，中央文献出版社2017年版，第38页。
⑧ 《习近平关于科技创新论述摘编》，中央文献出版社2016年版，第30页。
⑨ 《习近平在亚太经合组织第二十七次领导人非正式会议上的讲话》，人民出版社2020年版，第6页。

实现全体人民共同富裕"是进入新发展阶段、贯彻新发展理念、构建新发展格局的重要一环。在中国特色社会主义新发展阶段，完整、准确、全面贯彻新发展理念，必须更加注重共同富裕问题，把"共享理念""协调理念"落到实处，促进公平正义，让发展成果更多更公平惠及全体人民；中等收入群体的扩大和财富的更加充盈，关键在于科技创新能力的提升和经济发展方式的转变，关键在于更高质量、更有效率、更加公平、更可持续的发展。惟此，从问题导向上把握新发展理念，切实解决好不平衡不充分的问题，真正实现高质量发展，才能回答好"实现什么样的发展、怎样实现发展"这个重大问题，才能在实现社会主义现代化过程中不断地、逐步地解决好"扩大中等收入群体"和"推进共同富裕"问题。从政治上看，"扩大中等收入群体比重"与"逐步实现全体人民共同富裕"都关乎社会和谐稳定、国家长治久安。社会和谐是中国特色社会主义的本质属性。要维护社会和谐稳定、国家长治久安，必须逐步减少低收入群体比重、扩大中等收入群体比重，必须坚持先富帮后富、逐步实现全体人民共同富裕①。有鉴于此，在2035年基本实现社会主义现代化的远景目标规划中，"人民生活更为宽裕，中等收入群体比例明显提高，城乡区域发展差距和居民生活水平差距显著缩小，基本公共服务均等化基本实现，全体人民共同富裕迈出坚实步伐"②，这构成未来15年我们在推动共同富裕方面的根本遵循。

由上可见，中国特色社会主义新时代是一个逐步实现全体人民共同富裕的时代。习近平分列了实现共同富裕的阶段性目标，积极回应人民群众的共同期盼，开创了迈出共同富裕坚实步伐奋勇前进的新局面。2020年全面打赢脱贫攻坚决战和全面建成小康社会目标的实现，一个以新兴产业为代表的中等收入群体初见规模，标志着共同富裕取得了切实进展。扩大中等收入群体是实现共同富裕的关键，共同富裕是中国式现代化的重要目标。中国共产党第二个百年奋斗目标拉开帷幕，"共同富裕是中国特色社会主义的根本原则，所以必须使发展成果更多更公平惠及全体人民，朝着共同富裕方向稳步前进"③。我们正意气风发向着以共同富裕为重要内涵的

---

① 《习近平关于社会主义经济建设论述摘编》，中央文献出版社2017年版，第41页。
② 《决胜全面建成小康社会 夺取新时代中国特色社会主义伟大胜利——在中国共产党第十九次全国代表大会上的报告》，人民出版社2017年版，第28页。
③ 《习近平谈治国理政》，外文出版社2014年版，第13页。

社会主义现代化国家新征程迈进。

二 中国共产党扎实推动共同富裕的理论自觉和经验启示

中国共产党的百年辉煌史就是一部中国共产党团结带领人民群众推动共同富裕的艰辛奋斗史。从理论探索到看得见、摸得着、真实可感的事实，从粗线条勾勒到系统化体系化精细化构建，从脱贫攻坚到全面小康社会的顺利建成，从顶层设计到"最后一公里"落地，形成了具体路线图、时间表、行动纲要、制度性安排、战略性举措、阶段性目标、系统完整的培育规划和扶持措施，中国共产党在促进共同富裕方面取得了辉煌成就。党和人民历经百年奋斗，全面建成小康社会取得伟大历史性成就，困扰中华民族几千年的绝对贫困问题得到历史性解决，书写了中华民族几千年历史上最恢弘的史诗。总结中国共产党在实现共同富裕道路上艰辛探索所积累的宝贵历史经验，是在建党百年历史条件下开启全面建设社会主义现代化国家新征程、在新时代高质量发展中促进共同富裕的客观需要。

（一）本质论：坚持和加强党对促进全体人民共同富裕的集中统一领导

在经典马克思主义看来，无产阶级的运动是绝大多数人的、为绝大多数人谋利益的运动，为全世界劳动人民谋福利是共产党人的神圣历史使命。在本质上，共产党人并没有任何同整个无产阶级的利益不同的利益，共产党人特别重视和坚持整个无产阶级的不分民族的共同利益。作为一个马克思主义政党，让人民群众过上更加幸福的好日子是我们党始终不渝的奋斗目标。100年来，以人民利益为根本考量、一心一意为人民服务、实现共同富裕是中国共产党的历史使命和行动价值。

大同、小康、乌托邦，是人类梦寐以求的夙愿；国家的富强、人民的富裕更是近代中国的不懈追求。历史选择了中国共产党！1840年鸦片战争以降，中华民族经历了那么多的苦难与伤痛，无数仁人志士付出那么多的鲜血与牺牲，在彷徨与迷茫中图谋民族的富强，探索国家的出路。从1921年嘉兴南湖建党之日起，中国共产党就以为人民服务为宗旨、以为人民谋福利为初心,以不屈的意志和昂扬的斗志,前赴后继、矢志不渝,百年峥嵘岁月、一路砥砺前行,延安、西柏坡、香山、深圳、浦东、雄安,始终贯穿追求和推动共同富裕的政治遵循,谱写了开天辟地、改天换地、翻天覆地、惊天动地的峥嵘岁月,形塑了中华民族站起来、富起来、强起来的光辉历程。

中国共产党领导是中国特色社会主义最本质的特征,中国特色社会主义制度的最大优势是中国共产党的领导。只有从政治上分析问题才能看清本质,才能抓住问题的根本;办好中国的事情,关键在党。"没有中国共产党人做中国人民的中流砥柱,中国的独立和解放是不可能的,中国的工业化和农业现代化也是不可能的"①,中国的共同富裕也是不可能的。促进全体人民共同富裕是一项长期的、复杂的、艰巨的历史任务,需要集八方智慧、聚四海精英,需要统揽全局、协调各方、科学施策、脚踏实地、久久为功,这唯有先进的中国共产党的坚强领导才能胜此殊荣。就此而论,坚持和加强党的集中统一领导,全面推进党的政治建设,关乎共同富裕的方向根基和"举旗定向"的问题,毫不动摇坚持党的领导是共同富裕不跑偏、不变质、不走样的根本保证,扎实推进共同富裕才能夯实党的执政基础、巩固党的执政地位。

中国共产党百年辉煌史,实际上就是一部中国共产党领导人民群众同心戮力地摆脱贫困、走向共同富裕的艰辛奋斗史。回眸我们来时的路,中国共产党是共同富裕的坚定领导者、有力推动者和忠实践行者。一百年来,中国共产党领导各族人民朝着共同富裕的目标不懈努力,积沙成塔、集腋成裘,解放生产力、发展生产力,消除贫困、改善民生,增进人民福祉、促进人的全面发展,历史性解决绝对贫困问题、全面建成小康社会,标示着我们党在团结带领人民群众创造美好生活、实现共同富裕的道路上迈出了坚实的一大步。在共同富裕的道路上坚持和加强党的集中统一领导,是一个永恒的课题。展望未来,只有深化对马克思主义执政党建设规律的认识,坚持和加强党的集中统一领导,实事求是、与时俱进,正视共同富裕的短板和弱项,不断增强党员干部服务意识和创新意识,更好地肩负起团结带领人民群众走共同富裕的历史重任,才能确保共同富裕的社会主义方向、本质要求、核心内涵、总体安排,才能深入探索实现共同富裕

---

① 《毛泽东选集》第三卷,人民出版社1991年版,第1098页。

的战略决策、方针政策、路径指向，使全体人民朝着共同富裕方向稳步前进。

(二) 方法论：辩证唯物主义是认识共同富裕问题的"望远镜"和"显微镜"

事必有法，然后可行。辩证唯物主义是中国共产党人的世界观方法论，为中国共产党人提供了认识世界的"望远镜"和"显微镜"，是我们党观察和解决当前和今后一个时期关系战略全局的一系列重大理论和现实问题的方法论"钥匙"。更加自觉地坚持和运用辩证唯物主义来谋划和推动工作，要把不断接受马克思主义哲学智慧的滋养和科学实践的淬炼有机结合起来，在认识、分析、解决共同富裕问题上，始终贯彻"实事求是""矛盾分析"等"看"的思想方法，"以身作则、率先垂范""调查研究、深入群众""求真务实、狠抓落实"等"办"的工作方法，提升战略思维、创新思维、辩证思维、底线思维能力，提升真信笃行、知行合一的意识和能力，不断提高贯彻落实的自觉性、积极性和主动性，不断推动共同富裕事业顺利前进。

在共同富裕问题上，中国共产党人把辩证唯物主义作为看家本领，真正把马克思主义这个看家本领学精悟透用好，把强化顶层设计和"最后一公里"落地工作相结合，既部署"过河"的任务，又指导如何解决"桥或船"的问题。在顶层设计上，实现共同富裕分三步走：到"十四五"末，全体人民共同富裕迈出坚实步伐，居民收入和实际消费水平差距逐步缩小；到2035年，全体人民共同富裕取得更为明显的实质性进展，基本公共服务实现均等化；到本世纪中叶，全体人民共同富裕基本实现，居民收入和实际消费水平差距缩小到合理区间。只有加强顶层设计，把全面发展和差别有序、长期战略规划和分阶段推进辩证统一起来，统筹物质富裕和精神富裕、把握好整体和部分的辩证关系，在有效市场的初次分配、有为政府的二次分配、有爱社会的三次分配相互结合中，才能扎实推动全体人民共同富裕。在"最后一公里"落地工作上，城乡发展一体化体制机制、深化教育领域综合改革、建立健全促进就业创业体制机制、建立更加公平可持续的社会保障制度、深化分配制度改革等制度性安排，先行示范、扩大中等收入群体、转方式调结构、不断推进科技创新等政策措施，使得共同富裕成为看得见、摸得着、真实可感的事实。

在中国特色社会主义新时代，科学认识和全面把握我国长期处于社会主义初级阶段这个最大实际，化解发展不平衡不充分的社会主要矛盾，破解效率与公平、财富的生产力（物质内容）与生产关系（社会形式）的难题，实现作为中国式现代化核心要义的共同富裕，已成为全面建设社会主义现代化新征程中的重要议题。坚持辩证唯物主义，就是要立足于"我国长期处于社会主义初级阶段这个最大实际和开启全面建设社会主义现代化新征程"这一历史方位，认识到我国全面建设社会主义现代化还有相当长的路要走，把促进共同富裕看作是夯实党的长期执政基础和高质量发展的动力基础，把共同富裕看作是社会主义现代化的重要特征和进入新发展阶段、贯彻新发展理念、构建新发展格局的重要一环，把"共享理念""协调理念"落到实处，让发展成果更多更公平惠及全体人民，切实解决好不平衡不充分发展的问题，才能真正实现更高质量、更有效率、更加公平、更可持续的发展。

（三）认识论：坚持问题导向部署共同富裕的新战略

实践、认识，再实践、再认识，循环往复，以至无穷，这就是实践发展、科学认识、理论创新的辩证过程。"只有聆听时代的声音，回应时代的呼唤，认真研究解决重大而紧迫的问题，才能真正把握住历史脉络、找到发展规律，推动理论创新"①。坚持马克思主义认识论，就要坚持实践第一的观点，以全新的视野深化对共产党执政规律、社会主义建设规律、人类社会发展规律的认识，以重大问题为导向，抓住关键问题进一步研究思考，科学研判"'发展'和'掣肘'""'共同富裕'和'制约因素'"的最大实际，把其作为认识当下、规划未来、制定政策、推进事业的客观基点，不断推动全体人民共同富裕取得更为明显的实质性进展。

问题就是时代的最强音，时代课题是理论创新的驱动力。把经典马克思主义认识论基本原理与当代中国国情和我们的发展实践相结合，据此才能提出"人民生活更加美好，人的全面发展、全体人民共同富裕取得更为明显的实质性进展"这个重大时代课题。在《中国共产党的历史使命与行动价值》看来，"从'贫穷不是社会主义，发展太慢也不是社会主义'，到'社会主义的本质是解放生产力，发展生产力，消灭剥削，消除两极分化，最终达到共同富裕'，再到'实现共同富裕是社会主义的本质要求'，党对社会主义本质的认识不断深化。"这也可以看作是中国共产党人对共

---

① 习近平：《在哲学社会科学工作座谈会上的讲话》，人民出版社2016年版，第14页。

同富裕的认识不断深化：从"将来时"（"共同富裕，我们从改革一开始就讲，将来总有一天要成为中心课题"[①]）、"终极性诉求"（"'最终'意义上达到'共同富裕'"），到"进行时"（"现在，已经到了扎实推动共同富裕的历史阶段"），共同富裕开启了从价值性诉求、终极性目标、理想性愿景，向制度性安排、阶段性目标、渐进性发展过程、实然性状态的转化进程。

扎实推进共同富裕已经成为新时代中国特色社会主义治国理政的执政纲领和行动指南。习近平总书记审时度势、科学研判，把增进人民福祉、促进人的全面发展、朝着共同富裕方向稳步前进作为经济发展的出发点和落脚点，形成共同富裕的一系列新理念新战略新论断，构成新时代共同富裕的行动指南和根本遵循。习近平总书记以"我将无我，不负人民"的无产阶级革命家风范，时刻把人民群众安危冷暖、生产生活放在心上，及时准确了解群众对美好生活的基本需要和思想期待，让发展成果更多更公平惠及全体人民，不断增强人民群众获得感、幸福感、安全感，推动新时代共同富裕破浪前行。打赢脱贫攻坚战，全面建成"人民生活普遍提高的小康社会"，浙江高质量发展建设共同富裕示范区，扎实推进共同富裕被提到实践日程上来，共同富裕在广大人民现实生活中更加充分展现出来，成为看得见、摸得着、真实可感的事实。

（四）价值论：坚持以人民为中心的发展理念

在历史唯物主义看来，人民群众是社会历史的主体，是历史的创造者和社会前进的决定性力量。"历史是人民书写的，一切成就归功于人民。"[②] 科学社会主义每一次新的突破性发展，都来自于人民群众的首创精神和实践智慧。马克思主义一以贯之的最高理想和价值追求就是实现人类解放，促进人的自由全面发展。在经典马克思主义看来，当前，无产阶级的运动是绝大多数人为绝大多数人谋利益的运动；未来，在集体财富的一切源泉都充分涌流之后的共产主义社会中，真正的财富就是所有个人的发达的生产力和每个人自由而全面的发展，生产将以所有的人富裕为目的，所有人共同享受大家创造出来的福利。

坚持"以人民为中心"的工作导向，树立"诚心诚意为人民群众谋利

[①] 《邓小平文选》第三卷，人民出版社1993年版，第364页。
[②] 《习近平谈治国理政》第三卷，外文出版社2020年版，第67页。

益"理念,是百年来中国共产党无往而不胜的法宝,也是中国特色社会主义伟大事业的根本出发点和落脚点。"全体人民"的共同富裕是现实社会主义永恒的主题,是中国共产党人的不懈追求。1953年毛泽东首倡"共同富裕"理念,致力于使全体人民"逐步完全摆脱贫困的状况而取得共同富裕和普遍繁荣的生活。"① 毛泽东明确指出,"我们实行这么一种制度,这么一种计划,是可以一年一年走向更富更强的,一年一年可以看到更富更强些。而这个富,是共同的富,这个强,是共同的强。"② 由此可见,社会主义从一开始,强调的就是共同的富,人人都有份的富。共同富裕、多数人富起来,是中国特色社会主义的本质特征和将要解决的中心课题,也是改革开放孜孜以求的奋斗目标。邓小平指出,"共同富裕,我们从改革一开始就讲,将来总有一天要成为中心课题。社会主义不是少数人富起来、大多数人穷,不是那个样子。社会主义最大的优越性就是共同富裕,这是体现社会主义本质的一个东西。"③ 在中国特色社会主义新时代,习近平心系百姓、情系人民,在以人民为中心的发展理念指引下,共同富裕被摆在了更加突出的位置,经济社会发展成果更多更公平惠及每一个人,"大多数的富""脱贫致富道路上一个都不能少""全体人民共同富裕"等成为新发展理念的主题词和新时代的主旋律,使全体人民朝着共同富裕方向稳步前进。

在中国特色社会主义新发展阶段、构建新发展格局上,要全面贯彻以人民为中心的新发展理念,在高质量发展中促进共同富裕。"全体人民共同富裕",在内涵界定上,既要使得生产力发展水平达到一定高度,又要注意生产发展的平衡性、协调性、可持续性、整体性。在脱贫致富的道路上,不能落下一个贫困家庭,丢下一个贫困群众;在共同富裕的道路上,一个都不能掉队。由此可见,共同富裕覆盖的人口要全面,是惠及全体人民的富裕。"全体人民共同富裕",不仅仅是指在经济上满足人民群众的温饱问题,而且蕴含着从政治、经济、文化、社会、生态等各方面满足人民群众的美好生活追求,意味着经济发展、政治民主、文化繁荣、社会和谐、环境优美、生活殷实、人民安居乐业和综合国力强

---

① 《毛泽东文集》第六卷,人民出版社1999年版,第442页。
② 《毛泽东文集》第六卷,人民出版社1999年版,第496页。
③ 《邓小平文选》第三卷,人民出版社1993年版,第364页。

盛，人民获得更好的教育、更稳定的工作、更满意的收入、更可靠的社会保障、更高水平的医疗卫生服务、更舒适的居住条件、更优美的环境、孩子们能成长得更好、工作得更好、生活得更好，更好推动人的全面发展。在评判标准上，人民拥护不拥护、赞成不赞成、高兴不高兴、答应不答应是衡量一切工作得失的根本标准。共同富裕做得好不好，最终要用人民群众满意不满意、人民认可不认可、是否经得起历史检验来衡量。在行动指南上，把握好以人民为中心的价值理念和工作导向，把人民对美好生活的向往作为中国共产党人的奋斗目标，把群众路线贯彻到治国理政全部活动之中，把群众观点、群众路线深深植根于思想中、具体落实到行动上，不断拓展人民群众参与推动经济社会发展的事业中去，才能把握历史前进的基本规律，赋予共同富裕以人民至上的价值取向和以"奋斗"为目标的路径指向。

中国特色社会主义新时代是全国各族人民团结奋斗、不断创造美好生活、逐步实现全体人民共同富裕的时代。在开启全面建设社会主义现代化新征程之际，从本质论、方法论、认识论、价值论四个层面深入探析和全面总结中国共产党百年来促进全体人民共同富裕的理论自觉和经验启示，形成促进全体人民共同富裕的规律性认识，才能在实现共同富裕的道路上行稳致远，不断开辟扎实推进共同富裕的新境界。

第二节　工业化、财产效率范式及其"人本"意蕴

党的十九大报告指出，要推动乡村"四化"（新型工业化、信息化、城镇化、农业现代化）同步发展。从经济哲学视域来看，工业化[①]、信息化（2.0版工业化，即以智能化、网络化、数字化为核心特征的新工业

---

① 在当前的"工业化"研究中，检索中国知网经济哲学权威核心期刊，《哲学研究》（1998—）3篇、《中国社会科学》（2000—）5篇、《经济研究》（2002—）15篇、《经济学动态》（2001—）28篇。这标示着新世纪以来，"工业化"问题重新引起重视，这既与工业化"方兴未艾"的实然有关，也与"新型工业化""信息工业化""智能工业化"的蓬勃兴起有关。

化）以及由此引致的城市化、现代化属于同一序列范畴①，工业化是第一因，构成乡村"四化同步推进"的肇始性、先导性、基础性因素。"工业化"相近术语称谓众多，如"原始工业化""前工业化""后工业化""新型工业化"②"新工业化""工业化再升级""再工业化""重化工业化""去工业化""工业化后期""工业化中期""短工业化"等，但本质相同，即以技术变迁为内核、以财产效率范式为旨归的生产力层面上的变革。"中国农村真正的问题是人民的饥饿问题。"③ 工业化构成乡村经济发展的重要动能，是乡村从温饱到小康、全面小康的重要推动力。在技术范式、产业范式、经济范式变革调整语境下，厘清工业化对乡村治理规则的深层影响，把握治理体系和治理能力变革的大势，关乎乡村公共治理能否有效应对工业化、信息化的挑战，也关乎乡村公共财产快速增进和更加公平化治理的发展方向。

一 以技术范式为内核、以财产效率范式为旨归的工业化

所谓工业化是指在技术创新、突破、变革、扩散的推动下，先进的工

---

① 在此有必要澄清两点：其一，本论题所谓"工业化"范畴，不是狭义上"第一产业、第二产业、第三产业"意义上的"第二产业"，而是技术在行业中广泛应用意义上的广义"工业化"，从而使得农业经营方式发生根本性变革。就此而论，其从业者既有农业中的雇佣劳动"农业工人"，也有工业中的雇佣劳动"工业工人""商业工人"之说。其二，在一定意义上可以说，"四化同步推进"具有同质性的特点。从生产力的角度来看，"工业化""现代化"具有同质性："所谓现代化不是别的，就是工业化、机械化的意思，就是民族工业化的意思。"（胡秋原：《中国文化复兴论》，见罗荣渠主编《从"西化"到现代化》，北京大学出版社1990年版，第327页）"所谓现代化其实就是工业化。"（周宪文：《"中国传统思想"与"现代化"》，《申报月刊》第2卷第7期，1933年7月）"所谓现代化，最主要的意义，当然是着重于经济之改造与生产力之提高。换言之，即使中国经过一次彻底的产业革命。因为无论中国前途为资本主义或为社会主义，但中国经济之应改造与生产力之应提高，则为毫无可疑。"（杨幸之：《论中国现代化》，《申报月刊》第2卷第7期，1933年7月）
② 党的十六大报告指出新型工业化的主要特征："科技含量高、经济效益好、资源消耗低、环境污染少、人力资源优势得到充分发挥。"在21世纪头20年基本实现工业化。
③ 费孝通：《江村经济》，上海人民出版社2007年版，第211页。

艺、技术①、机器在生产中得以不断应用，由此引致经济的快速增长、财产效率的不断提升、组织方式的持续变迁，生产活动中机器、技术要素的作用不断增长进而取代粗放劳动、手工操作成为衡量财产价格要素的基础的过程。"正是科学，尤其是自然科学，为工业开辟了如此宏伟的前景。随着时间的推移，科学与工业的关系已经变得愈来愈明显了。"② 在财富创造活动中，科学与技术深度融合并不断物化，客观、机械、非人格化的力学操作不断代替着个体简单劳动力和役畜力，在技术、知识、信息、创新日渐起着核心作用的创新时代，简单劳动、资源禀赋的作用则显得微乎其微，"由生产力改进、过程管理和绩效测量构成的系统被视为设计管理系统的重要工具"③。就此而论，乡村工业化适应科学种田和生产社会化的需要，通过农业生产活动中的科技化、机械化、智能化等现代农业的工业化装备和生产，个体简单劳动转化为集体联合劳动和复杂劳动，碎片化、分散化、闲置化要素得以规模化整合化机械化经营利用。"中国社会主义农业的改革和发展，从长远的观点看，要有两个飞跃。第一个飞跃，是废除人民公社，实行家庭联产承包为主的责任制。这是一个很大的前进，要长期坚持不变。第二个飞跃，是适应科学种田和生产社会化的需要，发展适度规模经营，发展集体经济。这是又一个很大的前进，当然这是很长的过程。"④ 在乡村工业化过程中，传统农业向现代化农业转变、传统农民向现代工人转变、简单劳动方式向机械化劳动方式转变、农业劳动力大量向工业转移、农村人口大量向城镇转移。伴随着工业化程度以及由此而来的农业劳动分工和分流（分流到制造业、服务业），一方面，经济组织规模日

---

① 技术进步是一个广义的范畴：阿瑟·扬提出"农业改进"包括"不经过议会的圈地运动、良好的轮作技术、锄耕、三叶草和大麦的种植以及撒石灰等对土地肥力的改善等"；汤因比认为"圈地运动与农业改进有着密切的关系，公地不利于轮作、浪费时间，又易引起争端，在圈地的基础上，新作物和新技术得以应用"；钱伯斯和明格拓展了农业技术变革的研究范畴，"农业生产技术的变革包括福诺克四茬轮作制的推广、新作物的引进、畜牧的改良、新式农具的使用等以及一系列的制度性改革。其中制度性的变革包括土地私有权的确立、议会圈地运动的推广以及租地农场的兴起等。制度性因素大致始于圈地运动。它消除了土地上的公共权力，建立起排他性的个人产权"（转引自蒋尉：《欧洲工业化、城镇化与农业劳动力流动》，社会科学文献出版社2013年版，第22页）。
② ［英］约翰·希克斯：《经济史理论》，厉以平译，商务印书馆2002年版，第132页。
③ ［美］珍妮特·V. 登哈特、罗伯特·B. 登哈特：《新公共服务：服务，而不是掌舵》，丁煌译，中国人民大学出版社2010年版，第112页。
④ 《邓小平文选》第三卷，人民出版社1993年版，第355页。

益扩大,职业分工的效率日益提高,新产品、新服务不断出现;另一方面,工业化程度不断影响着人口模式(出生、死亡、结婚、移民)、家庭形式、接受文化教育的水平。农业农村农民工业化就是用现代科技、现代装备、现代经营管理等先进生产要素武装农业,不断提高劳动生产率、土地产出率和资源利用率,促进速度质量效益、生产生活生态等全面协调可持续发展的过程①。一句话,工业化实质上是一个以技术范式为内核、以财产效率范式为旨归的范畴。

以技术范式为内核、以财产效率范式为旨归的工业化,是一个历史范畴。从生产要素的技术特征来看,自然经济生产结构的自足性、生产能力的有限性和技术基础的保守性,生产效能的提高、财产量的大幅度增长根本不可能实现。由此不难理解,财产效率问题根本不是古代社会研究的主题:"道德家们从来不认为自我发财是一个值得赞美的目标,或发财成功是一个天赐的报酬。相反,他们谴责贪婪,认为它是积累财富和保留财富的过分欲望"②"哪一种土地财产等等的形式最有生产效能,能创造最大财富问题呢?我们在古代人当中不曾见到有谁研究过这个问题"③"劳动是财富之父,土地是财富之母"。这一形象的说法揭示了传统财富创造的两个不可或缺的简单要素——客观的自然因素和主观的社会因素。"种植物对休闲田的征服是人类对土地的一项新胜利,它与中世纪的伟大垦荒运动同样动人心弦。"④ 可见,建立在简单劳动基础之上的自然经济,不是财富生产要素的技术特征方面的变革,而是粗放式增长、较廉价的经济增长源泉,即偶尔的财富增长主要取决于人口的繁衍和垦荒造田。稍稍有些效率的行为无非是"所种植的谷物的配合,耕种的次数与深度的大小,播种、灌溉和收割的时间,手工工具、改革渠道、役畜与简单设备的配合——这一切都很好地考虑到了边际成本和收益"⑤。即尽可能开垦每一块适合耕种的土地,利用每一次灌溉渠道、役畜,休耕的方式来蓄养地力。土地的开

---

① "四化"同步发展的内在机理和含义主要参见李二超、韩洁《"四化"同步发展的内在机理、战略途径与制度创新》,《改革》2013 年第 7 期。
② [英]波斯坦、里奇、米勒主编:《剑桥欧洲经济史》第 3 卷,经济科学出版社 2002 年版,第 484 页。
③ 《马克思恩格斯全集》第 46 卷上,人民出版社 1979 年版,第 485 页。
④ [法]马克·布洛赫:《法国农村史》,商务印书馆 1997 年版,第 262 页。
⑤ [美]西奥多·W. 舒尔茨:《改造传统农业》,梁小民译,商务印书馆 2009 年版,第 34 页。

垦，精耕细作，祖祖辈辈长期使用的铁器和牛耕田地，分工和联合劳动，经验的积累而已，谈不上技术的改进，技术状况没有发生根本性变化。这种粗放式财富创造方式，在土地劳动边际收益递减和人口递增规律下，人口土地之间很快达致不均衡状态，土地产出的财富不能有效满足快速繁衍的人口生存之需。

低技术水平的简单再生产、粗糙工具的世代延续、传承应用生产活动中积累的直接经验、财富增长长期停滞等，形塑了渐进性、缓慢性技术进步的积累、没有明显突破性的均匀式增长的自然经济状态。在此境遇下，人口快速增长与土地效益递减之间矛盾的有限缓解（当然，自然经济的微薄剩余，反过来进一步限制了新技术的"试错性"发明和应用），不是更多地取决于缓慢的技术进步、耕作方法的改变和有限的农具改进，而是更多地取决于玉米、马铃薯等新农作物的引进。如带"胡"字的农作物，胡椒、胡麻（芝麻）、胡萝卜、胡瓜（黄瓜）、胡蒜（大蒜）、核桃（胡桃）大多数为两汉南北朝时期传入中国；带"番"字的农作物，如番薯（红薯）、番茄、番麦（玉米）、西番菊（向日葵）以及马铃薯、花生、辣椒大多是明朝以后传入中国；带"洋"字的农作物，如洋葱、洋白菜以及西葫芦等多是清末民初传入中国。面对财产稀缺、物质匮乏、贫困落后以及由此可能引致的冲突问题，古代社会不是从技术范式上来化解问题，而是注重勤俭节约、克己奉公等人性的塑造和道德的培养。因此，防范、遏制个人欲望过度膨胀的道德约束就成为古代对财产稀缺问题的最佳解答方式：在东方社会，我们随处可见"存天理、去人欲"①的道德警示；在西方社会，也不乏对"造就最好的国家公民"②"哪一种所有制形式会造就最好的国家公民"③的探讨。更遑论，战争、瘟疫、疾病等化解人口膨胀的极端方式。

作为技术范式的工业化肇始于现代社会。把生产性当作自己内在属性的资本，和实现资源优化配置的市场机制及其二者的有机统一，充分培育和释放人的生产能力，"形成普遍的社会物质变换，全面的关系，多方面

---

① 《朱子文集·延和奏札二》。
② 《马克思恩格斯全集》第46卷上，人民出版社1979年版，第485页。
③ 《马克思恩格斯全集》第46卷上，人民出版社1979年版，第485页。

的需求以及全面的能力体系"①，使得"以物的依赖性为基础的人的独立性"②的现代社会"在精力、贪婪和效率方面，远远超过了以往一切以直接强制劳动为基础的生产制度"③。"资本是生产的；也就是说，是发展社会生产力的重要的关系。"④因此，以货币财富为追求目标的现代社会，在竞争机制中推进了现代科学在现代工艺学上的快速应用，不断以机械动力代替人力或畜力，在市场机制中实现了资源的有效配置，打开了人类社会的各种财富源泉。由此可见，工业化实质上是一个现代概念，"标志着经济性质的重大变化，标志着机器代替人的技能、广泛使用以非植物燃料为基础的非生物性动力、采用新的非植物性原料（特别是化学制品），总之，标志着生产模式的转变"⑤。

作为财产效率范式的工业化是一个问题系。"不论生产的社会形式如何，劳动者和生产资料始终是生产的因素。"⑥生产要素的这一本质性说法揭示了生产、财富创造活动中所不可或缺的劳动者（人）因素和生产资料（物）因素。既然财产是物的因素与人的因素相结合的结果，那么引进现代要素、推进技术进步、实现工具改进的工业化，其财产效率范式的内涵主要表现在人的因素和物的因素两个方面：从物的因素的角度来看，一方面效率范式主要表现为现代科学在现代工艺学上的快速应用和自觉应用，由此引起物质条件的革命和生产资料得到更有效的利用。现代社会的生产原则就是，把生产过程分解为各个组成阶段，并且利用自然科学来解决由此出现的问题，从而提高劳动生产率，这一行为具有逐渐细化的趋势。在现代社会，这一更有效率的生产原则到处都起着决定性的作用，决定着现代社会生产在本质上是革命的，也就是说大工业的本性，工具的效率从人类劳动的人身限制下解放出来，决定了劳动的变换、职能的更动和劳动者的全面流动性，提高劳动生产率和财富创造量的快速增加，更多地游离生产过程中的人身材料，从而实现了劳动时间的减少和自由时间的增加。从世界历史的角度来看，这一进程表现为"思想观念的转变→技术革新→设

---

① 《马克思恩格斯全集》第46卷上，人民出版社1979年版，第104页。
② 《马克思恩格斯全集》第46卷上，人民出版社1979年版，第104页。
③ 《马克思恩格斯全集》第23卷，人民出版社1972年版，第344页。
④ 《马克思恩格斯全集》第46卷上，人民出版社1979年版，第287页。
⑤ ［英］罗斯托编：《由起飞进入持续增长的经济学》，四川人民出版社1988年版，第393页。
⑥ 《马克思恩格斯全集》第24卷，人民出版社1972年版，第44页。

备更新→生产规模和速度的不断扩大"序列变化。近代以降，科学与技术的深度融合，科学在工艺学上的广泛应用，使得以蒸汽机为代表的动力系统率先发生变革，交通部门和生产部门的各行业迅速采用了与蒸汽机相配套的机械化装备，表征着以机械化生产为物质技术基础的工业化劳动方式和经营结构正在逐步取代传统的简单劳动方式和自然经济。生产技术的突破性发展，引起了生产结构的革命性变革、产业的飞跃性发展、经营规模的扩展、生产效能的飞速提升。在农业上，这一"工业化"变革主要表现为现代性生产要素的供给，化肥农药的广泛采用，排水、灌溉等土壤的改良，资金的大量投入，权利型财产取代"实物型财产"等因素，与以人工的、科学技术的方式来提升农作物和畜牧产量。因纽特羊本质上是"变草为羊肉的机器"①，形象地道出"农业工业化"的变革实质。"一方面，机器直接引起原料的增加，……另一方面，机器产品的便宜和交通运输业的变革是夺取国外市场的武器。"② 资本财产通过改进和改善交通运输工具来不断缩短生产地点到市场的距离从而减少流通时间增加生产时间，从而快速实现剩余价值。从人的因素的角度来看，效率范式主要表现在：一是管理学意义上的组织效率，现代社会普遍采用分工、协作或结合性质的社会劳动，实现了个人劳动向社会劳动的转化，分散的个别劳动力（生产力的个别储藏和利用）转换成一种结合生产力、社会生产力、联合劳动力，最终大大促进了劳动生产率，即把个人劳动力当作社会劳动力、节约生产资料性质的劳动、生产内部的权威和专制、有计划性和有组织性管理等。二是表现在通过教育、培训等人力资本的投资实现人口素质的提高，财产派生源泉的重构，尤其是在高级的、发达的知识经济阶段，在财产创造的作用中，不是单纯的简单劳动或体力劳动，而是智识性劳动所起的作用越来越大，最终成为劳动效率提高的决定性因素。马克思在谈到效率问题时也指出了这一点："工人的平均熟练程度，科学的发展水平和它在工艺上应用的程度，生产过程的社会结合，生产资料的规模和效能，以及自然条件共同决定了生产效率的高低。"③

由上可见，以技术范式为内核、以财产效率为旨归的工业化，其最终

---

① ［英］阿萨·勃里格斯：《英国社会史》，陈叔平、刘城等译，中国人民大学出版社1991年版，第210页。
② 《马克思恩格斯全集》第23卷，人民出版社1972年版，第494页。
③ 《马克思恩格斯全集》第23卷，人民出版社1972年版，第53页。

决定性因素是人，是人的现代化。如果说初级工业化阶段，纯粹"器物层面"上物的因素的变革还占有绝对优势，那么，在知识经济时代的"新工业化"阶段，人的因素就转变为本质性因素。"从传统农业社会向现代工业社会转型的过程中，最本质、最深刻的体现是传统农民向现代人的转化。"① 这种转变，不仅仅体现在学习具有生产创造能力的农业耕作新技术、新农艺、农业耕作的科学技术，而且体现在乡村劳动力向人力资源、"人力资本"的转变，从一个具有农民身份的工业劳动者转变为一个现代化的智识性生产要素，在知识、技能、素质方面都适应新工业化时代。"真正的经济——节约——是劳动时间的节约（生产费用的最低限度——和降到最低限度）。而这种节约就等于发展生产力。可见，决不是禁欲，而是发展生产力，发展生产的能力，因而既是发展消费的能力，又是发展消费的资料。消费的能力是消费的条件，因而是消费的首要手段，而这种能力是一种个人才能的发展，一种生产力的发展。节约劳动时间等于增加自由时间，即增加使个人得到充分发展的时间，而个人的充分发展又作为最大的生产力反作用于劳动生产力。"② "随着大工业的发展，现实财富的创造较少地取决于劳动时间和已耗费的劳动量，较多地取决于在劳动时间内所运用的动因的力量，而这种动因自身——它们的巨大效率……取决于科学在生产上的应用。"③ 由此可见，在新工业化时代，财产效率即蕴含在劳动者身上的真正的生产力，以及由此造成的科学技术等财产派生源；财产效率的终极价值就在于增加人的自由时间和促进人的全面发展，就在于解放内涵在人身中的生产力。

二 财产效率范式的"人本"意蕴

作为财产效率范式的工业化不是凭空出现的，没有一定的财产观念变迁和财产制度保障，就不可能超越自然经济的藩篱，就不可能发生工业化。同样，没有以人为目的的财产效率范式，就不可能彻底完成工业化和不断升级工业化（特别是知识经济时代的工业化2.0版）。在笔者看来，

---

① 许平：《法国农村社会转型研究（19世纪—20世纪初）》，北京大学出版社2001年版，第122页。
② 《马克思恩格斯全集》第46卷下，人民出版社1980年版，第225页。
③ 《马克思恩格斯全集》第46卷下，人民出版社1980年版，第217页。

肇始于19世纪60年代洋务运动"器物层面"的工业化，之所以历150多年之久而弥新，是因为没有处理好财产效率范式与"人本意蕴"之间的关系问题域。康德指出，"人是目的，永远不可把人用做手段"。马克思主义进一步发展出"人是手段也是目的"的科学社会主义财产理论界说。上文论述了在财产效率范式的工业化中人的"工具性"作用，笔者在此进一步论述在财产效率范式的工业化中人的"目的性"价值归宿，以及二者之间的辩证关系。

由上可见，以财产效率范式为旨归的工业化，在技术进步和工具改良中创造大量物质财富。就效率属于生产力或劳动生产率范畴来说，工业化源于财产的生产力属性。但是，就财产的实质是人与人之间的社会关系来说，财产还存在着生产关系属性。财产的生产力属性和生产关系属性存在着相一致的本质关系。马克思在《资本论》中曾经指出，在北美农奴依附关系下，劳动者和役畜一样不过是活的工作机，表现为土地财产本身的要素。为了防止农奴随时破坏或过度损毁劳动工具，雇主们提供给农奴的都是粗糙笨重的劳动工具，生产力得不到提升。由此可见，财产稀缺与财产效率之间不是简单的对应关系，不是成正比例的关系，而是错综复杂的辩证关系。换言之，从财产内在的生产力和生产关系二重性来看，只有协调好财产利益关系，使全体人民都从快速增加的财富中受益，才能真正克服财产匮乏问题。反之，如果财产效率提高、财富大量创造的结果只是财富的积累与贫困的积累，那么这实质上并没有解决好财产匮乏问题。以下笔者主要从财产的两种属性及其关系，以及马克思对资本主义社会财产极大丰富与社会贫困问题增长之间的不和谐的论述出发，阐述财产利益关系的和谐、财产效率范式中"人本意蕴"的价值归宿对于实现财产快速增长、解决财产匮乏问题的重要作用，以此昭示财产效率范式中所蕴含的"人本"意蕴。

如果说效率是生产力水平高低的指示器，是人类经济活动追求的目标，体现了人类征服自然、改造自然和创造物质财富的能力；那么，在满足人类的物质利益需求、提高大多数人的物质生活水平中，消解匮乏、弱化稀缺、解决贫困问题就是生产关系（财产关系）和谐与否的晴雨表，即物之后人与人之间和谐的社会关系是人类社会追求的价值目标。从生产力的视角来看，财产就是人类在征服自然、改造自然的过程中劳动的物化和对象化，就是人的本质力量对象化的产物和结果。"私有财产的运动……

是人的实现或人的现实"①。因此,财产效率的关键因素在于人,特别是在于科学技术、智能、知识等人的本质力量的转化形式,在于人的自由全面发展,在于内含在人身内的生产力的外化和对象化。从生产关系的视角来看,财产本质上是物之后人与人之间的关系。"实物是为人的存在,是人的实物存在,同时也就是人为他人的定在,是他对他人的人的关系,是人对人的社会关系。"②"私有财产是生产力发展到一定阶段上必然的交往形式。"③ 因此,财产是与生产的一定发展阶段相适应的社会关系,有什么样的生产力就有什么样的财产关系;反之,适应生产力发展要求的财产关系就会促进生产力的发展,不适应生产力发展要求的财产关系就会阻碍生产力的快速发展、阻碍物质财富的大量创造。

由此可见,财产稀缺与财产效率的契合点就在于人,在于通过满足人的需求,调动人的积极性和创造性,最终在和谐的财产利益关系中,解放和发展生产力,实现物质财富的快速增长。显然,财产效率不单纯是生产过程中的劳动效率,而且包括和谐的财产利益关系,包括合理的劳动分配比例。"生产就其单方面形式来说也决定于其他要素。……不同要素之间存在着相互作用。"④ 马克思的这一论述表明,在由生产、消费、分配、交换等要素构成的有机整体中,不仅生产决定其他要素,而且消费、分配、交换等要素本身就是生产的要素,生产也决定于这些要素。在社会经济生活中,特别是在阶级社会中,财产效率深深打上了社会生产关系的烙印,财产匮乏问题的化解是财产效率与财产利益关系协调共同作用的结果。真正的财富就是在普遍交换中造成的个人的需要、才能、享用、生产力等的普遍性,就是人对自然力统治的充分发展,就是人的创造天赋的绝对发挥⑤,这当然只能在代替资本主义社会的新的社会形态中才能实现:社会化的人,联合起来的生产者,实现财富的充分涌流,以及每个人的全面自由的发展。

把财产稀缺问题与财产效率问题转化为财产的生产力属性和生产关系属性之间的内在关系,是对财产主体本质原则的彻底贯彻。既然劳动是财

---

① 《马克思恩格斯全集》第42卷,人民出版社1979年版,第121页。
② 《马克思恩格斯全集》第2卷,人民出版社1957年版,第52页。
③ 《马克思恩格斯全集》第3卷,人民出版社1960年版,第410页。
④ 《马克思恩格斯全集》第46卷上,人民出版社1979年版,第37页。
⑤ 《马克思恩格斯全集》第46卷上,人民出版社1979年版,第486页。

产的主体本质和源泉，那么财产作为劳动的产物和结果必然要求与劳动相统一，要求劳动创造财产初始所有权，要求等量劳动领取等量产品，等等。反之，资本主义社会异化劳动（雇佣劳动）导致的劳动与财产的分离疏远，必然损害着财产的主体本质，阻碍着财产的创造，进而恶化着人与人之间的关系。

众所周知，马克思是在批判资本主义私有制特别是自由竞争资本主义导致财富分化日益严重的现象中，揭示出资本积累和贫困积累之间的社会弊病，财产快速增长与财产利益关系的不和谐，最终摧残了财产创造活动的劳动本源，并现实地构成了社会动荡的因素，直接导致了社会矛盾和社会冲突。"资本主义和工业化破坏了原有的社会公平和社会稳定，并且让人类不可避免地走上了财富差距日益加剧的道路。这种认识在马克思主义的'贫困化'理论中得到了最完整的解释。"① 在马克思看来，资本主义社会中财富的大量创造，是通过资本对劳动力的剥削实现的，而作为社会财产创造者的无产阶级并没有从他们辛勤的劳动中获得应有的收益。以人的异化和片面发展为代价的富有生产效能的资本，以财产人格化（即异化）的方式来解决稀缺问题，并未带来财产稀缺问题的弱化和消失，反而造成稀缺问题的全面加深和恶化。事实也的确如此。在马克思生活的时代，低廉的薪酬、过度的劳动和痛苦的生活，既损害着作为财产源的劳动，阻碍着生产力的提高和财产的快速增加，也引致了不同利益阶层之间的矛盾和冲突。

当然，在批判不和谐的财产利益关系阻碍社会生产力快速发展、甚至加深财产稀缺问题的同时，马克思也提出了关于更快地创造物质财富和更好地协调财产利益关系的建设性意见，亦即对于处于从资本主义向未来共产主义过渡阶段的社会主义社会（在某种意义上可以说，马克思对社会主义社会的构想等同于现实社会主义）来说，在"资产阶级法权"的狭隘眼界内，在社会经济结构以及由经济结构所制约的社会发展的特定阶段，通过股份制财产实现"作为私人财产的资本在资本主义生产方式本身范围内的扬弃"②，最终实现共产主义社会中的"个人所有制"："社会化的人，联合起来的生产者，将合理地调节他们和自然之间的物质变换，把它置于

---

① ［美］理查德·派普斯：《财产论》，蒋琳琦译，经济科学出版社2003年版，第56页。
② 《马克思恩格斯全集》第25卷，人民出版社1974年版，第493页。

他们的共同控制之下，而不让它作为盲目的力量来统治自己；靠消耗最小的力量，在最无愧于和最适合于他们的人类本性的条件下来进行这种物质变换。"① 如此，才能在生产资料联合占有（其较为现实的形式是股份制形式的过渡性社会财产）、联合劳动、等量劳动领取等量产品的方式中，实现更好地发展生产力、创造物质财富的同时，协调财产利益关系，以实现不平等中的最平等的财产利益关系。

由上可见，以技术范式为内核的工业化，其所蕴含的财产稀缺与财产效率的关系，实质上就是财产的生产力属性和生产关系属性以及二者之间相适应的关系，就是财产利益关系的协调、劳动者按照劳动时间获取自己的收益，就是尊重作为财产源的劳动、实现人的创造天赋的绝对发挥等。唯其如此，才能在生产力的快速提高和物质财富的大力增长中，真正消解财产匮乏问题。反之，那种认为高效率的财产创造必然会从根本上消解财产稀缺问题的观点是片面的。事实也确实如此。在财产利益关系不和谐，特别是社会财产积累与社会贫困积累同步的社会，"劳而不获不劳而获"的现象必然会否定财产的劳动源泉，损害财产效率的提高和财产的快速增长，不但不会化解财产稀缺问题，反而会加深财产匮乏问题，甚至导致社会矛盾、社会冲突等灾难性后果。资本主义生产方式下物质财富的增长与贫困的增长就是一个典型。现代资本主义社会实现了财产效率的大幅度提高和财产的快速增长，但并没有从根本上解决人们的财产匮乏问题，反而导致贫困的增长。究其根源，就在于财产利益关系不协调，最终阻碍了财产创造的劳动本质的自由发展和全面。这就是财产效率范式中的"人本"意蕴。

---

① 《马克思恩格斯全集》第 25 卷，人民出版社 1974 年版，第 926 页。

第五章 乡村公共财产治理的内在逻辑与方法论自觉

从"以物为载体""以权利为内核""以关系为本质""公私权界的相对模糊性""在市场化中适用中性竞争原则""以增进民众福祉为价值归宿"等方面来看，财产和公共财产具有逻辑起点的一致性、概念要素的同质性、保护路径的相同性、意义指向的趋同性特点。就此而论，"乡村公共财产"具有物、权利、关系三重内涵。在当代中国乡村公共财产治理理念、方式、模式变革上，存在着"国家、集体、农民利益相协调，效率与公平相统一，城乡一体化均衡配置"三重考量，存在着"更好地发挥政府作用"的新时代中国特色社会主义行政主导治理、"市场在资源配置中起决定性作用"的社会协同治理和"党组织领导的自治、法治、德治相结合"的乡村自主治理等多元治理主体和治理客体规范化相统一。鉴于此，形成高度的马克思财产理论方法论自觉，正确认识、全面把握中国特色社会主义乡村公共财产问题实质，在方法论上确立财产治理的问题意识、效率视野与科学的价值理念，有助于抵御绝对平均主义、全盘私有化、纯思辨化的冲击，进而为科学社会主义财产价值观的树立、中国特色社会主义乡村公共财产的有效治理提供重要的方法论启示。

顾名思义，从能指范围上来看，"乡村公共财产"与"农村集体财产"大致吻合，是指公有范围相对狭窄、只涉及全体村民或部分村民利益的公共财产，包括农村集体所有的土地、森林、荒地、滩涂、房屋、企业、版权、专利权等有形和无形财产；乡村公共财产在农业生产合作化运动中产生，在历史、政策和制度因素作用下发展壮大；其具有保值增值和为农村居民提供公共产品、公共服务的功能；其具有非规范性、集体成员自然获得财产权、二元结构性和与政府关系不分性等特征。笔者在此之所以采用

"乡村"术语而非"农村"术语、"公共财产"术语而非"集体财产"术语,主要是因为在传统意义上和当下一定语境中,"农村""集体财产"术语存在着模糊定性、"二国营"或"二等公民身份(城乡二元体制下农民、农村、农业地位身份上的尴尬)"、传统行政干预和管制、后单位制或去单位化倾向等弊病,与市场化对要素自由流动、平等交换的诉求,城镇化对资源价值的扩展,工业化对规模经营的要求相背离,也与主要为乡村提供公共产品和公共服务原则相背离,还在某种程度上加深城乡收入差距,更遑论"乡村振兴"战略的落到实处。"乡村公共财产"这一术语的采用,主要是因为期望在价值诉求上和效率与公平维度上打破城乡"二元"双轨制弊病,破除农村准公共财产市场交易权利的"二国营"身份,建构整个国家范围内统一的公共财政意义上的公共财产(如公共医疗、公共卫生、公共教育、公共道路等),以及公共产品、公共服务的城乡一体化均衡配置。

第一节　乡村公共财产论

对于"财产"这一范畴,众说纷纭,物、物与物之间的关系、人与物之间的关系等不同论说大行其道。应该指出的一点是,对财产范畴的片面性理解,忽视财产范畴所内涵的人与人之间的关系,是实践中"重物轻人""GDP至上主义""物化社会"等诸多偏见的根源之一。由此可见,科学界定"财产"范畴意义重大。乡村公共财产是什么?从现象上看,乡村公共财产是人(集体)本质力量、生命、意志、智慧的外化、物化、对象化,即公有范围相对狭窄、只涉及全体村民共同的集体利益,包括农村集体所有的土地、荒山、森林、滩涂、房屋、河流、企业等各种有形物,以及股票、版权、债券、专利等各种无形物(拟制物)的集合体;但从本质上看,乡村公共财产是关系,不仅指涉人与物(自然)之间的关系,更指涉人与人之间的关系,特别是村民、集体、社会、国家之间的关系。

一　财产

毋庸置疑，财产是物，囊括我们随处可见的房子、牲畜、土地、森林。但是，这些物都打上了人的烙印和痕迹，是人本质力量、生命、意志、智慧的外化、物化、对象化，即"人化自然"的产物和结果。"私有财产无非是物化的劳动"①"私有财产的运动……是人的实现或人的现实"②。

进而言之，财产体现为人与物之间的关系，体现为人对客观物质条件的排他性占用关系。"财产最初无非意味着这样一种关系：人把他的生产的自然条件看作是属于他的、看作是自己的、看作是与他自身的存在一起产生的前提"③。通过这种排他性占用关系，通过人与自然界（物）之间的物质能量变换来满足人类的需要、维系生命的存在与繁衍。生产或财产创造活动中人对物（生产条件）的这种关系，这种更好的发展生产和创造满足人类需求的物质财富的关系，是本真性的关系，不仅在"最初"意义上，而且在"永恒"意义上存在着。人对物的这种占有关系，起初是作为传统或习惯被人们自觉地遵守和维护，以后在冲突与纷争的作用下，这种事实性的占有关系逐渐上升为法律，上升为国家意志。这种获得法律认可的排他性的占有关系，这种上升为国家意志的财产关系，这种生产资料所有制的法律形态，就是所谓的财产权利。狭义的财产权利指财产归谁所有的财产所有权，一种财产主体对财产客体的排他性占用关系，"私有财产的权利是 jus utendi et abutendi［任意使用和支配的权利］，是随心所欲地处理什物的权利。"④广义上，财产权利是所有权、占用权、转让权、收益权、处置权等一组权利集合体。狭义的财产权利（财产所有权）是基础性的和核心性的，它决定着其他的财产权利。

不过，财产中人与物之间的关系还只是表面现象，财产实质上是人与人之间的关系。财产总是存在于特定的社会关系中，离开人与人之间的社会关系，财产既没有存在的可能性，也没有存在的必要性。只有透过物或

---

① 《马克思恩格斯全集》第42卷，人民出版社1979年版，第254页。
② 《马克思恩格斯全集》第42卷，人民出版社1979年版，第121页。
③ 《马克思恩格斯全集》第46卷上，人民出版社1979年版，第491页。
④ 《马克思恩格斯全集》第1卷，人民出版社1956年版，第382页。

人与物之间的关系，进入到人与人间的关系，才能正确把握财产的本质。"实物是为人的存在，是人的实物存在，同时也就是人为他人的定在，是他对他人的人的关系，是人对人的社会关系。"① 在匮乏、稀缺的社会中，特别是在市场经济社会中，人与物之间的本真性关系常常发生异化/物化。"物化的社会关系"遮蔽了物之后人与人之间的本真关系，给财产遮上一层面纱，使其具有了可感觉而又超感觉的神秘性，表面上个人受不以意志为转移并独立存在的物的限制，实质上不过是以独立的个人之间在生产中建立的关系为基础的。因此，人类社会史前史的财产关系就是财产占有的社会分化以及由此而来的人与人之间的异化关系。

从发展与成熟程度来看，财产可划界为"最不完全的财产""较完全的财产关系""完全的私有财产"②"真正的财产"四种历史形态。在蒙昧野蛮时代，人们对物的占用是一种最不完全的财产，因为丛林法则和暴力劫掠任意剥夺人生存的物质基础，经常打破财产的稳定恒久，使得人对物的关系始终处于偶然性、暂时性占有状态。就前现代社会的土地财产来看，"把土地当作财产潜在地包含着把原料、原始的工具即土地本身，以及土地上自然生长出来的果实当作财产"③，土地的不动性财产状况限制了其自身的真实价值，专制官吏对财富的任意干涉破坏了财产的稳定性，使得人/土地财产成为较完全的财产。现代社会的财产，其事实占有性的经济所有权和社会意志认可的法律所有权相统一特性，赋予其一种私有财产发展到顶点的财产形式。因其尚存在"形式权利""历史权利"而非"人的权利"之嫌，还不是真正的社会财产。完全的私有财产还不是真正人的和社会的财产，不是为了人的自由全面发展所需要的财产。对财产概念的本质追问，就是追问财产的价值归宿。东方的"大同世界"、西方的"理想国"和"乌托邦"，无不呼唤人类社会本真性的财产关系和永恒性的财产价值归宿。财产本质上具有主体性，就是人的内在本质力量的物化和对

---

① 《马克思恩格斯全集》第2卷，人民出版社1957年版，第52页。
② 《马克思恩格斯全集》第46卷上，人民出版社1979年版，第500页；《马克思恩格斯全集》第21卷，人民出版社1965年版，第187页。
③ 《马克思恩格斯全集》第46卷上，人民出版社1979年版，第500页。

象化，真正财产就是生命、自由、人道等价值性财产①，"人倒是唯一的和真正的财富"②，"真正的财富就是所有个人的发达的生产力"③，外在的财产不过是实现或增进诸如自由、生命、权利等基本价值的工具和手段。如果说未来社会还存在财产的话，那么这种真正的财产就是人的自由全面发展，就是人的生命实现本身，就是人的自由时间的获得。从这个意义上来看，外在财产不是一个永恒的概念，生命、自由才是本真、终极意义上的"财产"。

二 乡村公共财产

理论上，公共财产在其消费中践行"每个人的消费不会减少任一其他人对这种物品的消费"④ "必须对所有社会成员供给同等数量的物品"⑤，即"非竞争性"和"非排他性"构成甄别公共财产的圭臬。村口的门牌坊、村中的祠堂、村庄秩序和谐安定等公共财产，其对外来者几乎没有观赏价值和消费需求，只限于特定时期村民祭祀怀旧物品，可谓乡村典型的集体性供给和消费性公共财产。从供给的角度来看，它不是某个人的责任和义务，而是集体的公共责任，乡村都对这一物品作出了贡献、承担一定责任。正是因为公共财产供给成本的确定性（建造村口的门牌坊、村中的祠堂和维系村庄秩序等公共产品和公共服务的成本是确定的，不会因为消费者的多寡而有所增减）和对全体村民的开放性，消除了公共财产供给上的个人不能承受之重，减少了公共财产供给上的成本。从消费的角度来看，多一个村民或少一个村民，都不会减损这一公共物品内在价值。正是因为公共财产消费上对全体村民的共同性，减少了公共财产供给上的成本，使得供给上只能采取"非排他性"。这一定义当然是理想状态下对纯

---

① 马克思在批判物化的资本主义社会时辛辣指出"无产者"的"财产"，"这些人的财产只是生命、自由、人道以及除自身以外一无所有的公民的称号"（《马克思恩格斯全集》第1卷，人民出版社1956年版，第172页），昭示无产原则构成人与人之间的本真关系。
② 《马克思恩格斯全集》第46卷下，人民出版社1980年版，第377页。
③ 《马克思恩格斯全集》第46卷下，人民出版社1980年版，第222页。
④ [美] 萨缪尔森等：《经济学》，商务印书馆2012年版，第243页。
⑤ [英] 丹尼斯·C. 缪勒：《公共选择》，韩旭、杨春学等译，中国社会科学出版社1999年版，第15页。这一定义当然是理想状态下对纯公共财产的界定：类似于阳光空气之类的公共性的资源、物品、服务取之不竭用之不尽，现实中往往出现拥挤效应的道路、池塘等公共财产。

公共财产的范畴界定，类似于取之不尽用之不竭的阳光空气之类的公共性资源、物品、服务。在现实中，如道路、池塘等，几乎所有公共财产都存在着匮乏稀缺现象，往往出现拥挤效应。为防止"所有者虚位"的"公地悲剧"后果，在公共财产的供给和需求上，都需要一定的道德、时间、资源等前提性约束条件。

由此可见，相对于为私人提供产品或服务而言，公共财产主要是指出于公共利益的需要，从"私人财产"转化而来的公共产品或公共资源，由于在收益上的不可分割性，因而在消费上具有非竞争性和非排他性。一般而言，在我国，公共产品或公共服务包括国防、国家行政管理、环境保护、水利设施、公路、桥梁、城市照明、网络设施、社会秩序等有形财产和无形财产。对于中国特色社会主义来说，"公共财产"是社会主义"意识形态"属性的核心标志，因而具有特殊的内涵。这既体现在许多带有浓厚感情色彩的法条中，如《宪法》第12条规定"社会主义的公共财产神圣不可侵犯"中"神圣"二字、"国有经济"作为"共和国长子"的重要身份地位；也体现在《刑法》实践执行中，往往加大对涉公共财产的处罚力度。公共财产，作为"公共属性"的财产，"取之于民用之于民"，来源于私人财产，并以保障民众福祉和财产权利为价值归宿。"公共财产权概念关注'财产'的实质特点，强调政府从私人获得财产的公共属性，是以'权利'作为逻辑基点，依循'财产'的保护路径展开，在终极意义上，公共'财产'来源于私人'财产'，并保护此种集合化的私人财产权，两者具有概念要素上的同质性"①。鉴于公共"财产"与"财产"两者逻辑基点的一致性和概念要素上的同质性，笔者对乡村公共财产范畴作三重界定：

（一）自然属性意义上的"实物"或"有形物"

在此意义上，乡村公共财产主要包括乡村集体所有的土地、森林、山岭、草原、荒地、滩涂、水面、房屋、企业、道路桥梁、农田水利设施、防洪设施、义务教育校舍、乡村卫生院、广场绿地、农民文化健身运动设施、农业技术推广设施、乡村电气化建设项目、代燃料水电站、污水处理工程、垃圾处理工程、灌溉的电力排灌站、社会保障、环境保护等具有经济价值（使用价值）的实物或有形物。就财产对象的这种物的属性（财产

---

① 刘剑文、王桦宇：《公共财产权的概念及其法治逻辑》，《中国社会科学》2014年第8期。

的客体特点)而言,乡村公共财产属于生产力范畴,财产的种类和数量的增加就构成财产关系变动的基础和前提。对这些在一定时间空间内存在的实物或有形物,村民通过纯粹经验形式的感性占有、使用、处分、收益,耕种、灌溉、养护、收割等物理形式上的持有或占用,在品味、享受、处分中实现着人与公共财产的客观关系。

在使用价值意义上对乡村公共财产作实物或有形物的范畴界定,特别是强调在力量所及、体力所致、能力所达的范围内对实物或有形物的物理性感官占有,还是较低级的或初级的范畴界定。具体而言,在传统的熟人社会、农业社会、计划经济社会中,自给自足性、封闭性、财产的有限性、受益主体的固定性、买卖在时空上的同时性,以及简单的、个别的、偶然的、小范围的物物交换等特性,使得作为准公共财产的乡村土地,特定的农民在特定的时间和地点条件下,通过建筑、耕种、栽植、排灌等物理方式,对其行使公共财产占用,昭示其经验性、感官性占有。若有人未得同意,即耕种、栽植、收获这块土地的劳动果实,这就是对外在实物的非法侵害或损害。囿于时间和空间条件,以及人们的活动能力、掌控水平,其获得和失去都是具体的、偶然的、暂时的、模糊的、有条件的,因而这种公共财产必然在数量上是匮乏的、种类上是有限的。由于婚丧娶嫁、农民市民化(农村户口到城镇户口)等因素,村民自然丧失其对乡村公共财产的受益权。

(二) 社会属性意义上的"权利"

在熟人社会到陌生人社会、封闭性社会到流动性社会、农业社会到工业社会、计划经济社会到市场经济社会转型进程中,公共财产数量的激增、种类的繁多、流动性的加强、不动产动产化的趋势加大等,使得暂时性的占有、临时性的口头约定、小共同体的乡约民俗日益变得滞后,使用价值层面上的"物理性"拥有逐渐变得不具有稳定预期,法律形式(普遍意志、共同意志、社会认可)①的理性占用应运而生。显然,自由流动、平等交换的市场经济,使得财产不断从实体化向抽象化、虚拟化、观念化、符号化变迁,纯粹经验性和感性占有、使用、收益显然具有滞后性、

---

① 意志与法律的关系可谓公共法律即"所有人的意志通过普遍的立法而联合为一""联合起来的和立法的意志"([德]康德:《法的形而上学原理》,商务印书馆2012年版,第73、78页)。

第五章　乡村公共财产治理的内在逻辑与方法论自觉

不适应性，不能有效实现约束的责任和保障享受的权益。鉴于此，乡村公共财产就需要或实际上从自然属性的实物或有形物转化为社会属性、外在关系或法律状态中的权利。惟此，联合在一起具有共同利益的小共同体（自然村、行政村、联合村），才能抗拒野蛮暴力的侵犯和非法的侵蚀，实现公共财产的不断活动、增值、转让、收益，以及实现安全地占有、保存、公平正义地转让、受益公共权利（公共财产）。

在此意义上，乡村公共财产不外乎社会认可、法律保障的权利[①]，如股票、债券、著作权、版权、商标权、专利权等无形财产，以及以物（有形之物和无形之物、具体之物和抽象之物、拟制之物）为对象所延伸的权利或关系，是法律——普遍意志的表现形式对事实上的财产的认可，在这种认可中实现预期收益。乡村公共财产主要分为物权、债权和知识产权三种形式。民众对之行使财产权利（所有权、使用权、经营权等一组权利束），实现法律形式的理性占有，即在一个大家联合成为一个共同体（集体）或共同占有关系中，共同占有的一物之上，附着于一物并由此衍生出来的人对物的权利。虽然并不关涉具体的对物事实上的占有、使用、处分、收益，但是未经允许，一旦他人使用该物时，即是对该物的损害和对所有者的侵权。这种理性的占有（社会认可意义上的占有），对同一对象（一物）纯粹法律的占有，即是意志（公共意志、社会意志、众意）所指向外在对象的权利属性。

综上所述，法律形式的占有或"权利的理性占有"，能够克服时间的久远、空间的分离、个人体力能力的薄弱、不动产的不可移动、有形财富数量的庞大、实体财产的持有等经验性条件的束缚，乡村公共财产（外在实物）转化为一组权利束，才能在所有者权利之中并任由自由处置，从而具有了高级形态。由此可见，乡村公共财产是指乡村民众所共同享有的物及其衍生出来的人与物之间的关系或一组权利束。就此而论，"2007年通过物权法规定的国家所有权，在推动公共财产在从纯粹政治性所有制概念向现代法律意义上财产秩序的转变道路上迈出了重要一步"[②]。

---

① 对于财产的法律形式和权利属性的界定，马克思曾经做了相当形象的论说："'财产''lapropriété'这个一般的法律概念……"（《马克思恩格斯全集》第21卷，人民出版社2003年，第56页）
② 王楷：《德国法的经验对完善我国公共财产制度的启示》，《行政与法》2012年第3期。

（三）本质属性意义上的"关系"

从世界历史的角度来看，在马克思对"人对物的依赖的社会"即社会关系的物化批判理论看来，带有一定"资本属性"的市场经济使得人与人的社会关系物化，把人作为一物去占有，对物的权利就涉及一些人与人之间的关系，单纯的物权与人权纠结在一起。"有物权性质的对人权"，即"一种按物权方式构成的并被执行的对人权"，把一个人除了人身之外作为物来占有、奴役、使用、处置。当然，因为犯罪的缘故，某人被剥夺了一定时间的政治权利和人身权利，丧失了人格，在一种强力之下被迫劳动或者被迫创造不属于自身的财富。马克思曾经指出，"资本不是一种物，而是一种以物为媒介的人和人之间的社会关系"①。这昭示着我们，一方面，共同集体地占有公共财产，按照自然、偶然赋予的意志去使用、经营、收益，在此过程中，遵循可以调整所有人意志在行动上的关系的准则、乡约民俗或法律，即使得每个人在公共财产上的特殊占有成为可能。另一方面，在准公共财产经营过程中，在公共财产权利让出、抛弃、转移、受让过程中，人们获得一种或自由平等、或支配雇佣的对人权。借助于公共财产（公共产品、公共服务），实现了人与人之间的某种关系，即通过个人的自由意志，去规定另一个人的自由意志去作出某种行动的力量，占有另一人的积极的自由意志。以上所述"可感觉的有形占有"与"权利的理性占有"的乡村公共财产范畴界定，已经内在地昭示出乡村公共财产的关系性范畴：即以乡村公共财产为媒介的人与人之间或平等自由、或雇佣异化的一系列关系。从社会主义本质来看，乡村公共财产关涉到"四化转变"进程中的农民如何实现共建共治共享改革开放成果、在致富路上一个都不掉队，亦即关涉到人与人之间的公平共富关系。

相对于农民或家庭的私人财产、城市公共财产、国有财产而言，乡村公共财产（Public property of rural area）②主要是在农业生产合作化运动中产生，农村集体经济组织在各种形式的投资、投劳、馈赠拨款等过程中形成的，来源的多样性（从实然的角度来看，当下乡村公共财产来自全民所有性质的财产、集体经济成分的财产、市场性质的社会资本三部分，其

---

① 《马克思恩格斯全集》第23卷，人民出版社1972年版，第834页。
② 客观地看，当下农村公共财产相当大一部分是在人民公社化过程中，通过把农民个人所有的财产无偿组织到集体中来实现的。

中，制度内财政供给构成小部分，需求的个性化广泛化因素下，农民自费形式供给构成大部分，社会性财产供给几乎忽略不计；未来制度内公共财政拨付构成乡村公共财产的主要部分），公有范围相对狭窄，只涉及全体村民或部分村民利益，只属于农村集体经济组织全体成员集体所有的（公共）财产及财产权利。乡村公共财产在历史、政策和制度因素作用下，或发展壮大或弱化淡化；其具有保值增值、发展乡村集体经济、增进农民福利、促进乡村公共事业发展和为乡村居民提供公共产品、公共服务的功能；其具有非规范性、集体成员自然获得财产权、二元结构性和与政府关系不分性等特征。从能指范围上来看，乡村公共财产与农村集体财产大致吻合，本选题之所以采用乡村公共财产这一术语，主要是因为在价值诉求上期望打破城乡双轨制弊病，建构整个国家范围内统一的公共财政意义上的公共财产（如公共医疗、公共卫生、公共教育等），从而最终实现公共产品、公共服务的城乡一体化均衡配置。从历史发展趋势来看，随着市场化、工业化、城镇化、农业现代化的不断推进，随着城市和乡村二元制经济、双轨制安排的不断消除，乡村公共财产与城市公共财产之间的人为隔阂会不断消弭，变革乡村公共财产的封闭性、模糊性、不动性、有限性，最终形成全国统一的公共财产制度安排和"中性竞争"路径，在开放性、流动性、城市化、身份变换中，防范乡村公共财产的损蚀和依旧享有对乡村公共财产"可主张、可实现、可救济的实然性权利"[①]。

公共财产是一个历史范畴。作为以物为媒介的人与人之间的关系和一定社会历史发展阶段的产物的公共财产关系，不是永恒的和自然的，不是凝固不变的，而是具体的和历史的，是一个在不同社会历史条件下具有不同形态的范畴。在经济条件和经济关系的发展变化中，公共财产关系发生了原始部落公有制萌芽·小共同体财产公有制的发生·混合所有制的发展·现代私有制中虚假共同体和公共财产的解体等衍迁。"劳动主体所组成的共同体，以及以此共同体为基础的财产，归根到底归结为劳动主体的

[①] 余睿：《合法权利视角下的公共财产用益权探析》，《学术论坛》2015年第5期。乡村公共财产具有相当大程度上的模糊性：其一，集体成员的资格认定和受益问题上的模糊性。集体成员的身份是集体财产受益的基础，集体成员权利的综合就是集体成员的所有权。现实生活中，农村的婚嫁娶丧，以及农民子弟上大学之后农村身份归属的改变，导致了诸多集体财产纠纷问题。其二，集体财产的准全民所有制性质，使得农村公共财产在归属和利用问题上的模糊性。

生产力发展的一定阶段，而和该阶段相适应的是劳动主体相互间的一定关系和他们对自然界的一定关系。在某一定点之前——是再生产。再往后，就转化而为解体。"①

部落所有制即原始共产主义的共同财产是素朴的。文明形态的公共财产，发轫于春秋战国和古希腊罗马时期，"集体拥有财产的共产主义观念首先出现在古希腊"②。在柏拉图看来，之所以产生公域，是因为私域的匮乏和需求的产物："我们每个人为了各种需要，招来各种各样的人。由于需要许多东西，我们邀集许多人住在一起，作为伙伴和助手，这个公共住宅区，我们叫它作城邦。"③ 在城邦中，对于负责公共治理的"政治家和军人"，柏拉图主张"无产"原则，既没有自己的妻子儿女，也没有自己的私有财产，共享财产和膳宿。惟此，"公器"掌握者才能不杂私念，一心为公。这种共有的"共产主义"财产安排，不过是"理想篇"。就在此处，亚里士多德指出公共治理的悲剧："凡是属于多数人的公共事物常常是最少受人照顾的事物，人们关怀着自己的所有，而忽视公共的事物，对于公共的一切，他们至多只留心到其中对他个人多少有些相关的事物。"④ 在总体上，由于生产力的落后和财产的匮乏稀缺，在私有财产之外，前现代社会还存在着不定形的、不确定性的混合性财产，一种负有对贫困民众道义责任的介于私有、公有之间的二元财产。

近代以降，资产阶级登上历史舞台，效率成为人们索求的第一目标，负有道义责任的混合的、二元财产逐渐私有化，财产所有权扩张为财产垄断权，政府沦为财富的"守夜人"，国家法下降到与理性相抵触的私有财产立场。批判地扬弃重效率轻公平的资本主义私有财产理念，马克思提出共产主义公共财产的价值理念，"在协作和对土地及靠劳动本身生产的生产资料的共同占有的基础上，重新建立个人所有制"⑤，从而实现在一个集体的、以生产资料共有为基础的社会里，"除了个人的消费资料，没有任

---

① 《马克思恩格斯全集》第46卷上，人民出版社1979年版，第495页。
② Sargent L. T. (1998) 'Communism', in Routledge Encyclopedia of Philosophy, ed. E. Craig, London and New Yorh: 462-4.
③ [古希腊]柏拉图:《理想国》，郭斌和、张竹明译，商务印书馆1986年版，第58页。
④ [古希腊]亚里士多德:《政治学》，吴寿彭译，商务印书馆1983年版，第48页。
⑤ 《马克思恩格斯选集》第二卷，人民出版社1995年版，第269页。

何东西可以转为个人的财产。"①

三 不同视角下的乡村公共财产观

（一）在法权意义上，从属于"公有制"、"全民所有或集体所有"的公共财产

我国的公共财产主要划分为国家财产（国有财产、国营财产、全民所有制财产、公共所有财产）和集体财产②（公共所有财产）两大类，这种公共财产意识已经牢固镶嵌在立法者和人们的观念中。《刑法》第91条规定："本法所称公共财产，是指下列财产：（一）国有财产；（二）劳动群众集体所有的财产；（三）用于扶贫和其他公益事业的社会捐助或者专项基金的财产。在国家机关、国有公司、企业、集体企业和人民团体管理、使用或者运输中的私人财产，以公共财产论。"《宪法》第6条第1款规定："中华人民共和国的社会主义经济制度的基础是生产资料的社会主义公有制，即全民所有制和劳动群众集体所有制"；第12条规定："社会主义的公共财产神圣不可侵犯。国家保护社会主义的公共财产。禁止任何组织或者个人用任何手段侵占或者破坏国家的和集体的财产"。《宪法》第9条规定："矿藏、水流、森林、山岭、草原、荒地、滩涂等自然资源，都属于国家所有，即全民所有；由法律规定属于集体所有的森林和山岭、草原、荒地、滩涂除外。国家保障自然资源的合理利用，保护珍贵的动物和植物。禁止任何组织或者个人用任何手段侵占或者破坏自然资源。"《宪法》第10条规定："城市的土地属于国家所有。农村和城市郊区的土地，除由法律规定属于国家所有的以外，属于集体所有；宅基地和自留地、自留山，也属于集体所有。"

法权意义上的公共财产，实现了公共财产的定纷止争、息诉宁讼，为"统分结合"、"双层经营"的家庭联产承包责任制的稳定奠定了法制基础，昭示了我国乡村集体经济"社会主义"的意识形态属性。在知识经

---

① 《马克思恩格斯选集》第三卷，人民出版社1995年版，第304页。
② 集体财产主要有两种：在农村主要是指以一定的村、乡为基础，以土地、荒山、滩涂为主要财产，以全体村民或乡民为成员的经济合作体；在城镇主要是手工业、工商业改造而形成的，以互助合作劳动为纽带的、以在职职工为成员的劳动联合体即城镇集体企业（孟勤国：《物权法如何保护集体财产》，《法学》2006年第1期）。

济、信用财产时代,"流动性"视域中公共财产与私人财产之间的弹性互动(虽具有公共属性、但归私人所有的财产即私人所有公共财产)①,以及职能、用途或社会公共功能(公众使用功能、福利功能、财政功能、行政功能)意义上的公共财产属性,使得《刑法》界定的"公共财物"等法权规定要与时俱进,才能适应公共财产变革现实。

(二)在功能意义上,乡村公共财产可划分为准公共财产和纯公共财产

准公共财产,是指在所有权上属于公共所有,但是在职能属性上从属于一般竞争性、盈利性行业,因而不提供公共产品和公共服务,而提供私人产品的财产。农业科技教育、农村基础设施、农村电力等,在一定程度上存在着非共同消费、排他性、竞争性、运动性、增殖性、经营方式多样性等特点。一般来说,参与市场竞争,在一定程度上以市场盈利为目的的财产,都属于准公共财产的范畴。在一定语境下,出现了"拥挤效应"、"过度使用"现象的公共财产,都属于准公共财产的范畴。拥挤不堪的道路桥梁,大大阻滞着交通出行的便利;干旱季节的水库,无法承载和满足所有农户浇灌的需求;乡村企业更适合招募到德才兼备的"能人"手中,而不是交到庸者手中,才能创造出更多的财富。显而易见,对于在一定程度上存在着"非共同消费"、"排他性"、"竞争性"特性的准公共财产,无法实现共同消费和非排他性需要。

纯公共财产,是指在消费过程中具有充分的非竞争性、非排他性、收益的不可分割性,即专门用来生产具有外在性、市场失灵的公共产品和公共服务的财产②。一般来说,乡村环境保护、农业基础科学研究、全国性大江大河治理、社会秩序、国防外交、环境生态保护、卫生防疫、城市照明等都属于纯公共财产的范畴。水土流失等生态环境的优劣直接关联着每一个个体,蓝天白云对于每一个民众都具有同等感受和效用。既不会出现甲享受优美的环境、欣赏怡人的蓝天白云,就阻碍着其他人同等程度的、同等时间的、同等数量的享受和消费。由此可见,乡村纯公共财产具有无法依托市场实行最优供给、共同消费、非排他性、消费的非竞争性、非生

---

① 王海洋、朱未易:《私人所有公共财产标准的宪法分析》,《江海学刊》2018年第3期。
② 吕普生:《纯公共物品供给模式研究——以中国义务教育为例》,北京大学出版社2013年版,第34页。

产性、非营利性、使用目的服务性、消耗补偿非直接性等特性。

"'存在原因的公共性'和'存在目标的公共性'是二者之间最大的区别。"① 这一标准也可以看作是纯公共财产和准公共财产的分野。道路桥梁、祠堂牌坊、村落秩序等物品或服务以其内在的公共属性满足乡村全体或部分村民的需要,这是村民所应该享有的自然性财产权利。乡村森林、滩涂、集体土地等公共产品和公共服务中的公共性则是公共财产之所以能够存在的原因,这些人为规定的财产权利构成对公共自然性财产权利的支撑。

(三) 从存在形态来看,公共财产可分为有形公共财产和无形公共财产

有形公共财产主要是指公路、草场、森林、供水供电、通讯等基础设施,公有住宅、储备粮库等房屋建筑,军事设施、警察设施等各种国防建设,石油、天然气、风景区、海洋、滩涂等资源性财产,以及其他各种实物形态的财产。无形公共财产主要是指专利权、著作权、商标权,股票、债券等有价证券,附着其上的借租权、地役权、抵押权,烟草专卖权、公路桥梁收费权、矿产开采权等特许(经营)权,国家和集体投资所形成的企业产权、经营权等各种附着在物上的权利形态的财产。从发展趋势来看,公共财产逐渐呈现出无形财产有形化、不动财产动产化特点。

除此之外,还可以依据其他标准,对乡村公共财产进行不同界定和划分。根据产品的技术属性可以将乡村公共财产细分为三类:农村供水、供电、道路、通讯、文化场地、养老设施等基础设施、基础教育、金融体系、社会保障、医疗保健等资本密集型公共财产,预防病虫害、新品种试验和推广、农业技术培训等技术密集型公共财产,村民之间的生产互助、精神互助、生活互助、资金互助以及农村民主和自治活动等劳动密集型公共财产②。依据经营性标准,可以把乡村公共财产划分为生产性经营性公共财产和非生产性非经营性公共财产。生产性经营性公共财产主要侧重于直接服务于生产经营类公共财产,如生产营业用房、仓库、机械设备、电子设备、运输设备、工具等。非生产性非经营性公共财产主要指现实中为

---

① 吴凌畅:《从"公共财产"到"公共财产法"——以财税法学科研究定位为视角》,《财经法学》2017年第1期。

② 滕玉成、牟维伟:《农村社区建设和治理研究述评》,《东南学术》2010年第6期。

了满足集体经济组织成员物质文化生活福利需要的财产，如村部、幼儿园、卫生所、俱乐部、学校等乡村设施。依据资源型或创新型标准，可以把乡村公共财产划分为资源性公共财产和知识性公共财产。乡村资源性公共财产是指法律赋予集体所有的土地、荒地、滩涂、草原、森林、山岭、水面等天然形成并存在着的各种自然资源。知识性公共财产主要是指随着经济社会的发展，特别是信息时代和知识经济时代的到来，乡村集体经济不再局限于传统农业及其相关生产，而是呈现出多样化特点，专利权、商标权、著作权、土地使用权、商誉等逐渐纳入乡村公共财产的范畴，并且成为乡村公共财产中能够获得较高利润能力的部分。

第二节　乡村治理论[①]

一　治理

治理（Governance）发轫于拉丁文"引领导航（steering）"，原初含义为控制、支配、统治、管辖、操纵，意味着公共领域内发布命令、行使威权、达成共识之意。从这一意义上来看，治理等同于政府统治、管理、强制、命令。在20世纪80年代经济政治社会深入变迁之际，治理[②]内涵大为扩展，不仅包括政府机制，而且包括非正式的、非政府的机制，逐渐衍生出引导、协调、合作、信任、互动、整合、平行发展、规范等一系列新

---

① 多元治理主体的有机统一和良性互动形成的关键在于：有效回应和适应转型语境的要求，回应性和适应性地逐步调整权力、职能和责任结构，有效、合理界定各治理主体的权能配置界限（边界）。在市场化、工业化、城镇化、信息化进程中不断调整、演化和形成合理的权能、职能和责任的边界，建构乡村公共财产治理新常态。按照"市场失灵"、"政府失灵"、"经济理性人自利诉求的缺陷"科学认识，来转变乡村公共财产治理模式，按照有效治理乡村公共财产的适切性、科学性、合理性和有效性来进行。一元主导、多元并存，以一元行政治理整合和统领多元治理主体的治理结构和运行机制。

② 本书就是试图在治理理念、治理结构、治理主体、治理过程、治理方式、治理内容和治理环境方面做出比较的和历史的分析，进而阐述中国农村治理的意义、特征、困难和发展方向。乡村公共财产治理，就是乡村公共权威（政府、政党和民间机构）管理农村公共财产，增进农村公共财产公共利益的过程。纵观近代以降（清末民初以来），乡村公共财产治理始终不脱官方性质主导治理（政府推动和官主民辅）窠臼。

涵义，成为一个有别于统治管理①、极具包容性的新范畴。从治理的"衍生含义"来看，强调的是建立在信任与互利基础之上并被多数人接受，虽未得到授权、未必出自正式规定的职责、也未必依靠强制力量来落实，一系列重视市场的激励机制与政府的宏观调控机制、政府与民间、公共部门与私人部门之间的合作互动，强调效率、法治、责任的公共服务体系，因而能在公共活动领域里有效发挥作用的管理机制或规则体系②。质言之，治理就是在参与公共事务管理活动中，拒绝凌驾于法律和众意之上的全能权威，主张分散的、独立的、有限的规则制定权和执行权，即调和均衡公共事务和公共权益的各种方式的总和③。

"当代中国乡村治理研究的兴起，与人民公社解体和村民自治的推行有关。"④ 乡镇行政主导、村民自治的"乡政村治"，基本适应家庭联产承包责任制，有效调动了农民生产积极性，促进了乡村经济发展秩序安定社会进步。但时至今日，"乡政村治"治理模式运行40年，乡村公共治理不合时宜渐显、失序失范现象渐生，明显滞后于市场化经济体制改革进程。"实行联产承包责任制后，农村集体资产管理体制发生了深刻的变化，虽然土地这一主要生产资料仍然是集体所有，但是都已经承包到家庭，而且长期稳定不变。联产承包责任制使个体经济利益意识增强了，而集体层次又缺乏适应市场机制要求的，新的资产管理机构负责资产管理与运营，只好由经济功能、政治功能和文化功能等相统一的行政力量代为行使，其结果是集体资产运营管理过程中的'缺位'和'错位'同时存在。"⑤ 公共财产供给上的"非竞争性"、消费上的"非排他性"和监督上的"所有权

---

① 正如俞可平所指出的，"治理虽然需要权威，但这个权威并非一定是政府机关，而统治的权威则必定是政府。统治的主题一定是社会的公共机构，而治理的主体既可以是公共机构，也可以是私人机构，还可以是公共机构和私人机构的组合。治理是政治国家与公民社会的合作、政府与非政府的合作、公共机构与私人机构的合作。"（俞可平：《治理和善治：一种新的政治分析框架》，《新华文摘》2001年第12期）
② ［美］罗西瑙主编：《没有政府的治理》，江西人民出版社2001年版，第5页；［英］罗伯特·罗茨：《新的治理》，载俞可平主编的《治理与善治》，北京：社会科学文献出版社2000年版，第86—106页。
③ 孙柏瑛：《当代地方治理——面向21世纪的挑战》，中国人民大学出版社2004年版，第18—23页。
④ 贺雪峰、董磊明、陈柏峰：《乡村治理研究的现状与前瞻》，《学习与实践》2007年第8期。
⑤ 丁学东主编：《公共财产管理》，中国财政经济出版社2000年版，第24页。

乡村公共财产治理的变迁逻辑与方法论自觉

虚置"①，在乡村公共财产占用、处分、受益中，既存在着"过度使用"、"资源浪费"等侵蚀风险，又面临着变幻莫测的"市场风险"、代理人群体的"道德风险"、主体信息不完全等损害损毁吞噬风险，使得公共财产供给上的"搭便车"行径、占用上的"公地悲剧"、管控上的"无能为力"乱象丛生。"无法运用排他性原则，会给个人的不合作行为提供一种激励"、"排他的不可能性提出了纯粹自愿提供某种公共物品方案可能会崩溃的问题"②。处于从传统"熟人社会"到现代"陌生人社会"的乡村小共同体，流动性的增强、乡村公共财产受益身份的易于流失、乡村小共同体缺失了家庭式利益攸关者的一致性和大共同体的制度明晰性等特性，加深了乡村公共财产有效供给和理性消费的治理重任③。

在新时代，"人民对美好生活的向往与乡村公共财产不充分不平衡发展"的问题凸现出来。在民众对公共产品、公共服务需求不断呈现出利益多元、价值多样、诉求个性化多变的语境下，人们的权利意识、主体意识、参与意识、个性化差异化需求日益增强，传统"自上而下"的计划经济思维无法满足民众这一需求变迁，市场化"逐利"意识也不能达致利益均衡化，不同利益主体之间在博弈、妥协、协调中才能达致平衡，这就使得"一元"单边行政治理的集中、计划、标准、程式化、模式化管制不合时宜，一元单边的市场化效率化逐利模式加剧对立、冲突、矛盾，不同的、多样化的、合作性的、平行发展的、自上而下与自下而上相结合的多元化治理应运而生。"治理"理念要求不同公共财产对应不同治理主体，多个治理主体平等参与、良性互动、协商共治、共享认同，从"公共财产·公共供给"对接视域出发，使得公共服务、公共产品更多和更好地满足民众对美好生活的追求。

由上可见，公共治理理念之所以在 20 世纪 90 年代勃然兴起，就在于治理有别于统治管理，超越了一元行政治理和支配，是对政府失灵的一种

---

① 如果从严格意义上界定，非竞争性非排他性公共财产主要是指纯公共财产；存在竞争性排他性的主要是指准公共财产。
② [英] 丹尼斯·C. 缪勒:《公共选择》，韩旭、杨春学译，中国社会科学出版社 1999 年版，第 16 页。
③ 乡村公共财产治理不仅仅涉及农村公共财产的供给和消费，而且涉及一系列治理行为，如对财产做相应物理上的改变、对财产做用途（功能）上的改变、私人财产转变为公共财产、作为物的公共财产转化为作为权利的公共财产（不动产动产化）等。为了行文需要，笔者重点论述有效供给和理性消费两方面内容。

及时回应,"管理的运行机制是单向的、强制的、刚性的,而治理的运行机制是双向的、协同的、柔性的。"① 1998 年"乡村治理"术语甫一问世,便得到学界的特别关注。在西方 20 世纪 90 年代,治理理念是对里根、撒切尔强力推行新自由主义、一元市场失灵(私有化)的一种警惕和理性回应。由上可见,治理源于有序、良性互动,重在行政力量、社会力量、自主力量三者之间的多元协同、有效合作与良性互动②,从而兼顾个体利益、集体利益、国家长远利益,实现三者共赢、均衡博弈。

在全面深化改革的中国特色社会主义新时代,乡村公共治理的 2.0 版亟待升级为 3.0 版,以便符合乡村社会发展规律和适应乡村公共财产实际需要。"市场在资源配置中起决定性作用与更好发挥政府作用"(党的十八届三中全会决议)、"建立健全党委领导、政府负责、社会协同、公众参与、法治保障、科技支撑的现代乡村社会治理体制,……健全党组织领导的自治、法治、德治相结合的乡村治理体系,构建共建共治共享的社会治理格局,走中国特色社会主义乡村善治之路"(2019 年 6 月 23 日中共中央办公厅、国务院办公厅《关于加强和改进乡村治理的指导意见》)的原则性规定,指明了乡村公共治理的方向,揭示了乡镇行政主导治理、市场参与治理、乡村自主治理三者之间的合作、协同、有序、多元的辩证关系。鉴此,在市场经济体制的深入发展、个人利益意识的觉醒、经济转型社会转轨之际,一是变革乡村公共财产治理中"基层权力嵌套关系"③,实现权界清晰,防范行政权力的"越位""错位""不到位"现象;防范自治主体权力"僭越""缺位""乱位"现象,社会参与权力"缺位""不到位"现象,从而使得多元治理主体能够积极参与到乡村公共财产治理中。二是实现乡村公共财产治理客体的规范化和权界清晰,从而使得不同类型的乡村公共财产能够对应不同的治理主体。三是治理规则的透明化、有序化,从而使得乡村公共财产"良法善治"具有现实可能性④,正当其时。

---

① 宋煜萍:《公众参与社会治理:基础、障碍与对策》,《哲学研究》2014 年第 12 期。
② 乡村实践中摸索探寻出来、写入党的十五大和十六大报告中的"民主选举、民主决策、民主管理、民主监督"四大民主机制(程序)、"多元互动、民主合作"治理规范(内容)、"自我管理、自我教育、自我服务"、"自主决定、自主管理、自主处置"。
③ 崔浩、李继刚、黄红华等:《浙江农村公共产品供给与治理研究》,光明日报出版社 2008 年版,第 197 页。
④ 这部分内容主要见第六章。

二　多元化治理[①]

古今中外，"任何时候，只要许多个人共同使用一种稀缺资源，便会发生环境的退化、资源的浪费和过度使用，导致公共财产被不计后果的使用"[②]，这就是所谓的"公地悲剧"，即在产权主体虚置语境下，公共财产总是或多或少存在着搭便车、外部性内在化、逃避责任、机会主义行为诱惑等公共治理失序失范失灵现象。在乡村公共治理上，存在三种"失灵"情形：一是一元化行政治理失灵，二是一元化市场治理失灵，三是一元化精英治理（能人治理）失灵。鉴此，惟有治理体系和治理能力现代化的乡村治理体制和善治之路，才能有效应对种种失灵现象。

公共治理主体多元化是一个历史进程。治理模式上的变迁主要体现在计划时代"全能型政府"到改革时代"主导型政府"的变革，传统单向度的自上而下的全能政府让渡部分行政主导权力，社会、市场、民众能够或合作或竞争地参与公共治理，从而形成公共治理多元伙伴关系。在新时代中国特色社会主义语境下，乡村公共财产日益多样化、复杂化，因而其治理需要自上而下的行政主体治理、自下而上的村民自主治理、平行的社会参与治理的多中心治理机制，进而对不同治理主体进行合理分工与定位，践行不同类型乡村公共财产适用不同治理原则（如准公共财产主要对应市场主体、纯公共财产主要对应村民主体等），最终形成治理主体多元化和多元治理主体之间的良性互动、有效治理。与此同时，市场化对要素自由流动、平等交换的诉求也昭示着我们：作为中国特色社会主义市场经济体制有机组成部分的乡村公共财产的有效治理与有序运行，也须遵循市场化的内在机理。换言之，乡村公共财产的治理应是政府与私营部门、第三部门和村民个人之间多向度的自上而下与自下而上的互动、合作、协商，以实现乡村公共财产的利益最大化和服务更有效。

（一）行政主导治理："掌舵者、服务者"

乡村公共治理主体多元化，不是否定行政治理的主导作用，不是否定

[①] 鉴于相关章节对"公共治理的变迁与重构"有着详细的专述，故笔者在此只是大致勾勒出公共治理多元化的轮廓。
[②] [美] 埃莉诺·奥斯特罗姆：《公共事物的治理之道——集体行动的演进》，上海译文出版社2012年版，第2—3页。

行政治理对乡村公共财产组织、调控与管理的重要作用，而是强调政府更新观念、转变职能，在政府力量的推动下实现各治理主体的不断成熟化，从而更好地发挥政府作用。随着权利意识、价值意识、自我意识、参与意识的苏醒与复归，在行政与乡村公共财产关系上，向适时实现从"全能型"到"掌舵者"、"管理者"到"服务者"的转型。一句话，"权为民所用、情为民所系、利为民所谋"的使命担当为民主张，决定了行政治理"掌舵者、服务者"的角色方位。

中国共产党的领导构成新时代中国特色社会主义的最本质特征。乡村公共治理亦然，"在现实中，地方政府仍然是不可替代的核心主体，其他地方治理主体仍然处于要权与放权的博弈进程之中，更多的是从政府到社会的单向度的、可逆的权力运行过程。"[①] 但是，改革开放40多年来，乡村公共治理中不断出现行政治理淡化、弱化、虚化、边缘化现象。有鉴于此，政策决策层提出"党委领导，政府负责"的掌舵者方位，不是强调行政治理的事无巨细、大包大揽、细枝末节的管理，而是强调行政治理的重点在于规则的制定者和执行者、秩序的维系者、多元治理主体的培育者、公共财产资金的主要供给者。在开放性、市场化、全球化语境下，财产制度供给（安排）、承诺、监督，如宪法、民法、刑法和涉农的一号文件等更多是作为制度内行政力量的产物。作为公共利益代表的政府，凭借其得天独厚的国家机器优势和强大强制性权力，通过一系列行政、经济、法律和计划方式，如制定和执行有关法律法规和政策，提供资金投入、金融、财政，激励和约束着从事乡村公共财产管理者、村民和社会资本参与力量的治理行为。作为众意和公益的代表，政府履行规则的制定者、执行者、最终裁判者角色，实现静态意义上乡村公共财产的"定纷止争"、动态意义上乡村公共财产的"物尽其用"、公共财产请求权主张权收益权转让权的"公平正义"，这构成了乡村公共财产行政主导治理的基础和前提。

在农村税费改革、农业税取消、2000多年的"皇粮国税"成为历史之际，"更少的管理，更多的治理"理念兴起，基层行政随之发生从"一元行政治理"到"多元治理"、"管理者"到"服务者"的变迁，赋予"为人民服务"新内涵。"根据资源有限性和稀缺性属性，政府不可能单

---

① 孙广厦：《地方治理主体的良性互动关系建构》，《人民论坛》2010年第11期。

独、及时、优质、高效满足全方位、多层次、动态性的公共需求,这就要求政府组织和非政府组织有必要根据需求状况,整合资源,通力协作,从而更好地提供公共产品和公共服务。"① 换言之,以公共权力为依托、公有制经济为主导的行政权力,作为公共财产的主要供给者和管理者,以有效的科学理论和充分完全信息为基础,以资源有效配置和顺利运作为手段,以最大限度满足公众需要、增进公共利益为旨归。行政治理承担着乡村公共财产制度内供给、管理、监督等一系列主要责任,在乡村基础性义务教育、社会秩序的维系、社会保障、新农村建设、农民工的培训等与农业农村农民息息相关的诸多方面(特别是纯公共财产)起着决定性主导作用。当代中国乡村公共财产的有效治理,离不开"党委领导,政府负责"的行政治理主导下多元治理良性互动:扶持和培育参与乡村公共财产治理的其他合法主体,积极协调变革乡村公共财产制度,创设多方参与乡村公共财产有效治理的平台(合作共赢)、多层次、多方面、多机制的治理主体,达成乡村公共财产有效治理的目标。

(二)市场化参与治理

众所周知,作为一种资源配置方式的市场经济,内蕴着所有权、自由、平等、契约、信用的伦理内涵,因而能够实现资源的有效配置,推动经济的快速发展。但与此同时,市场经济也是一个历史范畴,其最终确立是同资本主义社会经济形态的演变发展息息相关②。"在研究资本时重要的是要牢牢地记住:作为我们出发点的唯一前提,即唯一的材料,是商品流通和货币流通,是商品和货币"③。之所以商品成为研究资本的逻辑起点,商品流通(在一定意义上可以说,市场经济是商品流通经济的"扩大化")成为揭示资本运行规律的内在逻辑线索,就在于市场经济及其要素的资本属性。这就使得市场经济打上了深深的"资本"烙印,带有资本的逐利属性。既然市场经济及其构成要素内含着资本的属性,因此在其发挥

---

① 阮君华、张文江:《对多中心治理结构的指向、主体、原则、模型研究》,《生产力研究》2011年第12期。
② "市场经济的形成是以工业革命、资本主义自由贸易制度和工厂制度的建立,以及由此开始的社会化大生产特别是生产的国际化和世界化,地域性、民族性历史向世界历史的转变为前提的。"(刘长军:《中国特色社会主义发展和驾驭市场经济的前提性审视》,《毛泽东邓小平理论研究》2014年第10期)
③ 《马克思恩格斯全集》第47卷,人民出版社1979年版,第31页。

第五章 乡村公共财产治理的内在逻辑与方法论自觉

资源配置功能之时，也是其内在弊病暴露之日。对于中国特色社会主义来说，在发展市场经济的过程中，面对一系列虚假市场行为或非市场经济行为，我们既要利用市场配置资源的优势，也要警惕作为市场经济主要弊病的"拜物教"[①]以及由此引致的逐利行为，会滋生并渗透到社会生活的各个领域，并造成严重的社会负面效应，建构"驾驭资本逻辑"的中国特色社会主义道路，合理界定市场化的内在机理和功效。

有鉴于此，在乡村公共财产治理上，既要汲取市场化的积极作用，把市场化参与治理限定在准公共财产范畴。作为最优资源配置方式的市场化参与治理下，充足的资金、先进的管理理念与管理技术，新颖的产品组织、开发、盈利水平与能力，社会资本的有效参与，强大的市场拓展能力，专业化人才和专业化市场营销，能够实现财产的最大化产出。就此而论，准公共财产的经营、处置、收益和有效率的治理，更适合市场化运作，以企业作为开发经营与管理的主体。对于具有可分性、稀缺性从而与私益物品关切度较大的准公共物品的占用和处分来说，把获取乡村公共财产资源系统的产出的权利（当然是部分的权利，特别是使用权和承包权，而不是根本性的所有权）排他性地分配给某个人或某个企业，从而更有效率地实现乡村公共财产资源的有效产出。

与此同时，在乡村市场化治理实践中，我们要防范"乡村公共财产过度市场化乃至变相私有化"和"乡村纯公共财产的市场化"以及由此而来的负面效应问题。非排他性、非竞争性的纯公共财产不论，对于过度市场化乃至变相私有化来说，准公共财产的准公共资源的私有化方式既导致了乡村公平问题和社会利益对立冲突问题，也导致了乡村准公共财产的不可持续性和不能长期性问题的凸显。准公共资源的私有化方式没有按照谁投资谁受益的公平原则，势必导致乡村利益失衡，进而导致利益分化和社会矛盾问题。同时，"没有公正、有序和有效分配资源单位的方法，当地占

---

① 马克思深刻指出，"劳动产品一旦作为商品来生产，就带上拜物教性质"（《马克思恩格斯文集》第五卷，人民出版社2009年版，第90页）。既然市场经济的形成和最终确立与资本因素息息相关，既然市场经济就是市场把劳动、技术、信息纳入财产范畴和交易范畴，就是市场全面渗透和介入财产的运行过程，那么在市场经济中，在劳动产品转化为商品的市场经济中，就一定有商品拜物教生长的土壤和存在的基础。显而易见，从以往市场经济发展实践来看，市场经济中的拜物教现象一览无余。

用者就几乎不会有为继续提供资源系统作有贡献的动机。"① 在乡村准公共财产的私有化处置方式中，私人占用者在担心私权随意改变的顾忌下，也没有心思维护公共资源的维修问题，没有心思花费时间和材料及时修复、长期维护资源系统任务（修理破损的公共产品和公共服务设施），相关利益关系人或权利人没有照顾准公共资源的长久、稳定提供问题，从而导致准公共财产的过度占用和损毁。

（三）乡村自主治理②

在价值多元、利益分化的市场化语境下，"当许多人有着共同的或集体的利益时——当他们共有一个目的或目标时——个人的无组织行动或者根本不能促进共同利益，或者不能充分促进共同利益"③，集体共同利益难以规避搭便车、机会主义行为。在乡村公共财产占用中，部分人存在搭便车和投机行为，存在着过度开采、化公为私、损毁破坏、无效占用等不可持续性经济行为，听任其经济上的自利行为，放纵其何时、何地、以何种方式随意占用，乡村公共财产就将遭到"杀鸡取卵"、"竭泽而渔"式毁灭性后果，无法保障农村准公共财产投入中的劳动、物资或资金问题，资源单位将会以不可预测和无效的方式分配，冲突水平会大大上升，资源系统本身也将不会持续下去。乡村公共财产的有效自主治理问题凸显出来。

在乡村公共财产的自主治理上，存在着利用外来因素实行自主治理和利用内生性因素实行自主治理的两个方面及其有机结合问题。从外来因素的角度来说，中国广大乡村疆域辽阔、发展不充分不均衡、各地情况复杂、不确定性差异性因素，使得整齐划一的集中、统一、规范化乡村公共行政治理模式，在实际操作中大打折扣。在熟人社会的乡村小共同体到陌生人社会的大共同体转变进程中，全国统一的治理规则制度（特别是操作层面的规则）与乡村小共同体的"乡规民约"之间存在着一定的差异性和不统一性。外在的操作规则，借助于熟人关系网络，不断修订、反复调试，达致外来治理规则与内在乡规民约的契合点，以便更好地适应一乡一

---

① [美]埃莉诺·奥斯特罗姆：《公共事物的治理之道——集体行动的演进》，上海译文出版社2012年版，第39—40页。
② 毋庸置疑，理论上村民才是农村公共财产的真正股东，但在实践中村民委托给代理机构。由此，要把顶层设计和基层创举、群众创新结合起来。赋予民众以越来越多的参与行政治理的权利，促进行政机关的回应性，使得"公议"成为行政治理的有机部分。
③ [美]曼瑟尔·奥尔森：《集体行动的逻辑》，上海人民出版社2003年版，第73页。

村的特性。当然,在治理机制安排上,在实际场景中,当事人可能高估或低估公共财产的盈利能力、他们自己的监督制度可能会出现故障、外来的执行人在实现承诺将按某种方式行事后又不能履行承诺等,外来规则远非一次性合约实施上,需要反复调整修订,这就使得外在规则制度的变迁成本可能会保持在一个相对较高的水平。当然也存在着外部变化迅速影响一个群体的可能性,从而给了他们一个短暂的调整内部结构的机会,以避免最次的结局。人们认为他们自己不能或无力改变这种局面,那么他们就不会关注或无力关注。种种情形,使得外来制度性因素与乡村公共财产匹配兼容适合上,需要一次次不断调适,才能规避乡村公共治理的失效失序失范现象。

从内生性因素来看,"熟人社会"畅通的利益表达、便捷的需求信息传递、低廉的监督成本、易于监督的熟人社会关系网络,乡村公共财产的使用者和受益人相互协商、达成各种协议、执行机制。在建基于"个人在分析和理解复杂环境的结构上具有的能力是非常类似的和有限的"[1] 集体行动的逻辑下,村民能够自愿地组织起来,在向所有的合伙人分散成本和受益后,他们形成了一套内部的治理机制和规则,建构了自主组织的群体来监督和执行合约的内在规章制度(传统小共同体的乡规民约和借鉴外来的法律规章制度),对自主谈判达成的合约加以监督和强制执行的可靠的明规则和隐规则,实现了自主组织集体活动,以保持自己努力所形成的剩余。从自主治理公共财产的实际可能性来说,具有不同经济价值的乡村公共财产(公共资源的盈利化、商品化运行)需要大量的实际经验才能被察知。如果没有村民提供的、相当长的一段时空的具体信息,限制各种私人的过度开发行为(减少使用者群体的共同利益)和公共财产悲剧的制度安排,处置公共财产的规则的设计和修订,公共财产规则的执行和监督都是由当事人自己进行的。行政管理机构是不可能制定出这样一套行之有效、运行有序的规则的。

综上所述,在经济转型、社会转轨的当下,有效的乡村公共治理不是垂直的"科层制"和简单刚性命令化,也不是私有化市场化"营利性治理",也不是带有强烈"人治色彩"的能人型治理,而是形塑治理方式的

---

[1] [美] 埃莉诺·奥斯特罗姆:《公共事物的治理之道——集体行动的演进》,上海译文出版社2012年版,第32页。

民主化、多样化，治理内容的多元互动、良性合作、协商民主。在充分利用乡村"熟人社会"便利，激活乡村内部力量在公共财产供给、社会秩序维系、冲突矛盾化解等方面的基础性作用；充分发挥政府"行政权威、集中力量办大事"便利；充分利用"市场化"高效资源配置方式，社会资本参与治理，政府、市场社会、乡村民众三者相互协作、互补、互动中的乡村公共财产的有效治理。

三 治理客体的规范化

乡村公共治理客体的规范化，主要是指从适应"治理主体多元化"的角度出发，整体规范公共财产的性质、属性、尺度、内容、功能，以便保持乡村公共财产的"社会主义"意识形态属性，保障乡村公共财产的"保值增值"和"提供更多更好的公共产品和公共服务"功能。由此可见，治理主体的多元化与治理客体的规范化是相辅相成的。

（一）乡村公共财产的"险"、"财"二重性及其时代诉求

从世界历史的角度来看，前现代社会财产多属于二元的、不完全的公私混合物，"既不是绝对私人的，也不是绝对公共的，而是我们在中世纪一切法规中所得到的那种私权和公权的混合物。"① 在马克思看来，自然界存在着根深叶茂的枝干和枯树枝两种财产。这种混合性财产权利负有"维护占有者的利益"和"非占有者的道义责任"双重属性：枝繁叶茂的有机树木本身属于林木占有者，而枯树枝和树下菌类的捡拾权利则并不专属于其所有者，而属于贫困民众的习惯权利；寺庙的财产还带有抚恤性质，需要不定时的施舍给贫困民众等。如果说自然界的有机财富是早已肯定的所有者的财物，那么枯树枝、收割后落地的麦穗、修道院的援助等自然界的贫穷，就是专属于贫民的自然权利或习惯权利，其合法性来源于自然的人道主义与人道的自然主义，是遵从财产本质、事物本性所做出的判决；如果说砍伐树木是侵蚀所有者的不法行为，那么现代"启蒙立法"或"自由立法"禁止民众捡拾枯树枝，从而把这种混合的、二元的、不定形的财产转化为绝对的私有财产时，就取消了这些混合财产对贫民所担负的责任，侵害了贫民的利益。换言之，在传统社会向现代市场社会转型进程中，为

---

① 《马克思恩格斯全集》第 1 卷，人民出版社 1956 年版，第 145 页。

第五章 乡村公共财产治理的内在逻辑与方法论自觉

效率计，公私混合性财产权利面临着确权划界问题，即在不定型财产或不确定性财产清晰化的过程中，排除财产的不完备性尤其是公有财产、混合财产或公共财产收益归属不清晰问题，从而实现经济效率最大化的财产权利安排。这一公私混合或共有财产私有化，是通过把旧有习惯权利转化为私有者权利，通过排除公共财产所承载的道义责任的方式实现的。当然，这一进程也带有马克思所批判过的负面效应：现代"开明立法"的实质是财产私有化问题，以致既引致了农民的贫困，又带来严重的人道灾难，人们被"抛入犯罪、耻辱和贫困的地狱"①，这就使得法律降低到私人利益水平，成为剥夺人们财产的手段和制造人道灾难的根源。虽然，马克思"自然人道"财产法权思想的初衷，在于批判普鲁士市场化初期"启蒙立法"所人为形塑的财产垄断权与一无所有的贫民之间的矛盾悖论，但其内在精髓无疑有助于在世界历史意义上市场化转型初期的国家平等保障贫民的习惯权利和占有者的私人财产权利，既防止贫民捡拾枯树枝、捡拾收割后落地的麦穗、享受附着于混合公共物等习惯权利受到侵蚀，也防止砍伐树木等侵害所有者财产权利的事件发生。

从性质上来看，当代中国乡村公共财产也属于二元的、不完全的公私混合物，也担负着"险财"二重责任。如果说土地、草原、森林等准公共财产更多地负有"财"的责任，赋予了"保值增值"和"提供更多更好的公共物品"功能，那么乡村教育、道路、医疗、卫生等纯公共财产更多地负有"险"的责任，负有保持乡村公共财产的"社会主义"意识形态属性，负有社会保障功能和"共同富裕"、"致富路上一个都不掉队"的社会道义责任。"险财"二重性作用的效果，构成评判乡村公共财产市场化改革进程中成功与否的尺度。从"险"的角度来看，乡村65岁以上老人，国家每月发放60—100元养老金（至于乡村地方的补助，只能依赖乡村经济发达度）。显然，在物价飞涨的现时代，这属于杯水车薪。从"财"、"险"辩证关系的角度来看，"财"保障"险"、"险"来自于"财"。在未来相当长的一段时间内，囿于我国经济现实和制度内财政供给不足，乡村公共产品和公共服务主要源自于制度外供给。以下笔者主要以准公共财产为典型范例，探讨效率视域中的乡村公共财产治理的客体规范化问题，研讨乡村准公共财产的性质、归属的清晰性问题。相对来说，明媚的阳光

---

① 《马克思恩格斯全集》第1卷，人民出版社1956年版，第137页。

和新鲜的空气，且不论其取之不尽用之不竭特性，并不在我们讨论范围内。但是，土地、草场、山岭等稀缺性财产，往往会存在一定竞争性、营利性、非排他性，甚至因"拥挤效应""过度使用""资源浪费"导致其损毁、不可持续性。

《物权法》规定"所有权人对自己的不动产或者动产，依法享有占有、使用、收益和处分的权利。"这说明一份完整的财产权利包括所有权、使用权、收益权和处分权四项权能，财产权利的完整与否主要通过排他性和自由转让性来衡量。乡村土地所有权归属于集体，其变更用途的权利归属于国家（农地转变为建设用地需要国家部门批准或转为全民所有制土地），其承包权归属于村民。显然，乡村土地带有准全民所有制、集体所有制、家户承包使用权三重性。乡村土地"三重性"设置、法律所有权同经济使用权的两权分离，从理论上说，其本意是保障社会主义性质的公有财产所有制，从而在减少改革阻力的前提下，更好地展开改革的产物。在历史唯物主义视野中，"使任何生产工具都不再成为私人的财产。……一切生产资料都应该公有化，以便保证每个人都既有权利，又有可能来使用自己的劳动力。"[①] 私有财产转化为社会财产，"这种财产不再是各个互相分离的生产者的私有财产，而是联合起来的生产者的财产，即直接的社会财产"[②]。实践上看，也确实达到了"不争论"的目的，有利于80年代中国改革开放的迅速展开，规避了如同《物权法》出台前后的"违宪"风波争论[③]。"由于土地承包制只赋予农民对土地的排他的使用权和收益的独享权，而没有自由的转让权，因此，中国的土地产权是残缺的。"[④] 就此而论，乡村土地产权是不完整的、残缺的。但时至今日，在市场化进程中，乡村土地等公共财产的所有权虚化、承包权实化、使用权流动化的乱象，以及乡村小产权房、土地流转、乡村土地建设化用地问题，昭示着乡村公共财产性质和归属清晰的重要性。显然，乡村土地权利的模糊性损害了乡

[①] 《马克思恩格斯全集》第16卷，人民出版社1964年版，第652页。

[②] 《马克思恩格斯全集》第25卷，人民出版社1974年版，第494页。

[③] 《物权法》的出台前后学界的强烈关注、质疑和争论：有学者主张赋予私有财产以神圣不可侵犯的地位，从而具有与公有财产同样地位，以有利于财产交易的顺利进行；有学者依据马克思对私有财产持强烈批判态度，以及以公有制为基础的我国经济基础，认为《物权法》对私有财产与公有财产同等程度的保护，具有违宪的嫌疑。作为上层建筑的法律实质上就是经济现实的反映。

[④] 陈世伟：《土地流转背景下的村社治理研究》，中国社会科学出版社2012年版，第5页。

村公共财产的稳定预期，难以实现产权的激励和约束机制，难以实现资源优化配置，进而难以防范其内在价值的损毁与实现其社会价值的增值，制约了市场经济的全面深入推进。

由上可见，市场化进程中财产权利的清晰界定，有助于静态意义上"定纷止争"、息诉平讼，有助于动态意义上取得、用益、处分的权界清晰和"物尽其用"。乡村公共财产与私有财产之间的边界，如道路宽窄度，长期以来只是一个模糊的界限，在乡村房屋修建和土地耕种过程中，随意侵占现象严重；再如水库，在淤泥堆积的自然因素和栽植树木的人为因素综合作用下，库容不断缩小甚至干涸。显然，明确公共财产的治理主体，分配和界定权限，出台限制占用和强制供应等治理规则，进而具体细化占用的时间、地点、程度、数量等等，构成乡村公共财产有效治理的前提和基础。反之，公共财产的边界不清晰，公共财产的使用权、处分权、收益权不确定，没人知道治理什么和为谁治理。不能限制利益无关"外来者"进入，准公共财产的经营者就不能"投有所获"、投资和预期收益不成正比，可能的租金散失。权界不清，不能阻止"搭便车"行径，公共财产使用者经营者会过度使用、无限索取，就会损耗公共财产的存续性，甚至会毁掉公共财产本身。凡此种种，就会形成公共财产权利"虚置""公地悲剧""囚徒困境"等恶性后果。就此而论，乡村公共财产产权的完备性、性质和归属的清晰性问题意义重大，有助于降低交易成本，在成本——收益考量中规避经济发展的利益纠葛问题，提高经济效益。反之，财产权利残缺，利益主体虚化，财产性质和归属模糊，难以有效防范利益对立冲突，难以规避产权主体缺失下的"公地悲剧"。

(二) 城乡一体化进程中的乡村公共财产方位

改革开放前，乡村公共财产具有两个基本特征：一是实行集体经济；二是实行计划经济。一方面，农村公共财产归属于农村集体所有，集体共同生产共同经营；另一方面，在计划经济体制下，农村公共财产也是整个国民经济的一部分，农村公共财产的生产、分配、交换和消费都纳入到国民经济发展轨道中，并受到国家计划的严格控制，农村集体组织没有自主权。在否定自由流动和平等交换的计划经济体制下，农村公共财产的治理呈现出鲜明的单向性和封闭性——主要按照国家和计划指令，行政权力决定其经济活动边界和资源配置。

20世纪80年代改革伊始，肇始于家庭联产承包责任制深化于以市场化为导向的改革开放，一定程度上开始承认并赋予农民集体土地的承包经营权、使用权、占有权、受益权和经营自主权，进而允许对部分公有土地，如荒山、荒坡、荒水、荒滩的拍卖以及承包经营权的流转。这些措施改变了传统集中经营、统一劳动、平均分配的经营管理模式。特别是随着我国改革的深入，我国从计划经济走向市场经济，从城乡二元走向城乡一体化，农民不断从土地、农业和乡村社会中解放出来，走向工业、商业，走向城镇以及海外，由此激发并形成了一波波工业化、市场化、城镇化、农业现代化、国际化的浪潮。在此进程中，农村经济日益多元化、多样化和复杂化，乡村公共财产的流动性和交易量也大增。

但是，我们不能不看到，以市场化为取向的改革重任还在路上，在市场化、工业化、信息化和城镇化的转型语境中，乡村公共财产的模糊定性、"二国营"身份、传统行政干预和管制、城乡二元体制下乡村公共财产的市场化自由流动性和平等交易性问题并没有获得根本性改观，与市场化对要素自由流动、平等交换的诉求，城镇化对资源价值的扩展，工业化对规模经营的要求相背离，也与主要为农村提供公共产品和公共服务原则相背离，还在某种程度上加深城乡收入差距，因而乡村公共财产必须转换治理思维、改善治理方式、改进治理模式。从宏观上看，长期以来，我国在组织与管理体制上实行城乡二元制，虽然改革以来不断打破二元机构，但迄今城乡之间在产权问题上的二元体制依然延续，其非规范性、集体成员自然获得财产权、二元结构性和与政府关系不分性等特征，不仅农村集体组织有别于国营组织，农村公共财产（如土地、房屋）难以直接进入市场化，城市资本也难以下乡，包括农村公共财产的封闭性在内的城乡双向的封闭性依然存在。从微观上看，大多数乡村社区合作经济组织与村党支部、村民委员会村两委实行"多块牌子，一班人马，交叉任职"。从实践维度来看，基于农村土地等公共财产的集体所有及承包关系，农民归属于一定的集体，获得相应的村籍，享有相应的权利。村两委也是在这种集体范围内组建起来的。农村土地等公共财产产权边界也是村民、村庄及村组织的边界，也是他们集体成员权的边界。从法律维度来看，不仅禁止城市资本参与农村公共财产治理（如城镇户口不得购买农村宅基地），而且也禁止农村公共财产自由流动性（如农村耕种土地不得随意改变其用途，特别是不能转换为城市建设用地和工业用地）。总之，这种封闭性限制了外来人员、外来资本参与到乡村公共财产的治理，弱化了乡村公共财产的自由流动性和平等交易性。

随着全面深化改革不断推进,随着乡村市场化、工业化、城镇化、农业现代化、国际化的快速推进,乡村传统公共财产的封闭性、二元性体制机制日益丧失其合理性,日益要求进行重大的甚至是根本性的改变,从而建构与开放、流动、分化和多元相适应的乡村公共财产治理模式。

首先,随着以市场化为导向的改革开放的深入开展,乡村多种所有制经济(集体、个体、私营及股份合作制)和经营方式的发展,以及公共财产关系的多元化、多样化、复杂化,要求乡村公共财产从静止、封闭向开放、流动、平等交易转变(市场内蕴着自由、平等、清晰的权利束、信用、契约精神),以容纳社会资本、融入市场经济、进入"四化同步推进"轨道。乡村户口不再成为人们参与公共财产治理的先决条件,乡村公共财产的准全民所有制性质不断弱化,在保证"社会主义"意识形态属性和提供公共产品、公共服务功能的同时,其保值增值和为农村居民提供公共产品、公共服务的功能在不断增强。一系列新变化赋予乡村公共财产开放性、广泛性、适应性和充满活力。

其次,随着城乡公共服务一体化、农村城镇化、农民市民化的推进,农村公共服务和公共产品正从农村自我提供为主向社会公共服务为主转变。这昭示着我们,新中国成立后很长一段时间内实行以农业积累支持工业和城市发展的战略决策行将结束,打破城乡二元体制,城乡统筹,以工支农,加大对农业和农村投入力度,扩大公共财政覆盖农村的范围,推进城乡基本公共服务均等化战略在大力推进。由此,农村公共财产的原有功能(国民经济的重要组成部分,从而服务于和服从于国家经济建设的功能)正在转变,正在日益转变为在市场经济条件下,更好地保值增值,从而为农业农村农民提供更多更好的公共产品和公共服务。

最后,随着国家城乡发展战略从城乡分离向城乡一体化的转变,要求构建城乡一体化的管理体制。在城乡二元背景下,城乡分割呈现出明显的社会断裂和社会断层的特点,缺乏有机的社会整合。当前我国正处在破除城乡二元结构的关键期,不仅要进一步深化市场经济体制改革,破除阻碍城乡经济资源自由流动、平等交换的障碍,让市场在资源配置上发挥决定性作用,实现城乡经济的一体化,也要求进一步深化农村公共财产治理变革,构建新型公共管理和服务体制,实现城乡公共管理和服务的一体化。

综上所述，变革乡村公共治理模式，实现治理客体规范化正当其时。"如果预期收益超过预期的成本，一项制度安排就会被创新。"① 乡村公共财产自由流动性和平等交易性的形成，进而农村公共财产股份制、产权流转交易市场的建构，有助于农村公共财产的边际产出在各农户间，农户、集体、国家间趋于一致，显著提高农村公共财产的产出效率，从而实现乡村公共财产的优化配置。

第二节 新时代乡村公共财产治理的四重方法论原则

在科学社会主义看来，"马克思的整个世界观不是教义，而是方法。它提供的不是现成的教条，而是进一步研究的出发点和供这种研究使用的方法"②。其中，财产问题抑或说"对私有财产的批判"具有"元方法论"意义："不难看到，整个革命运动必然在私有财产的运动中，即在经济中，为自己既找到经验的基础，也找到理论的基础。"③ 党的十八大以来，作为21世纪马克思主义的习近平新时代中国特色社会主义思想把马克思主义作为看家本领，运用辩证唯物主义和历史唯物主义世界观方法论，加强顶层设计和摸着石头过河相结合，既部署"过河"的任务，又指导如何解决"桥或船"的问题，为我们认识问题、分析问题、解决问题提供有效的方法论"钥匙"。有鉴于此，形成高度的当代中国马克思主义财产理论方法论自觉，才能正确认识、全面把握乡村公共财产问题实质，规避乡村公共财产问题出路探讨上的或被纯思辨化、或被西方化、或被错误的财产价值观所扭曲的倾向，进而实现乡村公共财产的有效治理。

---

① [美] L.E. 戴维斯、D.C. 诺斯：《制度变迁的理论：概念与原因》，载陈昕主编《财产权利与制度变迁——产权学派与新制度学派译文集》，上海人民出版社1994年版，第274页。
② 《马克思恩格斯全集》第39卷，人民出版社1975年版，第406页。
③ 《马克思恩格斯全集》第42卷，人民出版社1979年版，第120页。

第五章 乡村公共财产治理的内在逻辑与方法论自觉

一 本体论方法[①]：当代中国乡村公共财产问题的实质

从乡村公共财产治理的历史变迁逻辑上，我们可以合理地结论：乡村公共财产及其有效治理，在一定意义上可谓财产理念、财产性质、财产逻辑与社会形态（社会主义）关系认识中的标识性符号，并进而构成能否推动新时代中国特色社会主义市场经济进一步发展、能否实现中国式现代化道路视域中共同富裕的掣肘性因素。时至今日，在乡村公共财产有效治理上，存在着一定误读、误解、误判现象，在乡村公共财产话语权上（与城市相比较而言）也处于一定"失语"、"失效"、"错位"状态。乡村公共财产的有效治理实践离不开科学社会主义财产治理理论的方法论支撑。对此，学术界已有成果尚需要进一步提升，尚需要作出进一步的"元"思考。有鉴于此，对乡村公共财产问题作深入的"元方法论"思考，形成高度的科学社会主义乡村公共财产理论方法论自觉，才能为新时代乡村公共财产的有效治理提供一条可供批判性选择的思路。

从存在论角度来看，当代中国乡村公共财产问题的实质是指，在历史向世界历史的转变进程中，全球化、市场化、工业化、信息化、城镇化、现代化转型视域下乡村公共财产问题实质，抑或资本在场、市场初萌、经济社会转型以及由此而来的乡村公共财产问题"从何处来"和"往何处去"。乡村公共财产"从何处来"是指：当下和未来相当长一段时间内，在全球化、市场化、工业化、信息化、城镇化、现代化交织的转型语境下，作为中国特色社会主义财产制度性符号和作为发展中国家的当代中国普遍性、深层次的乡村公共财产问题（其中，核心问题之一在于农业农村农民"短板弱项"：解决好发展不平衡不充分问题，重点难点在"三农"，迫切需要推动城乡协调发展；构建新发展格局，潜力后劲在"三农"，迫切需要扩大农村需求，畅通城乡解决循环；应对国内外各种风险挑战，基础支撑在"三农"，迫切需要稳住农业基本盘，守好"三农"基础）是如何形成的。在一定意义上来说，乡村公共财产作为中国特色社会主义乡村财产制度根基担负着化解农业农村农民"短板弱项"重任。这一"短板弱

[①] 笔者在此主要是从本体论意义上的存在论维度出发，揭示乡村公共财产问题实质，昭示乡村公共财产治理的"元思考"方法。

项"的化解任重道远，甚至因为乡村"空心化"等因素在一定程度上愈积愈深，严重掣肘着中国式现代化道路视域中的共同富裕。乡村公共财产"往何处去"是指：化解和克服乡村公共财产问题的路径指向在哪里。从逻辑上来看，乡村公共财产问题是作为发展中国家的中国在全球化、市场化、工业化、信息化、城镇化、现代化发展进程中形成的，需要举全党全社会之力，在科学社会主义财产理论和中国特色社会主义乡村公共财产治理实践有机结合中为最终解决这一问题作出智识性努力，开辟中国特色社会主义乡村现代化道路，进而为发展中国家乡村问题治理贡献中国智慧、中国方案和中国力量。

应该指出的一点是，因追求实践应对和政策实效，在当代中国乡村公共财产科学诠释和有效治理上，存在着一定的功利化、短期化、碎片化和现象学化的潜在逻辑，存在着民粹主义和既得利益者无视问题的"讴歌"、"赞美"逻辑，存在着简单借用西方财产范式和拿来主义的"错位"逻辑。就此而论，乡村公共财产治理要增强科学社会主义财产方法论自觉，在内容上和形式上实现与全球化、市场化、工业化、信息化、城镇化、现代化进程中的经济社会现实接触并相互作用，至少在认识论方法原则上应该注意以下三个方面。

二 认识论方法：乡村公共财产治理的问题意识、效率视野和公平理念

（一）反思性介入乡村公共财产现实的问题意识

"问题是时代的格言，是表现时代自己内心状态的最实际的呼声。"[①]"主要的困难不是答案，而是问题。"[②] 这就使得"问题意识"的重要性和紧迫性凸显出来。立足现实、批判现实、构建现实、"同自己时代的现实世界接触并相互作用"的基本方式就是"反思性介入"，特别是现实"原

[①]《马克思恩格斯全集》第1卷，人民出版社1995年版，第203页。
[②]《马克思恩格斯全集》第1卷，人民出版社1995年版，第203页。对此，法国哲学家阿尔都塞提出"问题式"哲学范式，作了相同论述："哲学与日常生活刚好相反，在日常生活里，泄露秘密的是答复，而在哲学上，泄露秘密的却偏偏是问题"，"事实上，哲学的结构、问题、问题的意义，始终由一个问题式贯穿着"（［法］路易·阿尔都塞：《保卫马克思》，顾良译，商务印书馆1984年版，第198、54页）。

本反思"与理论"副本反思"相结合的方法论。在中国特色社会主义新时代，改革发展稳定任务之重、矛盾风险挑战之多、治国理政考验之大都是前所未有的，应对重大挑战、抵御重大风险、克服重大阻力、化解重大矛盾、解决重大问题永远在路上。"要有强烈的问题意识，以重大问题为导向，抓住关键问题进一步研究思考，着力推动解决我国发展面临的一系列突出矛盾和问题。"[①] 应当承认，处于全球化、市场化、工业化、信息化、城镇化、现代化进程中的当代中国乡村，既存在"老"的公共财产问题，也遇到"新"的公共财产问题，还面临着"混杂"的公共财产问题：乡村道路、文化、医疗等纯公共财产的供应不足和供应水平不高，土地、森林、企业等准公共财产的盈利能力有限，使得乡村劳动力人口流失以及由此而来的养老、留守儿童、"留不下的城市，回不去的乡村"、空心化等问题滥觞，如此等等、不一而足。这些关乎乡村公共财产的问题——乡村公共财产的"社会主义性质"和市场经济盈利属性使然，深深制约着农业农村农民的进一步发展，掣肘着中国式现代化道路中的共同富裕。正是在此意义上，经典作家作出了"所谓'社会主义社会'不是一种一成不变的东西，而应当和任何其他社会制度一样，把它看成是经常变化和改革的社会"[②] 的科学论断。在此，笔者试从"乡村公共财产"范畴厘定入手，抛砖引玉、作一"商榷性反思"，以此凸显反思性介入乡村公共财产问题意识的重要性。

顾名思义，从能指范围上来看，"乡村公共财产"与"农村集体财产"大致吻合，是指公有范围相对狭窄、只涉及全体村民或部分村民利益的公共财产，包括农村集体所有的土地、森林、荒地、滩涂、房屋、企业、版权、专利权等有形和无形财产；乡村公共财产在农业生产合作化运动中产生，在历史、政策和制度因素作用下发展壮大；其具有保值增值和为农村居民提供公共产品、公共服务的功能；其具有非规范性、集体成员自然获得财产权、二元结构性和与政府关系不分性等特征。

笔者在此之所以采用"乡村"术语而非"农村"术语、"公共财产"术语而非"集体财产"术语，主要是因为在传统意义上和一定当下语境中，市场化、工业化、信息化、城镇化、全球化的转型语境日益把当代中

---

① 《习近平谈治国理政》，外文出版社2014年版，第74页。
② 《马克思恩格斯全集》第37卷，人民出版社1971年版，第443页。

国农村公共财产治理问题凸现出来："农村"、"集体财产"范畴界定、性质和归属的模糊性，农村公共财产，农村公共财产产权的不完备性、非流动性和不平等性，"二国营"或"二等公民（城乡二元体制遗留下农民、农村、农业地位身份上的尴尬）"身份定性，传统行政干预和管制弊病，治理主体、治理思路和治理方式的非规范性，等等，与市场化对要素自由流动、平等交换的诉求，城镇化对资源价值的扩展，工业化对规模经营的要求相背离，与市场化、工业化、信息化、城镇化交织的时代转型语境之间出现了巨大的裂缝和张力，也与主要为农村提供公共产品和公共服务原则相背离，还在某种程度上加深城乡收入差距，更遑论"乡村振兴"战略的落到实处。惟此，在当代中国乡村公共财产治理理念、方式、模式变革上，存在着"国家、集体、农民利益相协调，效率与公平相统一，行政治理、城乡一体化均衡配置"等考量，才能在价值诉求上期望打破城乡双轨制弊病，建构整个国家范围内统一的公共财政意义上的公共财产（如公共医疗、公共卫生、公共教育等），提供城乡一体化式意义上的公共产品、公共服务，从而最终实现中国式现代化视域中的共同富裕、开启全面建设社会主义现代化国家新征程。

（二）不断提升乡村准公共财产的效率视野

财产效率是一个现代范畴。"哪一种土地财产等等的形式最有生产效能，能创造最大财富呢？我们在古代人当中不曾见到有谁研究过这个问题。"① "人的生产能力只是在狭窄的范围内和孤立的地点上发展着"② 的传统社会，因传统生产结构的自足性、生产能力的有限性和技术基础的保守性（自然经济状态的典型特征），生产效能的提高、财产量的大幅度增长根本不可能实现。面对财产稀缺、物质匮乏，以及由此可能引致的冲突问题，古代社会注重人性的塑造和道德的培养。因此，防范、遏制个人欲望过度膨胀的道德约束———一定意义上来说"德治"属性———就成为传统社会对财产稀缺问题的最佳解答方式：在东方社会，我们随处可见"存天

---

① 《马克思恩格斯全集》第46卷上，人民出版社1979年版，第485页。
② 《马克思恩格斯全集》第46卷上，人民出版社1979年版，第104页。

理、去人欲"①的道德警示；在西方社会，也不乏对"造就最好的国家公民"②、"哪一种所有制形式会造就最好的国家公民"③的探讨。在本真意义上，马克思"劳动是财富之母、土地是财富之父"观指出，人（和自然）是财富基本创造本源。本质地看，新旧公共财产观都是建立在对人及其行为最基本的假定基础上的。我们关于个人行为动机的观念在很大程度上决定了我们解释、回应和试图人为影响公共财产观的方式。为了克服人性的自私、散漫——这些不利于促进生产发展的非生产性因素，人们或者被激励或者被强迫（遵守规矩的）组织起来，参与到有规律的、有权威保证秩序的良性互动的共同生产活动中，从而获得有效率的持续的财富创造活动中。不可否认，"一个由权威、系统化的规则和程序以及具有确定职责的正式职位构成的层级体制"④是有效率的，因而也是有其历史合理性的。

马克思曾经深刻批判空想社会主义的"普遍的禁欲主义和粗陋的平均主义"。空想社会主义到处否定人的个性，把不能被所有人作为私有财产占有的一切都消灭掉；对较富裕的私有财产怀有嫉妒心和平均主义欲望，向贫穷的、需求不高的人的非自然的简单状态的倒退，因而这种把私有财产平均化占有的思想不过是粗陋的平均主义⑤。"在什么都没有的地方，也就没有什么可以平均化。"⑥这种空想社会主义又是普遍的禁欲主义，只是"以满足鄙俗的需要为目的的粗野唯物主义"⑦。极其惨痛的历史教训一再告诫我们，"生产力的这种发展……之所以是绝对必须的实际前提，还因为如果没有这种发展，那就只有贫穷的普遍化；而在极端贫困的情况下，就必须重新开始争取必需品的斗争，也就是说全部陈腐的东西又要死灰复燃。"⑧

---

① 《朱子文集·延和奏札二》。
② 《马克思恩格斯全集》第46卷上，人民出版社1979年版，第485页。
③ 《马克思恩格斯全集》第46卷上，人民出版社1979年版，第485页。
④ ［美］登哈特：《新公共服务：服务，而不是掌舵》，中国人民大学出版社2010年版，第113页。
⑤ 虽然说马克思在这里主要是针对欧文的空想社会主义思想进行论述，但从方法论上看却在总体上适用于19世纪上半叶的空想社会主义。
⑥ 《马克思恩格斯全集》第26卷Ⅱ，人民出版社1973年版，第208页。
⑦ 《马克思恩格斯全集》第26卷Ⅲ，人民出版社1974年版，第294页。
⑧ 《马克思恩格斯全集》第3卷，人民出版社1960年版，第39页。

乡村公共财产治理的变迁逻辑与方法论自觉

在传统计划经济语境下,集体经济存在着一定程度的"公地悲剧"问题,收入的绝对平均主义阻滞着生产效率的提升,知识产权保护的缺位和不到位,阻滞着寻求和发展新知识、信息、新技术的内在动力。"法律缺少对专利、版权以及产业保密权的规定,这里没有发明者、作者和脑力劳动者利益的一席之地。因此,对知识产品投资不会有什么市场刺激。"① 一句话,传统集体所有制经济,在弥补市场的缺陷和规避私人利益无限膨胀从而一定程度上实现了有限平等的同时,计划的失灵威胁到效率、损害了生产力的快速提高,即:"集体化制度只能以明显损害效率为代价,来取得关于平等的微小改进。"②

肇始于1978年的农村"家庭联产承包责任制"改革拉开了权力分散化的公共所有制变革之幕,亦开启了增进效率促进按劳分配式平等之路③。简单地讲,就是既要解决初始机会公平问题,又要增进壮大农村集体经济的效率。从这一层面上来讲,农村公共财产治理变革问题,本质上就是效率和公平问题。原则上可以说,农民分享利益和参与决策能提高经济共同体成员的积极性,并最终实现集体利益和个人利益的同步增进;市场化力量参与集体经济发展中,能够通过"看不见的手"来促进经济发展的灵活性。在对农村公共财产进行变革的过程中,家庭联产承包责任制、流转、租赁等方式的运用,就是对传统利益观认识不到位的修正。显然,农村公共财产组织和治理方式的变革,是通过对属于组织的所有成员的尊重、成员财产权和利益的关注和重视(这种尊重和重视,既体现为对农民愿意参加集体组织和自由离开集体组织的尊重,如农民自由迁徙、职业选择自由,也体现为农民另外组织集体的自由,如组织建筑队、创办乡镇企业的自由),通过使人们受到更好的待遇来运作的,最终也成功的实现了"小河有水大河满"即个人财富增加、个人利益一定程度上得到满足之后的集体财富、国家财富的充裕。实践证明,这一变革是有效的和成功的。

站在"两个一百年"和"两个大局"交织点,习近平科学研判中国特色社会主义新时代最大实际的"不变":和平与发展的时代主题没有变,我国仍处于并将长期处于社会主义初级阶段的基本国情没有变,最大发展

---

① [美] 阿瑟·奥肯:《平等与效率——重大抉择》,华夏出版社2010年版,第67页。
② [美] 阿瑟·奥肯:《平等与效率——重大抉择》,华夏出版社2010年版,第71页。
③ 就以损害知识产权、智力财产的绝对平均主义来说,传统社会主义也是不平等的分配方式。

中国家的国际地位没有变,这构成了我们认识当下、规划未来、制定政策、推进事业的客观基点。就此而论,"发展理念"和"效率逻辑"依然构成乡村准公共财产的方法论原则。建基于三权分离之上的农村公共财产股份制改革,作为由生产力改进、过程管理和绩效测量构成的效率系统,一是维护18亿亩耕地红线的基础上,解决"谁来种地"问题,保障13亿人口的粮食供应。二是保障农村土地的规模化经营,从而更有效率地保障粮食产出和农副产品供应问题。从集体利益层面上看,农村集体经济组织深受要素分散化和农民散沙状之累,村级公益事业和公共设施建设面临较大困难,这在一定程度上降低了农村自治的经济基础。通过股份制改造,"建立农村产权流转交易市场,加强农村集体资金、资产、资源管理,提高集体经济组织资产运营管理水平,发展壮大农村集体经济"①,可以解决和部分解决村集体公益事业建设、预防和救济自然灾害、扶助弱势群体等集体公共问题。从村民利益角度看,通过股份制改革,把农村公共财产的经营权和收益权落实到农户,"推动农村集体产权股份合作制改革,保障农民集体经济组织成员权利,赋予农民对落实到户的集体资产股份占有、收益、有偿退出及抵押、担保、继承权。"②

(三) 城乡一体化均衡配置

虽然"公平"以及由此衍生出来的"大同"、"均田"等各种诉求,系等级制、官本位色彩浓厚的传统中国2000多年梦寐以求的理想情怀,但实质上,利益(家族、地区、国家之间,抑或小共同体与大共同体之间)的角力、冲突和博弈,群雄纷争、逐鹿中原谱写了中国数千年最蔚为壮观的一道道风景。显而易见,在"溥天之下,莫非王土;率土之滨,莫非王臣"的所谓"家国同构"语境下,利益均衡化配置不过是黄粱一梦而已。"群己权界"、"利益均衡"系现代范畴。在古典经济学看来,理性经济人是自私的,那么个人利益得不到满足、利益无法均衡情况下,个人又有什么动力去努力生产和创造不属于个人的财富呢?"一个组织或集体中个体成员价值、利益得不到足够重视和关注"③,必然损害组织利益、集体利益的同时,也损害个人利益,进而导致财富总量的减少、集体组织陷于

---

① 《2014年中央一号文件》,《人民日报》2014年1月20日。
② 《2014年中央一号文件》,《人民日报》2014年1月20日。
③ [美]登哈特:《新公共服务:服务,而不是掌舵》,中国人民大学出版社2010年版,第112页。

崩溃边缘，甚至暴力冲突不断、战乱动荡不绝于缕。

在汲取两极分化、私有财产神圣不可侵犯的资本主义私有制弊病教训中，为规避资本、市场、自由竞争对公平的侵害之计，一种扬弃资本主义、追求更加公平的经济制度——集体经济①产生了。不是个人而是集体是生产性资产以及由此而来的收入的主要所有者。通过"一化三改造"，实行广泛的集体化社会化的方式，农村迅速建立起收入再分配的实质性转变，广大农村建构起绝对公平的起点，建构起起点公平的集体经济和庞大的集体财富。毫无疑问，无论就"没有任何同整个无产阶级的利益不同的利益"的马克思主义政党和"自由人联合体"的未来人类社会，还是从"立党为公、执政为民、全心全意为人民服务"的我党立党宗旨和"共同富裕"的社会主义本质内涵来看，基本公共服务和基本公共产品的城乡一体化均衡化配置都应当是中国特色社会主义的应有之义。

在民生意义上，包括（义务）教育、医疗、公共卫生、基础科学研究、基础设施、公共文化体育、公益性文化事业、公共福利、社会救助、公共安全保障等在内的社会基本公共产品和公共服务，关涉每个居民的基本生存权和发展权，维系着经济社会稳定和社会正义，因而这类对于我国的居民都是须臾不可缺少的基本需要，对社会公众的生存和发展具有基础性作用，并且随着社会经济文化的发展，这类公共产品和公共服务的需求也在不断增长。就此而论，公共财产的城乡一体化均衡配置，主要是指在纯公共财产（公共产品、公共服务意义上的公共财产）供给上，打破城乡二元体制或事实层面上的不平衡，实现农村、城市一体化均衡配置，进而实现我国居民的权利平等、机会均等、结果均等的"一视同仁"。

在权利平等的体制架构、资源均等的财政投入、机会均等的决策参与、效果均等的资源配置上，我们走过了一条基本公共服务和公共产品城乡、区域非均等化发展道路，并且在短时间内消除这种非均衡化任重而道远。历史地看，新中国成立后我国公共产品、公共服务城乡二元化非均衡配置问题大致可分为两个阶段：绝对不均衡时期（1949—1978）和相对不均衡时期（1978—2012）②。在计划时代的绝对不均衡阶段，优先发展重工

---

① 此处的集体经济，是广泛意义上的。
② 2012年党的十八大以来，中国式现代化道路视域中的共同富裕不断提上日程。笔者在相应部分作专章论述，故在此不做赘述。

业的工业化道路、城乡经济非均衡发展战略，以及由此而来的户籍制，等等，导致了城乡二元公共服务体制的雏形。特别是城乡居民的工资收入和福利享受，以及身份和等级造成的实际差距。首先，城乡之间、工农之间存在一定的收入差距。为了积累工业化所需资金，我国长期实行城乡二元化经济结构、工农业产品价格的剪刀差，造成了城乡之间较为严重的收入差距——城镇人均收入大致为农村人均收入的2.4倍。如果再考虑到城镇居民事实上所享受到较为丰厚的实物补贴，那么城乡居民之间的收入差距就更大。其次，因身份与等级的差异而形成的收入差距。改革开放前相当长的一段时间内，我国事实上一直存在身份或等级差异，存在着城市户口与农村户口、干部与工人、城镇居民和职工、临时工和正式工等身份区别。这种身份与等级直接与居民的工资待遇、福利享受等"隐性收入"相挂钩。例如，粮棉油等基本生活消费品按照平均主义原则进行分配，但是住房、汽车、电话等特殊消费品则是与身份和等级直接挂钩。很长一段时间内，实现"农转非"，吃上"国库粮"成为农村居民梦寐以求的目标。

在改革时代相对不均衡时期（1978—2012），公允地讲，市场化、城镇化、工业化、信息化推动者二元经济向一元经济的转变，农业经济与工业经济并存向工业经济的转变，以及工业经济产业结构的调整和升级，这在一定意义上撬动了城乡二元体制，改善了公共产品、公共服务的绝对不均衡配置。具体地说，户籍制度、人身束缚严格管控的破除，人口流动特别是农民工市民化，土地流转特别是集体建设性用地的流转，新农村建设特别是农村城镇化，等等，这些举措开拓了一条城乡公共产品、公共服务均衡配置的相对均衡之路，虽然任务依旧任重而道远。

考察影响城乡基本公共服务和公共产品非均衡化配置的因素，不难发现，体制的、经济的和社会的因素比较凸显。城乡经济发展水平差距比较大，直接影响着城乡财政收支能力，导致城乡财政提供公共产品和公共服务的能力差距大。当然，不可否认的一点是，乡村的偏远、欠发达、地广人稀、分布不均匀，导致农村公共产品和公共服务提供成本高涨。但最后的关键一点还在于，我国中央财政和地方各级财政所采取的转移支付导向差异：其中心城市以及大中小城镇的倾向，自然而然导致边远农村公共产品、公共服务提供上的资金匮乏和能力稀缺。总而言之，影响城乡公共产品、公共服务均衡配置的原因是多方面的，既有二元经济形态的历史起点因素，也有多年中央集权下的城乡分治以及由此而来的城市偏向型的非均衡配置痼疾，还存在着重经济建设性财政支出而轻公共产品、公共服务性财政支出的误导，当然也不能否认公共服务、公共产品多元化社会参与机制的缺失。

虽然，从人类历史发展的轨迹来看，城乡公共产品、公共服务的均衡化配置呈现出"绝对不均等"、"相对不均等"、"相对均等"的发展历程。对于经济快速增长，GDP跃居世界第二的当下中国来说，制约经济发展的一些瓶颈性因素也凸现出来，"当前我国社会正面临日益突出的两大矛盾：一是经济快速增长同发展不平衡、资源环境约束之间的突出矛盾；二是公共需求的全面快速增长与公共服务不到位、基本公共产品短缺之间的突出矛盾"①。在历史发展的十字路口，我们认识到了基本公共服务均等化的历史性作用，认识到了公共服务、公共产品均衡配置的政治、经济和社会文化的影响因素，也在体制上、政治导向上、政策层面上采取了一系列措施。2005年10月11日，中共十六届五中全会通过的《中共中央关于制定国民经济和社会发展第十一个五年规划的建议》，首次提出要"按照公共服务均等化原则，加大国家对欠发达地区的支持力度，加快革命老区、民族地区、边疆地区和贫困地区经济社会发展"。2006年3月，《中华人民共和国国民经济和社会发展第十一个五年规划纲要》明确提出"逐步推进基本公共服务均等化"、"按照公共服务均等化原则，加大国家对欠发达地区的支持力度"。2006年10月11日，党的第十六届六中全会通过的《构建社会主义和谐社会若干重大问题的决定》对实现基本公共服务均等化作了更详尽的阐述，进一步提出要"完善公共财政制度，逐步实现基本公共服务均等化"，"以发展社会事业和解决民生问题为重点，优化公共资源配置，注重向农村、基层、欠发达地区倾斜，逐步形成惠及全民的基本公共服务体系"。2007年10月，党的十七大提出了"围绕推进基本公共服务均等化和主体功能区建设，完善公共财政体系"的战略部署，指出"缩小

---

① 中国（海南）改革发展研究院：《加快建立社会主义公共服务体制（18条建议）》，载中国（海南）改革发展研究院：《聚集中国公共服务体制》，中国经济出版社2006年版，第5页。另参见项中新：《均等化：基础、理念与制度安排》。陈昌盛、蔡跃洲：《中国政府公共服务：体制变迁与地区综合评估》，中国社会科学出版社2007年版。刘学之：《基本公共服务均等化问题研究》，华夏出版社2008年版。中国（海南）改革发展研究院：《中国公共服务体制：中央与地方》，中国经济出版社2006年版。中国（海南）改革发展研究院：《基本公共服务均等化——新农村建设之重》，中国经济出版社2006年版。

区域发展差距,必须注重实现基本公共服务均等化"。党的十八大以来,中国特色社会主义进入新时代,我国社会主要矛盾转化为"人民日益增长的美好生活需要和不平衡不充分的发展之间的矛盾"。有鉴于此,习近平总书记规划了到2035年的远景目标:"人民生活更为宽裕,中等收入群体比例明显提高,城乡区域发展差距和居民生活水平差距显著缩小,基本公共服务均等化基本实现,全体人民共同富裕迈出坚实步伐"①,这构成未来十五年我们在实现中国式现代化视域中共同富裕的根本遵循,这拉开了我国城乡公共服务、公共产品一体化均衡配置的帷幕。

在学界看来,公共产品、公共服务的城乡一体化均衡配置任重而道远,不可能一蹴而就,而需要分层次、分阶段、分重点、有步骤地逐步推进②。在众多思路中,农村城镇(市)化,进而消除城乡二元体制分割,实现各种体制对接,其对于当下城乡二元体制既成事实,以及农村公共产品、公共服务的成本节约,都不失为值得深入推进、具有一定可操作性的思路。

---

① 习近平:《决胜全面建成小康社会 夺取新时代中国特色社会主义伟大胜利——在中国共产党第十九次全国代表大会上的报告》,人民出版社2017年版,第28页。
② 刘志昌:《基本公共服务均等化》,华中师范大学2009年博士论文,第9页。

第六章　乡村公共财产的有效治理及其价值归宿

改革以降，在市场化、工业化、城镇化、信息化进程中，人们的财产理念、财产逻辑与社会主义关系，财产占有事实都发生了巨大变化，在财产的归属、价值诉求、意义、治理路径以及最终指向方面又出现了一系列的混乱，财产的制度安排和出路等问题越来越凸显出来。在流动性的、陌生人组成的现代乡村市场经济社会中，道德说教和乡规民约的财产秩序维系方式越来越力不从心，以权利为逻辑内核的"良法"、"善治"成为维系乡村公共财产关系的有效方式。变革传统一元行政治理、一元市场化治理、一元能人治理，重建分权、参与、公平、多元的公共事务治理之道，实现行政主导下的法治、德治、自治的有效在场，重塑乡村命运（利益）共同体，才能最终实现"城乡一体化均衡配置"、"致富路上一个都不掉队"的乡村公共财产治理的公平价值归宿。

第一节　乡村公共财产关系的法治化治理

在人类历史上，暴力、习俗、道德、宗教、法律制度都曾经是维系经济秩序、协调财产关系的治理方式。在封闭性、熟人组成的传统乡村社会中，乡村小共同体财产关系的有效维系，主要是散见于律令格式中的国家制定法、纲常礼教、乡规民约即"外儒内法""德主刑辅""礼表法里"合力治理的结果。在流动性的、陌生人组成的现代乡村市场经济社会中，道德说教和乡规民约的财产秩序维系方式越来越力不从心，以契约、权利为逻辑内核的"良法""善治"成为有效维系乡村公共财产关系的合理可行治理方式。

一　有序财产关系维系的法制利器

　　财产是一个重要的法律术语，财产关系"只是生产关系的法律用语"①。对于社会主义中国来说，公共财产寄托了人们理想社会的情怀和政治先进性的神圣感情。公共财产（包括乡村公共财产）的法规制度建设之路，就是财产观念特别是对私有财产和公共财产关系认知的转变之路，以及由此而来的财产法规制度变迁历史。新中国成立以来，科学的社会主义财产理念及其财产法律体系的建构走过了一条曲折道路，呈现出从无到有、从不完善到逐渐完善、从初步形成到基本形成中国特色社会主义财产法律体系的特点。②。

　　众所周知，在建国之后相当长的一段时间内，由于受苏联教条主义的影响，人们把马克思财产观等同于消灭私有财产和私有制，把公共财产当作科学社会主义的应有之义。财产成为评判政治上先进与否的一个重要符号，财产治理不是以法律规范的形式，而是往往通过政治、政策、命令、计划来协调和体现。在封闭性、有限性、公共财产的绝对性的计划经济体制下，财产关系极为简单和有限，对财产的侵犯行为也主要是盗窃和抢劫行为，因此，刑法成为静态财产秩序的主要维系方式，财产关系的民法规范维系方式被忽略，财产法律体系的整体框架并没有得到充分建构。就财产取得和财产利益关系的协调主要通过政策和计划来实现来看，规约财产关系的宪法与刑法，与其称之为调整和规范财产关系的法律，不如说是配合政治形式制度、计划分配制度的附属物，往往撇开法制和司法体系，通过政治运动来维系财产秩序。在财产法制规范不充分不完善、群己权界不清晰不稳定语境下，人们很难激发出创造财富的积极性和主动性，财产的匮乏、公共产品公共服务的稀缺也就在情理之中。

　　十一届三中全会开启了经济体制改革的历史进程，揭开了构建财产法律体系、依法规范财产关系的帷幕，特别是党的十四大确立了市场化改革

---

① 《马克思恩格斯全集》第13卷，人民出版社1962年版，第52页。
② 刘长军：《中国有序财产关系的法治化治理研究》，《现代经济探讨》2014年第2期。

取向以来，经济立法进程明显加快。计划经济到商品经济、市场经济的经济体制改革，在疑虑、不解、焦虑、争议中，使得人们的财产理念、财产数量、财产功能、财产权能在悄悄而迅速地发生变化，也形成了不同经济成分和不同利益诉求的社会现实。与这种财产状况的快速变化不相适应的是财产立法工作滞后且不完善，这严重影响了依法规范与调整财产关系。因此，随着社会经济现实的巨大发展变化，财产法制建设提上日程。邓小平指出，"为了保障人民民主，必须加强法制。必须使民主制度化、法律化，使这种制度和法律不因领导人的改变而改变，不因领导人的看法和注意力的改变而改变。"① 虽然这是邓小平就新时期法制建设所提出的理论纲领，但其在方法论上也适用于财产法律体系的建构。

在一定意义上可以说，一部改革开放史也就是一部财产法制建构史。经过改革开放40多年来学术界、政策决策层的不懈努力，时至今日，我国的财产法律制度基本形成了从根本法到一般法、从实体法到程序法的有机统一体，这标志着我国财产法律体系的建成。在中国特色社会主义财产法律体系内，通过宪法根本法的宏观调控性、提纲挈领性的原则规定，民商法、经济法等单行法的微观规范和约束，我国形成了以宪法为核心，以规范物权、债权、知识产权和股权等四种财产权的部门法为主干，包括行政法规、地方性法规等规范性文件在内的中国特色社会主义财产法律体系。这意味着在财产法律制度建设上我国迈入新的历史阶段②。八二宪法涉及财产权利问题的法条，主要是第6、11、12、13条，对财产类别、性质、保护和救济等方面作了原则性的规定；市场经济包括物权、债权、知识产权和股权等四种财产权利，物权和债权主要是传统财产法规范的目标，知识财产、国家福利等则是新扩大的财产范畴。从现行科学立法的角度看，债权由《民法通则》和《合同法》规范，知识产权的规范和保护主要体现在《著作权法》《专利法》和《商标法》，股权则主要由《公司法》和《证券法》保护，各财产权法律以及非公36条等行政法规和地方性法规，是八二宪法以及历次宪法修正案的实际化和具体化。由此可见，中国特色社会主义财产法律体系包括了七个法律部门，三个层次法律规范：规定我国财产制度和财产关系的宪法规范、调整所有者财产关系的民法规

---

① 《邓小平文选》第2卷，人民出版社1994年版，第146页。
② 刘长军：《中国有序财产关系的法治化治理研究》，《现代经济探讨》2014年第2期。

范、调整国家在组织、领导和管理经济活动过程中所发生的经济关系的行政法规范、规定经济犯罪及其制裁的部分刑法规范。它们都是经济职能在法律范围内的具体表现，同时又起着引导、推动、保障和规范经济关系的作用。

当然，从法律滞后于经济现实的角度来看，科学立法和财产法律体系的形成并不意味着内容上的完备性、逻辑上的自洽性、形式上的一致性，即"我们的法律体系虽然已经形成，但本身并不是完美无缺的，这当中既有一些现行法律需要修改的问题，也有部分配套法规急需制定的问题，还有个别法律尚未出台的问题。"① 在此仅以《宪法》中"公共财产神圣不可侵犯"法条为例加以阐释。当然，我们也能够理解宪法如此规定的历史和现实原因：其一，这是我国居于主体地位的公有制经济在法律上的反映，表明了市场经济的社会主义性质以及把促进公有制的发展放在了一个更为重要的位置，因此这种按所有制形式进行的划分（国有财产、集体财产和个人财产），从内容上来看许多规定都是多余的，但是照顾我国国情、历史沿革和经济现实的结果，体现政治意识形态上的价值取向；其二，与私人财产的权利清晰界定相对比，国有财产和集体财产往往存在着法人虚置与缺位现象以致监督不力和不到位的弊端，这就容易造成"权力设租寻租（攫租）"现象：在改制、合并分立、关联交易等公共财产的市场活动中，"内部人"常常低价转让、合谋私分、擅自担保公共财产，造成公共财产流失和损毁。目前经济领域中受侵害最严重的恰恰是公共财产，故须加强对公共财产的保护，防止公共财产流失和被侵害，做出有针对性的规定也是必要的，因而须在立法上给予格外关注。有鉴于此，我们必须汲取"法律"与"经济"关系，保持开放的、发展的格局，从而使得财产法律契合于经济社会现实。"'法发展'的进程大部分只在于首先设法消除那些由于将经济关系直接翻译为法律原则而产生的矛盾，建立和谐的法体系，然后是经济进一步发展的影响和强制力又经常摧毁这个体系，

---

① 吴邦国：《形成中国特色社会主义法律体系的重大意义和基本经验》，《求是杂志》2011年第3期。

并使它陷入新的矛盾"①。

在来源上，外来资源和本土资源构成财产法律的两个主要组成部分。"集中的权力能够颁布土地改革法令，但只有广泛扩展的权力才能使这些法令成为现实。农民的参与对通过法律或许并非必要，但对执行法律却不可或缺。"② 从外来资源的角度来看，由于幅员辽阔、情况复杂的乡村现实，大共同体（国家）所颁布的公共财产法律规范在实施进程中有其自身适应的局限性，"顶层设计"的立法、行政规制和正式法律，也需要有效对接乡村运行有效的地方规则和世代经验所证实的乡规民约。从历史现实来看，家庭联产承包责任制和村民委员会入宪等乡村公共财产法律制度的出台，终究是农民实践首创、学界理论提升、政府行政许可、政策立法确认之间良性互动的结果。因而极有必要利用当地村民们的世代经验建立一个与地方规则相容的众所周知的法律规则体系。"当人们谈到一个系统是按'法规'治理时，表达的是这样一个思想，即正式法律和工作规则是接近一致的，强制实施者对规则及其他方面负有责任。"③ 正是因为乡村公共财产治理规则的多样化和复杂化，所以在具体操作层面上或者在把一些规则嵌入另一些规则的过程中引致了相当多的混淆和争论。一句话，明文颁布的法律、实际存在的规则以及二者在操作层面上、运行过程中的矛盾和冲突，引致诸如乡村小产权房、乡村土地用途变革等方面的乱象，以及在提供公共产品和公共服务方面上的农村纯公共财产的缺位，这就使得在法律和经济关系上保持开放的、发展的格局。

改革率先在农村拉开序幕。但时至今日，在城市财产规范有序的同时，乡村公共财产法制滞后性问题凸显。属于家庭联产承包责任制中"统"的部分的乡村公共财产，处于弱化、虚化、淡化、边缘化。这表明财产法律规范明显滞后于经济事实，运行40年的家庭联产承包责任制亟

---

① 《马克思恩格斯全集》第37卷，人民出版社1971年版，第488页。"除此之外，我国除了现行宪法中明确规定社会主义的公共财产神圣不可侵犯外，还约有75部国家法律规范中提及公共财产，其中约有20部法律及9部行政法规，如果再加上地方性法规和规章等，则约有442部法律规范涉及公共财产；但是另一方面，我国至今没有制定公共财产法或与其相关的国有财产法，没有建立与公共财产相关的法律制度。"（彭涛：《法国CGPPP的公共财产法律制度及其启示》，《行政法学研究》2010年第3期）

② ［美］塞缪尔·P.亨廷顿：《变化社会中的政治秩序》，王冠华、刘为等译，上海人民出版社2008年版，第54页。

③ ［美］埃莉诺·奥斯特罗姆：《公共事物的治理之道》，上海译文出版社2012年版，第61页。

待调整,处于试点状态的乡村"股份制"、集体经营性建设用地入市等乡村公共财产问题亟待成熟、推进、入法。乡村公共财产的有效治理,公共财产的"社会主义性质"规范,离不开一部完备的"公共财产法"。目前,我国"神圣的"公共财产相关法律规定,散见于宪法、刑法、民法等法律规范中,存在着多元化、碎片化、分散化管理现象。从整体性调整农村公共财产的供给(筹集)、使用、分配和监督,进而实现农村公共财产的专业化、分别化调整目标来看,滞后性的财产法律防范需要不同程度的修改、完善、提升。以往对"公共财产"的过度保护实质上不是保护而是损害,使其不能有效适应市场经济中的"中性竞争"。在公共财产的公共产品、公共服务功能界定层面上,以往的"普遍服务"、"均衡服务"理念,从而尽可能为城乡国民提供合理的价格、充足的设施,并使每个人在每个地方都能以承担得起的价格享受公共产品和公共服务,建立健全覆盖城乡居民基本公共产品和公共服务,并保障量上的可用性和质上的可购性和非歧视性目标,在改革进程中面临着"一元治理失灵"困境。因此,转型语境下,适用、修改、完善、调整和细化乡村公共财产法律规范,促使其与市场化的平等交换、自由流动的诉求,工业化的规模经营,信息化、农业现代化的快速推进相协调,需要本着科学立法、民主立法的原则,规范乡村公共财产各个治理主体的基本权利义务规范,确立农村公共财产在提供公共产品和公共服务功能上的公平、公正。

二 公共财产关系的法治化治理

2000多年来,传统中国财产权利是相当"贫困"的:哲学意义上财产理念不清晰、财产权界不明确,思想文化意义上重义轻利观,经济学意义上物的稀缺匮乏,法学意义上权利不完整不完全、财产法律制度不健全和司法保障救济不畅,社会学意义上财产关系的不稳定不协调,政治学意义上财产权利难以摆脱行政权力的频繁渗透干预侵蚀和掠夺等等,凡此种种,不一而足。虽然,人性的塑造和道德的教化遏制了个人欲望的过度膨胀从而一定程度上缓和了稀缺匮乏,专制集权所颁布的法规政令和旧式纲常名教一定意义上调和了财产关系,但是,随着经济社会的复杂变迁和人口压力的不断增大,"贫困"的财产权利终究带来了重重风险。在长达2000多年财产与身份、名分、等级相匹配的岁月里,财产沦为政治关系、社会关系、身份关系的附庸,"在中国历史的大部分时代,财产权在政治话语中扮演了一个消极的角色"①;在财产违约损害等关系规范不明晰、民事财产关系依附于行政法治规范以及由此而来的行政处罚式治理民事财产关系、财产关系的主体往往不平等语境下,财产关系的协调更多地依靠人治,明君、贤臣就成为人们的唯一渴求,"人存政举、人亡政息"。

"从人类历史来看,法治国家是在近现代社会才出现的。"② 但是,在近代工业化所形塑的流动性的陌生人社会中,传统乡约民俗、礼仪道德是无法应付的。对于"无法的乡土社会"来说,"礼治"乡村到"法治"乡村的近代变迁,虽礼治失效败坏,但在根深蒂固的"无法""息讼"理念作祟下,乡土中国法治不彰,法治乡土并未得到有效建构。新中国成立虽然打开了肃清人治弊病、厉行法治的帷幕,但是在长时间的、一系列的、反复的革命性政治运动③中,乡村形成了"三级所有,队为基础"的绝对公共财产。

好的市场经济应该是法治的市场经济④。市场化取向的改革开放,以及由此而来的财产单一公有制到财产多元化变革,奠定了厉行法治的经济基础。中国特色社会主义财产法律体系的基本形成以及由此而来的"有法可依",使得从政策治理向法律治理的转变,为乡村公共财产的法治提供了法律支撑和制度保障。梅因带有夸张但不无道理地指出财产治理的大致前进方向:"所有进步社会的运动,到此处为止,是一个从身份到契约的运动。"⑤ 中国特色社会主义财产法制体系的建成(2011),从逻辑上来看,财产关系依法治理的法治化时代大致到来(2014年十八届四中全会"依法治国"举措的出台),指明了财产关系法治化治理方式的形成和最终确立的方向。

在现行公共财产的法治治理上,从"良法""善治"这一法治的两个必备要件的角度来看:八二宪法作出"社会主义的公共财产神圣不可侵犯"的规定,赋予"公共财产"以尊贵、庄严而不可亵渎的崇高地位。《刑法》"第三百九十七条 国家机关工作人员滥用职权或者玩忽职守,致

---

① 邓建鹏:《财产权利的贫困——中国传统民事法研究》,法律出版社2006年版,第28页。
② 沈宗灵:《依法治国 建设社会主义法治国家》,《中国法学》1999年第1期。
③ 夏勇主编:《走向权利时代》,中国政法大学出版社2000年版,第295页。
④ 吴敬琏:《呼唤法治的市场经济》,生活·读书·新知三联书店2007年版,第105页。
⑤ [英]梅因:《古代法》,沈景一译,商务印书馆1959年版,第96页。

使公共财产、国家和人民利益遭受重大损失的，处三年以下有期徒刑或者拘役；情节特别严重的，处三年以上七年以下有期徒刑。本法另有规定的，依照规定。国家机关工作人员徇私舞弊，犯前款罪的，处五年以下有期徒刑或者拘役；情节特别严重的，处五年以上十年以下有期徒刑。本法另有规定的，依照规定。""第四百零三条　国家有关主管部门的国家机关工作人员，徇私舞弊，滥用职权，对不符合法律规定条件的公司设立、登记申请或者股票、债券发行、上市申请，予以批准或者登记，致使公共财产、国家和人民利益遭受重大损失的，处五年以下有期徒刑或者拘役。上级部门强令登记机关及其工作人员实施前款行为的，对其直接负责的主管人员，依照前款的规定处罚。"由此可见，相对于对损害私人财产的刑事处罚来说，《刑法》对损害公共财产的行为给予更为严厉的刑事处罚。对侵犯公共财产的行为，轻则拘役，重则五年以上十年以下有期徒刑，其刑罚之重远远大于侵犯私人财产的罪罚。综上所述我们应该合理地结论：从应然上，公共财产地位神圣崇高、保护严厉得当；但在实然上，公共财产保护效果的差强人意，公共利益的损毁、公共物品的侵吞、公共财产的蚕食屡见不鲜。细细考量，在公共财产的确认标准上，我国现有的公共财产法律条文并未明确"使用"标准还是"归属"标准，乡村公共财产的认定标准比较混乱。从理论上讲，所谓公共财产，应该是关涉公共利益，能够提供公共产品或者公共服务，并且在使用或服务过程中，能够实现"全体使用"或"全体受益"的财产。但在现实中，公共利益还是商业利益的纠葛问题，国有财产、集体所有财产、社会共同共有财产之间的区别与界限问题一直困扰着国人。换言之，"公共利益，多少罪恶假汝之名以行之"。总而言之，由于公私、群己权界不清，公共财产名实不符，公共财产所有权虚置，零星、碎片化的法条而非统一的、体系化的公共财产法律规范（不是一部系统化、体系化、完备性的公共财产法，而是碎片化、零星化散布在《宪法》、《刑法》、《民法》的公共财产法律规范，必然为公共财产的法治化带来一定困境，甚至导致一部分公共财产的无法可依）等公共财产认定标准混乱，我国公共财产存在着认知上的模糊、保值增值上的不尽人意、公共产品和公共服务供给上的稀缺匮乏、公共财产流失上的触目惊心等现象。

在说文解字中，"灋"内蕴着"平之如水"；在语义学上，从"水字旁"的"法治"二字昭示着"平等"、"公平正义"的价值旨归。这昭示着我们，法律面前一律平等原则，既是一项根本的立法、司法原则，也是乡村公共财产法治的一项基本权利要求。财产关系主体、客体、程序层面的"平等"，财产的平等保护和不同主体的财产一体对待就是平等原则的具体化。但是，在乡村公共财产治理实践中，仍然存在着一定程度上的"平等不彰"现象，构成阻滞城乡一体化均衡发展的掣肘性因素之一。在此笔者以乡村土地治理为例陈一孔之见。其一，从纯公共财产的供给角度来看，城乡公共产品、公共服务存在一定差距问题，鉴于本论题相关处多有阐述，在此笔者不多泼笔墨。其二，以平等的角度来审视土地财产权利（乡村公共财产的最主要组成部分），集体所有制性质的乡村土地和全民所有制性质的国有土地（以及由此延伸而来的乡村建设用地和宅基地、城市建设用地和宅基地之间的差别）在权利上存在着一定差别，存在着"同地不同权"现象。从《土地管理法》"任何单位和个人进行建设，需要使用土地的，必须依法申请使用国有土地"的财产权限规定来看，乡村农业用地、宅基地、农民住宅、"小产权房"都有其乡村的专属性、有限性和封闭性，乡村集体土地的财产权限界定为农业种植、农民住宅和归农民所有的"小产权房"，农业用地不能随意改变用途，乡村土地不得任意改作工业厂房建设用地和房地产用地，城市户籍不得购买乡村住宅，社会资本不得随意开发乡村房地产，如此等等。换言之，工业用地、房地产开发用地等价值溢出效应比较大的土地必须为征收、征用、征购为全民所有制的国有土地。在此过程中，农村工业化、城市化引起土地升值，乡村土地转到非农用途，用途转让的价格或农用地到建设用地的差价归属存在一定争议，甚至引起一定纠纷。由此可见，乡村之所以存在着土地要素不能自由流动、土地非农用途和非农经济机会的稀缺、土地经济效益的不能充分实现等二元化要素体制，以及由此引致的社会资本难以下乡、工业化异地发展、乡村空心化等问题，是因为乡村集体公共财产从属于"工业化战略"和"城市化发展战略"，以及乡村土地的"准全民所有制身份"使然。反之，乡村土地对社会资本的阻滞效应，使得乡村发展陷入一种落后循环中。其三，集体经济组织成员权"一体化平等"保护问题。囿于传统守旧思想和法规制度规范的不清晰，乡村公共财产的集体成员资格确认上尚存模糊空间和弹性治理方式，由此引致集体经济组织成员权益纠纷问题，特别是集体经济发达度较高地区的宅基地、拆迁、股份等公私混合性财产。实然上，有乡村户口并担负与其身份不可分离的权利和义务，才能享有乡村公共财产赋予的权益；反之，户口不在乡村，从乡村集体经济组织中游离出来的大学生、城市居民，理所当然地被剥夺了集体经济组织成员资格或股权资格。曾经，在农业税征收、城市户口"洛阳纸贵"、大学生铁饭碗的令人艳羡时代，乡村土地乏人问津；时至今日，农业税取消、大学生进入大众教育、城乡流动一定程度上变得容易，乡村土地权益问题重新获得瞩目，乡村集体成员资格权凸显出来。在现行乡村公共财产治理实践中，集体所有制乡村土地承包经营权30年不变，实质上奉行"生不增，死不减，移不变"的土地固化原则，即不因婚丧娶嫁生等因素变革乡村土地经营权模式，注重现在的权利忽视未来的权利，重视死者的权利忽视（超过）生者的权利，权利超越自然的界限从而不为自然法则所束缚，符合人为自然立法、人为社会立法的现代财产权利趋势。"生不增，死不减，移不变"的土地固化，这曾经起到了定纷止争、息诉平讼效果。但是从集体成员权平等的角度来看，"生不增，死不减，移不变"的土地固化原则，人为制造了财产占用权的"生死"不同权，剥夺了集体经济组织新生成员的平等资格权，赋予了土地这一集体所有财产的超自然权利。

在乡村公共财产治理技术层面上，公共财产的受益当事人与其代理人之间关系的平衡，公共财产所有权和使用权、经营权之间存在着事实上的两权分离现象不断凸现出来。但是在实践中，存在着众多的公共财产所有权虚化，使用权、经营权无限膨胀，甚至私人过度侵犯公共财产现象。由此不难看出，只有在公共财产的法治实践运行中贯彻好效率原则、有效竞争原则、公共使用原则、程序公开透明原则，只有在公共财产技术治理层面上完善财政转移支付制度、确保转移支付性质、完善转移支付标准和程序、规范转移支付的运行、实现"一般性转移支付常态化"和"专项转移支付清晰透明公正"，只有切实厘清法律所有权与经济所有权、事实占用处置权之间的分离问题，才能有效规避机会主义、搭便车行径，才能更好地实现乡村公共财产的有效治理。

综上所述，在公共财产神圣光环萦绕中实现中性竞争、一体保护，特别是在公共财产在社会财产占比较高的语境下实现从"政策化"到"法治化"转型，增强公共意识、形塑高度的公共利益共识，建构包括乡村公共财产在内的中国特色社会主义公共财产法律规范体系、实现乡村公共财产的法治化治理依旧任重而道远。

第二节　乡村公共治理全要素的有效在场

一　乡村公共治理要素"合力论"

清末民初之际，面对"愚贫弱私"、封闭性的乡村熟人社会的治理不佳和损蚀严重、一个个乡村不再能够延续"超稳定"的乡村治理共同体，民国乡村建设派"发现"乡村治理全要素的有效在场的必要性："本来理想的乡村运动，是乡下人动，我们帮他们呐喊。退一步说，也应当是他想动，而我们领着他动。现在完全不是这样。现在是我们动，他们不动；他们不惟不动，甚至因为我们动，反来和他们闹得很不合适，几乎让我们做不下去。此足见我们未能代表乡村的要求。"① 由此可见，在开放的现代化转型之际，乡村命运共同体建设和乡村公共治理，不能单纯地依赖被动型的、单一的"外源动力"，也不能单纯地依赖主动型的、自主治理的"内源动力"，而是必须形成二者之间有机结合的"合力"。

新中国成立之后，携带着国家本位（大共同体本位）和集体本位（小共同体本位）的国家权力不断下沉到乡村基层，乡村传统的绅治、族权被扫荡一空，形成了党政一体、政社合一的高度一元化行政治理架构。

改革开放之后，在一元行政运作机制不断弱化、高度总体化乡村社会不断消解过程中，乡村形成了一个自上而下的行政权力与自下而上的自治权力系统的有效运作，在国家行政力量不断退缩与隐形化的空白处，一个自主治理组织能力不断成熟与细微化，一个历史与现实叠加、传承与创新共舞的乡村共同体组织运行体系跃然纸上。《中华人民共和国村民委员会组织法》（1984年）的颁布实施可谓乡村公共治理转型的1.0版。中心·边缘、城乡二元等"人为"色彩与"自然"色彩的结合，传统乡村共同体处于一定解体状态。应然上，城乡是双向"流通"的，乡间出来的人才可以留在城市服务城市，城市培养出来的人才也可以前往广阔乡村服务乡村。实然上，城乡流通是"单程"的，城市不断吞噬着乡村"新鲜的血

---

① 梁漱溟：《乡村建设理论》，上海人民出版社2005年版，第368页。

液"和有机的活力。乡村共同体利益的分享是以乡村集体户口为边界的，边界内外界限分明。边界内，以户口为"通行证"，乡村个体自然而然的"搭便车"，享受乡村公共治理。边界外，或者通过上学、在外定居等方式脱离集体户口，或者堵塞城市人才、资本的下乡。在当下中国，除了极为少量城中村、城乡结合部村，"单向度的流通"因素使然，对于绝大部分乡村来说，乡村公共财产的稀缺匮乏、流动性与封闭性的二元混杂、共享的经济社会历史文化伦理发生了一定变迁或变异、传统人际关系网络不再能够维系等复杂因素综合作用下，乡村公共财产基本上处于一种"放羊式"的粗放、无效治理状态，甚至个别乡村几乎处于自生自灭的失控边缘。在沸沸扬扬改革大潮中，乡村的"损蚀"、"空心化"、"失魂落魄"、乏人问津越来越引人关注，乡村共同体失去了较为丰厚的物质资源支持，公共物品的分享与公共活动的主动参与都大打折扣。在改革不断深化进程中，乡村农业税的取消、中央地方分税制改革的出台、流动性增强、"中心·边缘"的城市化治理方向，使得农村人才、资本不断外流，乡村成为城市的供养站，"超稳定"的乡村共同体在瓦解的进程中。2019 年 5 月 5 日发布的《中共中央 国务院关于建立健全城乡融合发展体制机制和政策体系的意见》第十八条建立健全乡村治理机制部分提出"全面推行村党支部书记通过法定程序担任村委会主任"，这标示着全面推行村党组织书记、村委会主任"一肩挑"成为中央既定政策。2019 年 6 月 23 日中共中央办公厅、国务院办公厅发布的《关于加强和改进乡村治理的指导意见》指出"建立健全党委领导、政府负责、社会协同、公众参与、法治保障、科技支撑的现代乡村社会治理体制，……健全党组织领导的自治、法治、德治相结合的乡村治理体系，构建共建共治共享的社会治理格局，走中国特色社会主义乡村善治之路。……村党组织书记应当通过法定程序担任村民委员会主任和村级集体经济组织、合作经济组织负责人。"[①] 2019 年 6 月 24 日《中国共产党农村工作条例》提出"把农村基层党组织建设成为宣传党的主张、贯彻党的决定、领导基层治理、团结动员服务群众、推动改革发展的坚强战斗堡垒"，加大乡村基础投资改善乡村生活条件，加快推进乡村治理体系和治理能力现代化。这可谓乡村公共治理的 3.0 版，指明了一条行政主导下乡村自治、法治、德治相统一的乡村公共治理体系和治理能

---

① 《中华人民共和国国务院公报》，2019 年 7 月 10 日。

力现代化之路①。

在乡村公共财产治理结构中的政府、自治组织、私人部门、第三部门、村民这5大治理主体即"党组织领导的自治、法治、德治相结合的乡村治理体系和治理能力现代化"关键性因素中,"我国是单一制国家,长期缺乏地方自治传统,即使基层自治也只是初步发育……"② 乡镇政府在乡村公共财产治理体系中起着支配其他治理主体行为的主导作用并促进着乡村公共治理体系的演变,"公共利益诉求"、"均等、优质、高效服务"构成其内在特质,弱化其自身的绩效诉求和逐利倾向,增强乡村自身的造血功能。任何小共同体都是与大共同体息息相关的从而依存于大共同体的。乡村命运共同体的形塑亦然。乡村命运共同体自治效能的有效发挥,"他者"的行政因素的有效在场、社会治理的有效在场、自主治理的有效在场都具有不可或缺性和不可替代性,因而乡村公共财产的有效治理是外在的行政性因素与内在的自制性因素、自上而下与自下而上的权力系统的有机结合。

在乡村的中心·边缘式治理、自上而下的决策机制与自下而上的需求之间的脱节、条块分割的管理体制、城乡二元分立的历史性因素中,乡村命运共同体的重塑,"大力发展农村经济,解决农民的安居乐业问题,是解决农民、农业和农村问题的根本出路。"③ 在一个根基深厚的利益、历史、文化、伦理等诸多因素形塑而成的乡村命运共同体中,乡约民俗的德治与大共同体的"法治"之间,存在着不少法律空白点,在时间与空间上留下了许多随意性和率性。在乡村命运共同体的重塑进程中,主导性行政治理的有效在场,推动治理全要素的有效在场与构成合力,形塑共同的利益关联原动力,充分发挥熟人社会的共同体信任网络关系,规避"政府失灵"和"市场失灵",实现政府合理规范下的乡村自治,无疑是一条乡村命运共同体重塑的稳妥之路。

---

① 在外源动力与内源动力相结合下,行政主导规划出一条自治、法治、德治相统一的新型乡村治理,参照城市"社区吹哨、街道报到"的有效治理方式,我们可否提出"村庄吹哨、乡镇报到"的治理模式,在被动型的、自上而下的"外源动力",与主动型的、自下而上的"内源动力"的有机结合,实现偏正结构的"乡"偏"村"正式新型"乡村"治理体系和治理能力现代化。
② 浙江省财政学会:《农村公共服务体系构建研究》,中国财政经济出版社2007年版,第21页。
③ 浙江省财政学会:《农村公共服务体系构建研究》,中国财政经济出版社2007年版,第9页。

第六章　乡村公共财产的有效治理及其价值归宿

无疑，在市场经济以及由此形塑的人与物相依赖的"物化社会"中，"现实的利益观念已经在二十多年市场化的疾风劲雨中深深地扎入了人们意识的'根须'之中，成为人们行为选择中至关重要的度量标准。"① 由此不难看出，乡村命运共同体首先是从经济理性出发的一个利益共同体。在乡村共同体生活社会秩序的第一位考量上，经济利益的存量与增量排在首位，乡村利益共同体在一定程度上与乡镇基层政治共同体（政权）、大共同体之间存在着差异、冲突、对立和矛盾，即在单纯经济利益考虑与综合性社会效益的考量之间，基层政府自身有一定的经济利益诉求。在市场经济体制下，在政绩导向下，自上而下的行政决策机制有其内在的"经济偏好"和利益冲动，这就使得政府偏好于最大化其自身利益的决策机制和公共治理的考量，农村"纯"公共财产的长期性、隐性，必然与这种行政"经济异化"存在一定偏离。政府偏好于投资少、时间短、见效快、大干快上的基础建设方面。显然在这一语境下，在市场化、个性化偏好充分显现的时代，自上而下型的"外源动力"常常使得乡村公共财产出现越位、错位和缺位的偏差现象，存在着实际的自上而下的授权来源和资源配置惯性使然，以及政府在场与祈使性、命令式在场方式中所夹杂的冲动力和破坏力。

综上所述，乡村命运共同体的重塑、治理要素的有效在场、乡村公共财产治理体系和治理能力现代化蕴含着大共同体（国家）、小共同体（村集体、乡镇政府）、乡村个体（农民）三者治理权力/权利划界和协调平衡②，特别是平衡事权与财权关系。在事权上，对于市场失灵的、外部性和搭便车情况存在的、信息不完全不对称的公共财产，适合于共同体治理；对于私人经济发达度高，个人和市场化参与能力强、促进农业生产发展、相对具有经济效益的、共同体失灵的、营利性和不完全排他性的公共财产，则宜划界为市场的或个体的范畴。在财权上，取消农业税、农民市民化之后，自上而下的决策体制与自下而上的需求之间出现了一定程度上

---

① 蓝宇蕴：《都市里的村庄———一个"新村社共同体"的实地研究》，生活·读书·新知三联书店2005年版，第87页。
② 从世界历史的角度来看，单一制中央集权国家普遍存在着大共同体（国家）、小共同体（地方政府）、乡村个体三者之间的意愿、偏好，以及由此而来的一定程度上从对立到有机统一问题。20世纪70年代韩国新村运动（中央政府主导、地方政府、农村居民）、日本的造村运动（中央政府、农协、农村）就是典型案例。

的脱节，使得保障乡村公共财产治理事权（责任）与乡村公共财产权益之间严重不匹配，甚至形成"倒挂"。集体所有制与全民所有制之间的协调，在集体所有制与乡村个体之间的联益关系上，关键点在于集体土地所有权的落实上。从法律意义上来看，目前集体性建设用地入市的探索，充分释放"土地的集体所有制"的财产权利，吸引社会资本的大量涌入就显得格外重要。

二 行政治理的有效在场

乡村公共财产的行政治理，涉及乡镇公共治理，城乡公共财产一体化治理（公平原则），自上而下的中央、省、市、县等公共财政治理（财权和事权相统一）等三个层面。基于论题侧重点需要，故笔者在此重点对乡镇行政治理做一深入探讨。

（一）乡镇公共行政治理失灵

作为基层公共利益的代理人，社会主义市场经济条件下行政的公共治理，本质上存在着其自身效率与公平相统一、成本与收益相统一、经济效益与社会效益相统一的价值取向。乡镇基层政府扮演了双重角色，一重角色，不同于乡村直接选举，作为行政治理的末梢，在自上而下任命制、委托——代理关系中成为上级行政的代理人，更多地体现上级行政意愿；一重角色，作为乡村的直接行政领导者和组织者。双重角色意味着乡镇政府的双重行为和利益取向：一是与上级政府保持一致，接受上级行政领导，构成自上而下的重要一环，在利益诉求上更多表现为大共同体利益诉求；二是作为组织和治理乡村公共财产的行政权威，必须兼顾乡村公共财产治理的需求偏好；三是在农业税取消、分税制改革之后，出于自立性考量，脱离上级行政目标和乡村公共利益诉求，采取与二者相悖的"逆向调控"思维与行动。三重角色使然，常常出现定位上的"失准"、"失效"，乡村公共治理上存在着行政效率低下、行政边界越位和缺位、行政效果忽视公平、地方保护主义的短期行为等种种行政治理失灵情形，难以有效平衡上级、乡镇政府、乡村三者权益。

一个不争的事实是，在熟人社会、关系社会、宗族、血亲等小共同体中，公共财产治理成本几乎为零。"在小的民主国家中，这种物质上的需要可能是微不足道的，而在大国就需要巨额开支。"① 近年来，乡镇行政治理成本不断上扬。在乡村公共治理过程中，与行政治理相关的乡镇基层行政的办公成本、报酬成本、摩擦成本、其他的隐性成本等人力、物力、财力不断高企，行政工作人员冗员严重，机构、设施、工资补贴超标。作为基层乡镇政府，"麻雀虽小五脏俱全"，乡镇党委、政府、人大、组织、宣传、武装部样样齐全，政府的规模、官员的待遇支出占财政支出比重突出。当然，乡镇行政超编、开支超额等现象，往往是历史惯性因素使然，对此我们应该理性待之。

在公共财产治理上，十八大和十八届三中全会提出，"市场在资源配置中起决定性作用，更好地发挥政府的作用"。也就是说，政府和市场二者之间应该存在一定的边界，适应市场的归市场，适应政府的归政府。就此而论，具有竞争性而不具有排他性的公共财产，更适合于市场治理和乡村自主治理。"当提供可度量的产出时，政府官僚机构要比私人企业花费更高的成本。"② 在实际中，囿于自身的"绩效"诉求、利益冲动、"GDP偏好主导"，乡镇基层政府行政治理往往存在着越位、缺位行为：其一，排除市场的自由竞争治理、自治的个性偏好治理，垄断治理权限和公共产品供给，从而导致低质量、低效率、高成本的产物和结果。在新农村建设、乡村振兴战略实施进程中，往往采取"农民被上楼"、违规"减一增一"、土地批租融资等形式主义，以此来推动乡镇地方经济发展。客观上低廉价格征地和强制性权力下的不公平交易，无疑侵犯了乡村土地的公共属性和公共权利，损害了乡村公共利益，引发"钉子户"、"强拆"等过激行为，导致各种不稳定因素，严重制约着"新发展理念"的贯彻落实。其二，扭曲的"政绩观""形象观""典型模范观"使然，劳民伤财、得不偿失、引发众怒事情也偶有发生。在中心·边缘治理、先富·后富理念和实践下，乡镇行政大搞"形象工程""面子工程"，甚至挪用钱财、以劣充优、糊弄上级政府的检查督导。扭曲的"政绩观"、变异的行政治理，不过是"金玉其外、败絮其中"，光鲜的 GDP 外壳下，难以掩饰财富、资源、人力的极大浪费，甚至引致一些不必要的社会对立、冲突、矛盾。

---

① [美] 史蒂文·科恩、罗纳德·布兰德：《政府全面质量管理》，中国人民大学出版社 2002 年版，第 52 页。
② 缪勒：《公共选择理论》，转引自高树兰：《公共选择视角下行政管理支出控制刍议》，《现代财经》2010 年第 1 期。

政府的在场与政府的有效在场问题一直在摸索中前行。乡村"挂职第一书记"的偶然性、流动性在场，这事实上使得行政主导治理流于形式。行政的经济在场，不是尽可能供给公共资源，而是对乡村已经所剩无几的民间资源进行过度提取，如在笔者的调研中，政府对乡村的水库、大口井等水资源进行公开承包和拍卖，承包费和拍卖费归基层政府，公共资源归私人，使得公共财产失去其"公共性"。乡镇与乡村干部的"共谋在场"，乡村基层政府与村庄干部之间常常存在着"一荣俱荣一损俱损"的利益关联，形成了一定的内在利益扩张动力，从而形塑了包括任免权在内的、难以避免的庇护与依护关系共同体。村庄的模糊性、"擦边球"行为，需要乡镇基层政权的"合法化"的制度支持；地方政府的"安全"等具有一票否决的社会行政性考核，需要村庄干部的鼎力支持，以报酬来刺激管理的目的。双方利益的重叠，容易形成一些"利益输送链条"，导致一些灰色黑色经济行为，掣肘着乡村公共治理的有效性。如此种种，不一而足。

(二) 乡镇行政治理的"有效在场"

在我国现行行政层级中存在中央、省、市、县、乡五级，层级设置过多，一是导致"中心·边缘"治理的层层"抽瘦补肥"现象，各地不同程度出现财政和经济发展的中心化·边缘化分界现象，乡村成为公共治理"被遗忘的角落"。为了缓解基层财政困难，提升乡村公共产品、公共服务的供给能力，实现行政主导、乡村有效自治格局，有必要缩减行政层级，节省财政拨款和实现有效拨款，更好地适应乡村公共治理的现实需要。从学术界、政策决策层、实践三个层面来看，目前存在着或者推广省直管县，或者撤乡（镇）为县派出机构，或者撤县强乡等不同主张。在乡村城市化、现代化、工业化、信息化进程中，东莞的市、乡（街道）、村三级公共治理架构，是一个值得研究的典范案例。可喜的是，十九大之后，中央政府编制改革力度颇大。截止笔者撰写此文之际，乡镇定编定额定机构工作尚待全面开展中。在这一改革进程中，如何使得乡镇转化为县派出机构，如何使得基层治安、医疗、教育、乡村公共服务等人员严重缺编问题得到有效解决，等等，值得期待。

在乡村公共财产有效治理上，需要完善的公共治理结构和治理模式，不断推进治理要素的市场化改革、公共权力的"阳光法案"落实。以商品化、市场化为经济体制取向的改革开放以来，我们逐步从"全能型政府"向"有限型政府"、"服务型政府"转化。从实践和逻辑相统一的角度来看,"取消农民负担后,汲取型体制就没有了合法性和经济基础,乡镇政府必然转向服务型政府。"① 商品和服务的市场化机制基本建立,但要素市场化进程并不同步。乡镇基层政府的人员、机构、编制、职能上并不完全适应市场化改革的需要。在全面深化改革方略中,"行政主导"、"有限型政府"、"服务型政府"② 的角色定位,意味着在乡村公共财产治理上,乡镇政府与微观利益链条不是更加紧密,而是需要从微观经济领域中脱身而出,从经济建设的主体、投资主体的角色中转换出来,转到为乡村中长期发展的经济性规划和服务上,以及非排他性和非营利性的公共产品的供给上,如义务教育、医疗卫生、环境生态、社会保障上,以保障乡村公共服务和公共产品更好地满足人们对美好生活的追求。

在行政治理上,农业税取消之后,制度内公共财产治理纵向比较效果明显:从政策支持上看,政府先后提出建设社会主义新农村、乡村振兴等战略,高度重视城乡统筹发展、城乡一体化发展问题,使得乡村公共财产治理呈现出欣欣向荣的繁荣局面;从财政支持力度上看,政府财政加大农民直补、良种补贴、农机具购置补贴、农业生产资料综合补贴、财政困难县和产粮大县的转移支付,加强了道路、水利、电力、通信等基础设施建设。但是从横向上来看,制度内乡村公共财产治理不足依旧明显,使得乡村公共财产治理存在着国际、城乡、地区三个层面的较大差距。政府的主导作用应该更多地集中于政策、制度、倡导、动员、监督、评判等宏观层面,而更少地集中于报酬、薪水、服务等细枝末节的技术层面和微观层面。一句话,乡镇行政治理的有效在场还有很长的一段路要走。

三 乡村命运共同体的重构

初始意义上,小共同体之所以产生,不是自然而然的产物,而是"这种原始类型的合作生产或集体生产显然是单个人的力量太小的结果,而不是生产资料公有化的结果。"③ 这一语道出"个体"和"小共同体"的本

---

① 李昌平、董磊明:《税费改革背景下的乡镇体制研究》,湖北人民出版社2004年版,第31页。
② 从党的十六届六中全会"建设服务型政府,强化社会管理和公共服务职能"、党的十七大报告"行政管理体制改革的目标是建设服务型政府"、党的十八大报告"服务型政府",市场经济体制下,"服务型政府"的角色定位正当其时。
③ 《马克思恩格斯全集》第19卷,人民出版社1963年版,第434页。

质关系。在长期的合作、磨合、博弈中,传统乡村自然历史地形成了"关系共同体(主从关系、人缘关系、契约关系、朋友关系)"、"差序格局共同体"等以身份、血缘、宗亲为纽带的乡村命运共同体。当然,"共同体对个体的接纳,意味着承认个体对共同体所作出的贡献,同时还意味着赋予个体以自主性"①。

改革开放以来,随着国家政策的调整、全能政府的离场、城乡二元结构的松动、市场经济的冲击,一些经济发展条件比较好的乡村地区,利用自身得天独厚的资源,凭借《村民委员会组织法》赋予的自治权限,依据传统乡约民俗等规制,借助于市场化的动力和机制,搭上改革开放这股东风,开启了德治、法治、自治相统一的乡村命运(利益)共同体的重构,涌现出自成一格的乡村经济社会命运共同体。乡村命运共同体的形塑,是一个系统性工程。作为自治型的乡村命运共同体,裹挟进市场和非市场的双重内涵,首当其冲的就是集体经济的迅速发展,继而在伦理化的经济组织中承担起村落的社会义务和责任,以及历史文化延续、伦理宗族认同联接起来的乡村共同体。

在乡村命运共同体重构进程中,村民委员会担负着不可或缺的重要作用。《村民委员会组织法》赋予了村民委员会双重角色:一重是代理人,即乡镇政府在乡村的代理人;一重是乡村众意的委托人,即成为乡村表达需求的载体,乡村秩序的维系者,乡村公共事务的治理者。村民委员会落实好村民集体意愿与表达乡镇行政主导,协调妥当村落意愿与政府责任的这双重角色,则上通下达、承上启下,更好地实现乡村的善治。乡村自治空间的形成,实质上是自上而下的行政放权的产物和结果能够适应乡村市场化中"理性经济人"和合作博弈的需要,对于"实现农户与市场对接、规避市场风险、提升农业经济的规模效应、降低农户交易成本、提高农民收入等都具有重要作用。"②

乡村命运共同体本位意识和伦理文化关系共同体心理意识认知格外重要。珠江村、南街村、华西村等典范和耀眼的明星村庄,就是在现代化、工业化、城市化、市场化的合力推动下,成为乡村命运共同体的肇始性萌

---

① [美]基思·福克斯:《公民身份》,郭忠华译,吉林出版集团有限责任公司2009年版,第3页。
② 曲延春:《变迁与重构:中国农村公共产品供给体制研究》,人民出版社2012年版,第215页。

芽。乡村命运共同体具有天然的合理性，容易从中产生出"个人与共同体的互渗"：同样的生活阅历、身份、情感经历，容易营造出一个同质性较强的共同体集体认同，以及在心理情感层面生发出丰富的情绪互感机制与集体表象和个体对共同体的依附和信赖。显然，借助于乡约民俗、熟人网络、情感纽带维系的乡村命运共同体，在市场化、城镇化所形塑的陌生人社会中面临着挑战、压力与不适应性。乡约民俗、伦理道德明显遗留有小共同体的"地方主义意识"；内嵌于熟人社会的"自己人"等非理性化认知，充斥着排外气质，侵蚀着市场经济的"公平正义"价值理念。小共同体与大共同体各自拥有不同的规范与文化认知系统：在封闭性、熟人型的乡村小共同体内，内生性的文化、伦理、价值、规范已经融合为共同体生活实践之中，形成了高度群体一致性的归属感和认同感，人们分享着共同的经验与规范，形成了集体性共识；在开放性的、陌生人型的大共同体内，陌生人之间的流动性和高度差异性，随时侵蚀着过往的经历、文化、价值、伦理，导致价值多元化、伦理多样化、认知多变化，只能依赖于社会整合的法律与制度的约束。利益共同体本位主义与陌生人社会的契约精神、公平正义相去甚远。弥合小共同体与大共同体之间的断裂，实现理性化的在场就离不开"法治"，离不开普遍主义的理性化约束——大共同体所遵从的法治有着不可替代的功能，遵从大共同体或陌生人社会的契约治理，为乡村命运共同体的理性化治理、公共财产的规范化治理、提供制度化前提。显然，带有"内生性"、"封闭性"特点的"德治"、"自治"，很难完全从其自身脉络中孕育出与包容性、开放性相适应的普遍主义的理性化约束方式。一句话，乡村小共同体"利益牢笼"反映了这种小共同体一定程度上的断裂性事实，而在流动性开放性常态化的新时代，更多适应于熟人社会的"德治"具有难以避免的滞后性（在"物化社会、人们奋斗的一切都与利益相关"语境下，道德时时面临着利益对人性的考验，从而变得不具有客观性和中立性）。显而易见，把民众的自主治理能力放置在法律许可的范围内进行发挥，自主性治理的制度化保证才是乡村命运共同体发展的长远之策。

在新时代，"党组织领导的自治、法治、德治相结合的乡村治理体系和治理能力现代化"，不是任凭"留不住的城市、回不去的乡村"的尴尬，而是变革"中心·边缘"式治理模式，创造适合"吸引优秀人才"，吸引"回得去的乡村"的现代人。就此而论，物质条件和现代性平台的搭建，对于吸引现代人和发挥内蕴其间的聪明才智至关重要。换言之，在当下乡村公共财产制度内治理（供给）为主和制度外治理（供给）为辅的语境下，经济因子这一根基性因素影响到与之相关的一系列文化性的、政治性的、道德性的、法治性的因素，这构成了乡村公共治理的外部性因素和环境，严重制约着乡村公共治理的行政性、社会性、乡村自主性、市场性等内部性因素和环境。虽说乡村获得了长足的发展，不再是"愚贫弱私"的代名词，但许多村级集体经济组织、合作经济组织，或流于形式，或无雄厚的经济实力，事权的无限大与财权的无限小之间的矛盾构成"党组织领导的自治、法治、德治相结合的乡村治理体系和治理能力现代化"主要瓶颈性因素。

在乡村命运共同体中，对于与民众切身利益息息相关的"公共财产"而言，对于乡村共同体公共财产的利益存量、增量问题——乡村命运共同体维系、凝聚、形塑、重构的"根基"而言，谁做"掌柜"值得关注："派"出来的、"定"出来的"当家人"，与经过规范程序、行使民主权利"选"出来的"掌舵人"，在代表性上差别悬殊，在利益表达渠道上、主宰自己命运上体现出"自主治理"的真谛。在封闭性的乡村"熟人"格局中（在封闭与开放、停滞与流动交叉的当下亦然），无论传统绅治还是当下的自治，既然乡村权力的合法性维系镶嵌在宗族、家族、亲朋好友、口碑、资源的关系网络文化中，那么乡村共同体治权的更替、交替与时局变迁中权力的传承和继替、精英的循环和延续就成为不争的事实。在"家国同构"文化语境中，乡村权力架构不过是国家权力架构具体而微的逻辑延伸。在市场化和"物化社会"形塑进程中，公共权力无疑转化为公共财产的当然组成部分，同时公共权力也带有深深的"能人"性个体烙印。那些在素质、能力、视野、关系、资源方面的领先者/开阔者，那些能够把"公共权力"变现为"公共财富"的能人，那些乡村致富的"领头羊"和乡村治理的"排头兵"，无疑会被优先结合进"公共权力"中枢，促进乡村事务的良性运转。从乡村小共同体利益和乡村个体利益出发，这些杂糅了传统"管制"气息和现代治理双重因素的"能人"，在乡村公共权力运行和治理过程中，存在着大量正式权力非正式运作的方式，存在着大量适合于小共同体的游戏规则而违反大共同体的法制行为，甚至出现乡村个体与乡村共同体抱团与大共同体抵触行为。乡村的乡土性、智慧性发展和治理有效、充满活力、和谐有序的形塑，都离不开现代化的人。显然，乡村公共财产的"工业化、现代化、城市化、信息化",不是位置意义上,而是职业意义上和人的意义上,既内蕴着"公共财产均等化、公共财产城乡一体化"思路,也内蕴着乡村的"可适宜性"发展意义,体现出个性化需求和公平性价值倾向。

当然,在乡村命运共同体的重塑进程中,乡村自治的权力边界也至关重要。当乡村共同体存在着公共资源的稀缺性、空间的封闭性、机会成本的昂贵性时,特别是人们的就业、财富机会难度变大之时,一点点的蝇头小利就引人关注,在财富压力驱动下,乡村自治公共权力之后所暗含的财富就变得珍贵起来。在这其中不乏游离在"非法"边缘的"公共权力私人化"行为。客观地讲,在物质匮乏、纯粹计划经济的时代,乡村自治"公共权力"无法变现为"私人财产",或者说至少难于大量的变现,或者说只能在政策规定范围内变现。伴随着集体利益的扩展与个人利益本位化意识的苏醒和强化,乡村自治权力的"公共财产性"与"权力私人掌控者社会资本化"构成同一个进程,公共权力游走在"黑色"、"灰色"边缘,编织出私人利益的网络,"公器私用"导致利益的分野。更遑论那些只凭宗族、家族甚至"黑恶"势力走上公共权力的掌控者。甚至,乡村公共权力出现"代际传承"、精英循环等现象。乡村所谓"官民"之间处于一定"紧张"状态,治理存在一定程度上失效的可能性。在笔者孩提时候的记忆中,显性中村干部杯水车薪,隐性中乡村干部总是意味着更少的税费,更多的福利待遇。再如乡村公共收入支出明细的张榜公布,在一些乡村始终是一笔糊涂账。

综上所述,在公共权力运行过程中,乡村小共同体与乡村个体、公共权力与公共权利的兼容与支配,乡村个体在对小共同体依附与归属、乡村小共同体在约束与规制中整合发展等,需要明晰的权利边界,从而既保障乡村个体的独立性与利益诉求,又需要通过一整套正式非正式规则制度联接在一起达致小共同体本位价值。在商品化、市场化大潮中乡村自主治理权力的复得具有其历史必然性,同时也为乡村公共财产的有效治理提供了一定的自由发挥空间:从传统宗族、家族、民间精英中发掘本土性资源,从利益诉求、经济理性、自上而下的权力认可性支持中获得乡村公共秩序,两相结合构成自治、德治、法治的乡村命运共同体。

第三节 乡村公共财产治理的
公平化价值归宿

"平等应当不仅是表面的,不仅在国家的领域中实行,它还应当是实际的,还应当在社会的、经济的领域中实行。"① 由此可见,公平是多面向的,不仅指向政治公平,从而抛开身份、血缘、等级等因素的掺杂,而且指向经济公平,从而实现起点公平、机会公平和结果的大致公平。

一 财产公平理念:公共性的应有之义

公平,公正、平等、正义之意,内蕴着"合情合理、不偏不倚、公平无私",构成人类的永恒价值追求。古往今来,人类对既定秩序和利益格局的反抗以及生发出来的"大同社会"、"理想国"、"乌托邦"等梦寐以求的夙愿,体现出人们对"公平"的不懈追求,抒发了人类梦寐以求的理想情怀和对美好生活的共同向往。在东方,我们随处可见古人对"公平"的素朴认知:"公平者,职之衡也"②、"天公平而无私,故美恶莫不覆;地公平而无私,故小大莫不载"③、"商君治秦,法令至行,公平无私"④。在西方,从亚里士多德:"政治学上的善就是正义,正义以公共利益为依归。按照一般的认识,正义是某种事物的'平等'(均等)观念"⑤ 到罗尔斯:"正义是社会制度的首要德性"⑥,无不折射出人类对公平正义的永恒追求。

作为上层建筑的公平理念是一个历史范畴,本质上取决于社会生产力

---

① 《马克思恩格斯选集》第3卷,人民出版社1995年版,第448页。
② 《荀子·王制》。
③ 《管子·形势》。
④ 《战国策·秦一》。
⑤ 亚里士多德:《政治学》,吴寿彭译,商务印书馆1965年版,第148页。
⑥ [美]约翰·罗尔斯:《正义论》,何怀宏、何包刚、廖申白译,中国社会科学出版社1988年版,第3页。

的发展水平。"这个公平则始终只是现存经济关系的或者反映其保守方面、或者反映其革命方面的观念化的神圣化的表现。希腊人和罗马人的公平认为奴隶制度是公平的；1789年资产者的公平要求废除封建制度，因为据说它不公平。在普鲁士的容克看来，甚至可怜的行政区域条例也是对永恒公平的破坏。所以，关于永恒公平的观念不仅因时因地而变，甚至也因人而异。"① 曾几何时，"士农工商"、"刑不上大夫、礼不下庶人"、"君君臣臣父父子子"等三纲五常、尊卑次序，不仅是对传统等级制、特权制的真实写照，而且适应了其时的社会生产力发展水平和财产关系的具体状况，因而有其自身的合理性之所在。当然以现代的公平观来审视历史时代，无疑"在过去的各个历史时代，我们几乎到处都可以看到社会完全划分为各个不同的等级，看到社会地位分成多种多样的层次。在古罗马，有贵族、骑士、平民、奴隶，在中世纪，有封建主、臣仆、行会师傅、帮工、农奴，而且几乎每一个阶级内部又有一些特殊的阶层。"② "在中世纪，权利、自由和社会存在的每一种形式都表现为一种特权"③。人类公平理念始终处于历史衍化与缓慢变革前行中。

现代社会以降，公平构成社会主义最为珍惜的价值理念。在原初意义上，这种公平只是作为一种理念，在空想社会主义那里得到了淋漓尽致地阐述。作为一种否定和批判私有财产及其观念、主张公有财产或共有财产的理论主张，空想社会主义——一种乌托邦思想，其滥觞可以追溯至古希腊柏拉图，追溯至柏拉图在《理想国》中所表达的集体拥有财产的共产主义观念。近代空想社会主义注意到劳动与财产的分离与对立、财产的富有与贫困，严厉谴责现代社会大工业生产与生产资料的分离、资本主义私有"经济制度有一种更突出的破坏性，即集体利益与个人利益这两种利益的矛盾。"④ 私人利益与普遍利益的对立，个人为了私利不断与他人处于战斗状态，以致"世界上充满了财富但到处都是苦难深重。"⑤ "私有财产或私有制，过去和现在都是人们所犯无数罪行和所遭的无数灾祸的原因。"⑥ 有

---

① 《马克思恩格斯选集》第3卷，人民出版社1995年版，第212页。
② 《马克思恩格斯选集》第1卷，人民出版社1995年版，第272页。
③ 《马克思恩格斯全集》第3卷，人民出版社2002年版，第136页。
④ 《傅立叶选集》第3卷，商务印书馆1964年版，第57页。
⑤ 《欧文选集》第1卷，商务印书馆1979年版，第221页。
⑥ 《欧文选集》下卷，商务印书馆1965年版，第13页。

鉴于此，空想社会主义天才地构思出联合劳动、共同占有财产的理想社会——未来"实业制度"、各个"法朗吉"组成的和谐制度、"劳动公社"的联合体。在未来理想社会中，实行协作财产生产制，把创造财产的资本、劳动和才能三种手段都集中于协作社，共同管理、联合劳动和协作生产，从而促使生产力的高度发展和物质财富的极大丰裕；人人参加劳动，人人爱好劳动，以劳动竞赛的方式鼓励人们的发明创造，劳动成为为人类造福的普遍化行为，生产有计划有组织地进行，促进经济最有效的发展，建构起"劳动和享受的同一"、"劳动与财富同一"的未来社会。遗憾的是，空想社会主义"从私有财产的普遍性来看私有财产关系"，注定了其历史观上的唯心主义和方法论上的形而上学性。空想社会主义到处否定人的个性，把不能被所有人作为私有财产占有的一切都消灭掉；对较富裕的私有财产怀有嫉妒心和平均主义欲望，向贫穷的、需求不高的人的非自然的简单状态的倒退，因而这种把私有财产平均化占有的思想不过是粗陋的平均主义，"在什么都没有的地方，也就没有什么可以平均化。"① 这种空想社会主义又是普遍的禁欲主义，只是"以满足鄙俗的需要为目的的唯物主义"②。极其惨痛的历史教训一再告诫我们，"生产力的这种发展……之所以是绝对必须的实际前提，还因为如果没有这种发展，那就只有贫穷的普遍化；而在极端贫困的情况下，就必须重新开始争取必需品的斗争，也就是说全部陈腐的东西又要死灰复燃。"③

在"批判绝对私有财产与超越普遍的禁欲主义、粗陋的平均主义财产"的有机统一中，科学社会主义的公平财产理念得以升华。"资本主义和工业化破坏了原有的社会公平和社会稳定，并且让人类不可避免地走上了财富差距日益加剧的道路。这种认识在马克思主义的'贫困化'理论中得到了最完整的解释。"④ 在马克思看来，资本积累和贫困积累之间的社会弊病，财产快速增长与财产利益关系的不和谐，最终摧残了财产创造活动的劳动本源，并现实地构成了社会动荡的因素，直接导致了社会矛盾和社会冲突。以人的异化和片面发展为代价的富有生产效能的资本，以财产人格化的方式来解决稀缺问题，并未带来财产稀缺问题的弱化和消失，反而

---

① 《马克思恩格斯全集》第26卷Ⅱ，人民出版社1973年版，第208页。
② 《马克思恩格斯全集》第26卷Ⅲ，人民出版社1974年版，第294页。
③ 《马克思恩格斯全集》第3卷，人民出版社1960年版，第39页。
④ [美] 理查德·派普斯：《财产论》，蒋琳琦译，经济科学出版社2003年版，第56页。

造成稀缺问题的全面加深和恶化。既然劳动是财产的主体本质和源泉，那么财产作为劳动的产物和结果必然要求与劳动相统一，要求劳动创造财产初始所有权，要求等量劳动领取等量产品，等等。反之，资本主义社会异化劳动（雇佣劳动）导致的劳动与财产的分离疏远，必然损害着财产的主体本质，阻碍着财产的创造，进而恶化着人与人之间的关系。失去公平，人类也将失去发展的动力，导致低效的增长。事实也的确如此。在马克思生活的时代，低廉的薪酬、过度的劳动和痛苦的生活，既损害着作为财产源的劳动，阻碍着生产力的提高和财产的快速增加，也引致了不同利益阶层之间的对立和冲突。

当然，对于处于从资本主义向未来共产主义过渡阶段的社会主义社会（在某种意义上可以说，马克思对社会主义社会的构想等同于现实社会主义）来说，在"资产阶级法权"的狭隘眼界内，在社会经济结构以及由经济结构所制约的社会发展的特定阶段，通过股份制财产实现"作为私人财产的资本在资本主义生产方式本身范围内的扬弃"①，最终实现"社会所有制"："社会化的人，联合起来的生产者，将合理地调节他们和自然之间的物质变换，把它置于他们的共同控制之下，而不让它作为盲目的力量来统治自己；靠消耗最小的力量，在最无愧于和最适合于他们的人类本性的条件下来进行这种物质变换。"②"在协作和对土地及靠劳动本身生产的生产资料的共同占有的基础上，重新建立个人所有制。"③ 如此，才能在生产资料联合占有（其较为现实的形式是股份制形式的过渡性社会财产）、联合劳动、等量劳动领取等量产品的方式中，实现更好地发展生产力、创造物质财富的同时，协调财产利益关系，以实现不平等中的最平等的财产利益关系。换言之，真正的财富就是在普遍交换中造成的个人的需要、才能、享用、生产力等的普遍性，就是人对自然力统治的充分发展，就是人的创造天赋的绝对发挥④，这当然只能在代替资本主义社会的新的社会形态中才能实现：社会化的人，联合起来的生产者，实现财富的充分涌流，以及每个人的全面自由的发展。

中国特色社会主义是对科学社会主义财产公平理念的进一步发挥。

---

① 《马克思恩格斯全集》第25卷，人民出版社1974年版，第493页。
② 《马克思恩格斯全集》第25卷，人民出版社1974年版，第927页。
③ 《马克思恩格斯选集》第2卷，人民出版社1995年版，第269页。
④ 《马克思恩格斯全集》第46卷上，人民出版社1979年版，第486页。

"社会主义的本质,是解放生产力,发展生产力,消灭剥削,消灭两极分化,最终达到共同富裕。"①这一精辟论述道出了中国特色社会主义财产公平理念的两个基本原则:发展生产与共同富裕。这两个原则是基础和目的的关系。发展生产与创造财富,是从生产力的角度提出的一种功能性要求,表明社会生产效率的提高和物质财富的丰裕,它构成了共同富裕的本质前提;共同富裕与财富的公平分配问题,侧重于从生产关系角度对财富生产提出合理分配的合法性要求,反映了社会成员对社会财产的共同占有方式,它构成发展生产力的目的和归宿。在中国特色社会主义实践进程中,财产公平理念不断得到深化发展:"要通过发展增加社会物质财富、不断改善人民生活,又要通过发展保障社会公平正义、不断促进社会和谐。"② 这就告诉我们,没有社会生产力的发展和物质财富的丰裕,就不可能实现社会主义,也不可能最终实现社会主义本质所要求的公正与和谐;不随着生产力的发展和物质财富的充裕而适时推动社会公平与公正,就无法调动人们从事生产和创造财富的积极性与热情,也就不可能实现生产力的发展。

由上可见,中国特色社会主义理论体系本身就包含了关于和谐社会的财富创造与财产利益关系的协调之间的辩证关系问题,从原则高度为公平的财产理念指明了方向。社会主义社会公平分配和"共同富裕"的目标,主要体现在我国经济关系中公有制和按劳分配的主体地位上,也就是市场经济的社会主义性质上。如果说,市场经济中非公经济以及按要素分配方式,主要发挥着市场竞争与"劳""酬"相统一中合理拉开收入差距的作用,那么,公有制经济与按劳分配的主要功能之一就是保证社会公平和共同富裕,进而发挥着缩小收入差距的重要作用③。因此,我国公有制经济在国民经济中的绝对优势(50%以上),就为全体社会成员共享改革发展成果提供了坚实的物质基础;我国按劳分配法律主体地位的确定和为大多数社会成员所接受的事实,既保障了"按劳分配、多劳多得"的合法收入

---

① 《邓小平文选》第三卷,人民出版社1993年版,第373页。
② 《胡锦涛文选》第二卷,人民出版社2016年版,第625页。
③ 但遗憾的是,改革进程中出现了一些不公平经济行为,如在全民所有制的国企和集体所有制的乡镇企业改制过程中出现了"内部人控制",(每经网:WWW.nbd.com.cn/3-01-27/710360.html);或者亏损止跌破产资不抵债,如国棉厂、染业厂等粗放型企业,在市场经济竞争大潮中纷纷改制失败,从而难以承担上交国税、共同富裕的"初心"。

共识，也取缔了非法非正常收入的社会生长土壤。

当然，"在共产主义第一阶段还不能做到公平和平等，因为富裕的程度还会不同，而不同就是不公平。……指出了共产主义社会的发展进程，说明这个社会最初只能消灭私人占有生产资料这一'不公平'现象，却不能立即消灭另一不公平现象：'按劳分配'（而不是按需要）分配消费品。"① 在社会主义初级阶段，受制于不充分不平衡发展的生产力，在资本主义法权基础之上过渡而来的社会主义法权、社会主义初级阶段的公平，只限于"生产者的权利是同他们提供的劳动成比例的；平等就在于以同一尺度——劳动来计量。"② 从按劳分配的角度来看，当然是一种"不平等的权利"，也应当是一种"不平等的权利"。"权利决不能超出社会的经济结构以及由经济结构制约的社会的文化发展。"③ 在此应当指出的一点是，"公平"并不等于"平等"。由于人们与生俱来的自然禀赋、健康状况、精神素质的差异，以及后天的努力程度、自律意识、工作能力、劳动强度、勤俭节约的不同，事实上人与人之间存在着很大的差异。既然在把握机遇、驾驭机会上存在着不平等的能力，那么即使起点公平，个体之间的差异也会导致结果不平等现象。"从人们存在着很大差异这一事实出发，我们便可以认为，如果我们给予他们以平等的待遇，其结果就一定是他们实际地位上的不平等，而且他们置于平等的地位的唯一方法也只能是给予他们以差别待遇。"④ 换句话说，这种尊重个体差异的"不平等"，实质上就是"公平"！在城乡、脑体、工农三大差别尚是事实的语境下，这种相对的"不平等"、"不公平"现象仍然将在未来可预期的一段时间内长期存在。就此而论，"公平"是具体的、历史的、相对的、阶段性的、渐进性的不能超越社会经济发展的实际水平，"任何权利都是把同一标准应用在不同的人身上，即应用在事实上各不相同、各不同等的人身上，因而'平等的权利'就是破坏平等，就是不公平。"⑤

综上所述，财产公平理念是一种普遍性的社会心理和价值诉求。在当

---

① 《列宁选集》第3卷，人民出版社1995年版，第195页。
② 《马克思恩格斯选集》第3卷，人民出版社1995年版，第304页。
③ 《马克思恩格斯选集》第3卷，人民出版社1995年版，第305页。
④ ［英］弗里德里希·冯·哈耶克：《自由秩序原理》（上），邓正来译，生活·读书·新知三联书店1997年版，第104页。
⑤ 《列宁选集》第3卷，人民出版社1995年版，第194页。

代中国,"乡村公共财产治理"意义上的公平,作为一个经济伦理学范畴,主要体现为围绕经济社会发展权利、公共利益关系所产生的人与人之间的合理、正当、公正、平等、均衡关系,即权利公平、机会公平、规则公平、分配公平以及由此而来的合理合情的财产价值规范和评判。

二　财产公平的实践指向

20世纪末世界历史范围内的一场市场化潮流,与传统中心·边缘式不平衡治理模式相叠加,出人意料地把当代中国乡村公共财产公平治理问题推上了风口浪尖。一方面,公平理念面临"市场失灵"的侵蚀。"虽然市场体制有时讲求公平,但它们却无法保证公平(合理的机会均等意义上的公平)。……一方面,市场非人格地和相对客观地体现人们思想的过程,对公平作出了重要贡献,尤其是与发挥这些功能的其他不完全的体制设计相比;但另一方面,由于把不同境遇的人们带入市场的非人格的淘汰过程的非常不同的起点和天赋条件,以及他们所遭遇的程度非常不同的好运或坏运,因而产生了不公平。如具有富裕的父母和幸福稳定的家庭生活;从具有挑战性和有效的教育中受益,上名牌学校;结交有才能和有影响力的朋友;获得健康和平衡的营养等等,这些对个人在市场中的竞争都会起有利作用,而市场并不保证这些天赋条件是均等的或是随机分布的。"[①] 与此同时,既然"共同富裕"是社会主义的本质特征、"自由、平等、公正、法治"构成社会主义核心价值观,那么破除中心·边缘式不均等治理模式——传统儒家文化物之后人与人之间疏远亲近关系如一圈圈涟漪一样强→弱衰减蔓延淡化开来,就显得迫在眉睫。换言之,在市场经济中,从公共财产的"纯"、"准"两个方面的定性上来看,实现全民所有制与集体所有制的公平和中性竞争,破除城乡二元体制机制,规避由此而来的歧视性语言和经济行为,如"农民工"就是脏累苦、弱势群体的代名词;乡村就是落后、愚昧、艰苦、老少边穷的同义语等,践行"法律面前人人平等"的宪法原则具有紧迫性和重要性。由此延伸出来的乡村公共财产治理上的公平,主要涉及两个方面:其一,在制度设计上,长期以来国家战略

[①] [美]查尔斯·沃尔夫:《市场,还是政府——不完善的可选事物间的抉择》,陆俊、谢旭译,重庆出版社2007年版,第117—118页。

下"工农业剪刀差"、"城乡二元体制"所导致的乡村公共财产失衡问题，使得乡村民众追求美好的、优质的、公平的公共产品和公共服务的自由倾向即城市化冲动受抑。其二，在乡村四化同步发展进程中，农业收益递减、乡村全要素的相对不自由流动和不平等交换，使得乡村公共产品、公共服务供给上自然而然地带有稀缺匮乏性。机会公平或权利公平，公共产品、公共服务一体化均衡配置，才能保障民众共建共治共享平等的公共产品、公共服务。在此语境下，乡村公共财产公平问题具有自然历史性，一个人或乡村出生或城市出生并不意味着公共财产共享共建共治水平的相对不公平。

（一）制度设计的公平

"正义是社会制度的首要德性"①，公平的实现最终落脚在制度设计的公平中。在城乡公平制度设计层面上，我们走过了一条曲折前行的道路。在城乡权力代表上，《全国人民代表大会及地方各级人民代表大会选举法》（1953）规定："各省应选全国人民代表大会代表的名额，按人口每80万人选代表一人……中央直辖市和人口在50万以上的省辖工业市应选全国人民代表大会代表的名额，按人口每10万人选代表一人。"这契合了新中国成立之初党的战略决策："城市是政治、经济、文化的中心，是工人阶级所在，是工业所在，这种城市与乡村应选代表的不同人口比例的规定，正是反映着工人阶级对于国家的领导作用，同时标志着我们国家工业化的发展方向。因此，这样规定是完全符合我们国家的政治制度和实际情况的，是完全必要的和完全正确的。"② 在城乡居民权利上，《户口登记条例》（1958）对农村人口的自由流动问题作出如下规定："公民由农村迁往城市，必须持有城市劳动部门的录用证明，学校的录取证明，或者城市户口登记机关的准予迁入的证明。"《关于处理户口迁移的规定（草案）》（1964）指出："从农村迁往城市、城镇，从城镇迁往城市的，要严加限制"，这就从法律上限制了农村人口的自由流动和自由迁徙，在农村人口、农业人口与城市人口、非农业人口之间划界，剥夺了农民享受更多城市社会福利和就业机会，使得城乡社会成为相互封闭的二元社会结构，从而将

---

① ［美］约翰·罗尔斯：《正义论》，何怀宏、何包钢、廖申白译，中国社会科学出版社1988年版，第3页。
② 全国人大常委会办公厅研究室：《中华人民共和国人民代表大会文献资料汇编1949—1990》，中国民主法制出版社1991年版，第133页。

城乡居民二元化治理模式固定下来。当然，这种对农业、农村、农民的意识形态偏见和不平等的初始政治制度和法律制度安排，以及由此创设的城乡二元体制机制，根本上是由新中国成立之初"工业化""城市化"战略规划所内在决定的，符合"一穷二白"基础上建设和保卫新生政权的需要，有其自身的历史合理性与历史局限性之所在。

历史在曲折中不断前行。一部改革开放史也就是一部城乡居民"权利公平"的进程史，不断践行着经典马克思主义的论述："一切人，或至少是一个国家的一切公民，或一个社会的一切成员，都应当有平等的政治地位和社会地位。"① 改革开放之后，政策决策层循序渐进地大力推进乡村"城市化、工业化、信息化、现代化四化同步推进"，本质上是城乡公共财产一体化共建共治共享的公平典范，事实上就是城乡二元体制机制不断松动、渐次弱化、不断废弃的进程。乡村和城市，不是意味着不同的社会地位、福利待遇、发展机遇，而是表明人们居住地点的不同和人口资源有效配置的结果。从人类社会的初心和价值归宿来看："人是万物的尺度，是存在的事物存在的尺度，也是不存在的事物不存在的尺度。"② "代替那存在着阶级和阶级对立的资产阶级旧社会的，将是这样一个联合体，在那里，每个人的自由发展是一切人的自由发展的条件。"③ 从"不忘初心，方得始终"的角度看，事实的确如此，政策决策层在体制机制、政治导向、政策层面上采取了一系列改革举措。在权力来源比例上，不断推动城乡平等化。2010 年《选举法》规定："地方各级人民代表大会代表名额，由本级人民代表大会常务委员会或者本级选举委员会根据本行政区域所辖的下一级各行政区域或者各选区的人口数，按照每一代表所代表的城乡人口数相同的原则。……全国人民代表大会代表名额，由全国人民代表大会常务委员会根据各省、自治区、直辖市的人口数，按照每一代表所代表的城乡人口数相同的原则。"在乡村居民自由迁徙、有序流动、自主择业的平等权利上，北京市劳动局出台的《1996 年本市允许和限制使用外地人员的行业工种范围》规定："对未经明确的行业、工种需招用外地务工人员的，必须首先招用本市常住户口的劳动力，如招用不足的，凭市、区、县劳动

---

① 《马克思恩格斯选集》第 3 卷，人民出版社 1995 年版，第 444 页。
② ［英］罗素：《西方哲学史》上卷，何兆武、李约瑟译，商务印书馆 1963 年版，第 111 页。
③ 《马克思恩格斯选集》第 1 卷，人民出版社 1995 年版，第 294 页。

部门职业介绍服务中心开具的证明,向市、区、县劳动局申报使用外地人员的计划,经批准后方可招用。"在公共产品和公共服务层面上,逐步减少乡村差异化、碎片化布局,促进乡村城市统一协调、公平普惠的城乡一体化均衡化。《中共中央关于制定国民经济和社会发展第十一个五年规划的建议》(2005)提出,"按照公共服务均等化原则,加大国家对欠发达地区的支持力度,加快革命老区、民族地区、边疆地区和贫困地区经济社会发展"。《中华人民共和国国民经济和社会发展第十一个五年规划纲要》(2006)提出"逐步推进基本公共服务均等化"、"按照公共服务均等化原则,加大国家对欠发达地区的支持力度"。《构建社会主义和谐社会若干重大问题的决定》(2006)作出"完善公共财政制度,逐步实现基本公共服务均等化","以发展社会事业和解决民生问题为重点,优化公共资源配置,注重向农村、基层、欠发达地区倾斜,逐步形成惠及全民的基本公共服务体系"的重要决定,从技术层面、操作规划方面对公共服务均等化做了详细阐述,这加速了我国城乡公共服务、公共产品一体化均衡配置的进程。

(二)财产公平的实践走向

从人们均衡享受财产权利的角度来审视乡村公共财产公平治理,可以说走过了一条"城乡内部绝对平均主义和城乡外部不均衡主义"、"相对平均主义"、"拉开一定差距"的不充分不平衡发展道路。

从新中国成立到改革开放之前的20多年时间里,中国是一个"城乡内部绝对平均主义和城乡外部不均衡主义"的社会。从衡量居民收入差距的基尼系数来看,改革前夕农村内部基尼系数为0.22,城镇内部基尼系数大约为0.16;这一基尼系数表明我国分配领域的城乡内部高度平均化特征,远远低于同期世界上大多数发展中国家的基尼系数(0.34—0.43)[①]。就当时高度均等化分配的成因来看:其一,单一的生产资料公有制形式,以及由此导致的居民无"产"状况(居民只有少量的储蓄的利息收入),决定了分配形式的单一化——唯一的按劳分配方式。其二,绝对平均主义的分配政策。把"劳"与"酬"结合在一起的按劳分配政策,本来也是应该存在收入差距的,但是我国从社会公平与社会主义建设时期应该多积累少消费的观念出发,在这20多年里基本停止了晋级、增资工作,冻结了

[①] 赵人伟、李实:《中国居民收入差距的扩大及其原因》,《经济研究》1997年第9期。

正常的工资调整，因而偏重均等的分配机制引致了绝对平均主义的分配结果。

当然，我们并不否认，在这一农村内部、城镇内部高度平均主义的现象背后隐藏着很多不平均、不平等现象，特别是城乡居民的工资收入和福利享受，以及身份和等级造成的实际差距。首先，城乡之间、工农之间存在一定的收入差距。为了积累工业化所需资金，我国长期实行城乡二元化经济结构、工农业产品价格的剪刀差，造成了城乡之间较为严重的收入差距——城镇人均收入大致为农村人均收入的2.4倍。更遑论城市居民所实际享受到的各种制度性社会保障和政策性社会福利。其次，因身份与等级的差异而形成的收入差距。改革开放前相当长的一段时间内，我国事实上一直存在身份或城乡差异，存在着城市户口与农村户口、干部与工人、城镇居民和职工、临时工和正式工等身份区别。这种身份与等级直接与居民的工资待遇、福利享受等这些"隐性收入"相挂钩。例如，粮棉油等基本生活消费品按照平均主义原则进行分配，但是住房、汽车、电话等特殊消费品则是与身份和等级直接挂钩。很长一段时间内，实现"农转非"，吃上"国库粮"成为农村居民梦寐以求的目标。但总体上来看，我国当时城镇居民的数量较少，农村居民内部、城市居民内部的收入差距不大，因此改革之前的中国社会可以说是一个高度均等化的社会。

但是，改革开放之前的这种绝对平均主义存在着严重弊端。重公平轻效率的平均主义原则，忽视了能力与收入之间相关联的公正性要求，忽视了付出·获得之间的激励效应，由此抑制了我国经济的快速发展与社会财富的大量增加，导致了经济的低效率和人们生活的贫困化。毋庸置疑，我们的改革开放就是在"效率优先、兼顾公平"的观念主导下，力图通过把人们的付出与报酬相联系的方式，打破这种较为严重的平均主义分配格局，在"让一部分人先富起来"的基础上实现"共同富裕"。由此不难看出，从高度平均主义到收入拉开差距（适度的从而保持在人们可承受范围内的差距），是改革过去不合理的分配制度的初衷和我们要达到的目的之一，这也正是其积极意义之所在。在这里，我们从理论层面上和经验层面上对拉开差距的收入分配作一简单考察。

从理论设计和改革追求的目标来看，这种适度差距包括两个层面上的问题。在微观层面上（在初次分配中），既存在按劳分配，也存在按技术、资本、管理等要素投入数量及其产生的效率进行分配的方式。分配方式上的多样化，以及个人的能力、体力、智力差异，必然产生一定的收入差距。正是存在"能"与"绩"相联系的收入差距，才激励着人们从事财富创造的积极性与热情，实现了蛋糕做大和做强①。在宏观层面上，经过调节，可以保障整个社会范围内收入差距不会过大，即保持在社会承受能力范围内，以免引起社会冲突对立等问题。

从经验层面上来看，收入明显拉开了差距。从反映收入差距的基尼系数来看，1995年农村内部基尼系数为0.34，城镇内部基尼系数为0.28，分别比1978年上升了十几个百分点②。基尼系数的变化表明了改革以来我国收入差距呈现不断扩大的趋势。同时，出现了财产收入差距这一新问题③。改革开放使得我国财产分布与财产收入发生了显著变化：从无"产"到有"产"、从部分人有"产"到全体居民有"财产"、从较少"财产性收入"到扩大群众性财产收入。随着居民财产高速积累集中和财产分化现象加剧，财产分布以及财产性收入逐渐成为影响收入差距的一个重要因素。换言之，财产作为剩余财富的积累产生的收入相当于固定资产的收入，因而基数越大对于收入影响越大。这种影响加深了城乡之间的差距和城市内部的差距："2002年全国总财产分布的基尼系数已经达到0.550，既高于同年收入分配的基尼系数（0.454），又高于同年城乡分别计算的财产分布的基尼系数（城市为0.4751，农村为0.399）。"④ 因此，在当下我国社会财产总量快速增长与经济总量跃居世界第二的大背景下，关注财产

---

① 当然我们也一定要注意到一个问题：随着科学技术在现代工业生产中作用的日益增强，按劳分配的"劳"不仅在质上无足轻重，而且在量上也日益微不足道；换言之，随着传统农业经济要转为现代工业经济，而现代工业经济随着产业结构升级也要不断转变为新型工业经济（知识经济），那么自然而然传统意义上农业劳动的价值下降，人力资本价值上升。
② 赵人伟、李实：《中国居民收入差距的扩大及其原因》，《经济研究》1997年第9期。
③ 财产收入是指居民通过如住房租金、利息、红利等资产增值获得的收入。如果把收入看作单位时间内的流量，把财产看作一个时点上的存量、剩余的财富积累的话，那么收入与财产存在着密切关系：过去的流量直接影响着现在的存量，现在的财产必然不断增加着今后的收入。因此，财产的构成和分配的变动会对收入的构成和变动产生重大影响。如果形成财产性分配与财产性收入之间的良性互动，那么，扩大群众财产性收入不失为一个较好的政策安排。财产分配与收入分配之间的关系：从一般意义上来说，收入分配就是财产分配与劳动力所产生的收入之和；从马克思财产理论的角度来看——马克思把劳动力也看作一种财产、一种给他人带来收入的财产，那么收入与财产性收入就相等同。这里我们主要遵循前一种观点：财产分配与收入之间是一种正相关关系。
④ 赵人伟：《我国居民收入分配和财产分布问题分析》，《当代财经》2007年第7期。

分配与财产性收入问题,对于再调控从而实现缩小收入差距具有重要意义。

综上所述,改革开放打破了城乡绝对平均主义的束缚,在市场竞争与"劳""酬"相统一中合理拉开了收入差距,实现了从高度均等化到明显拉开收入差距的转变。就收入分配的整体状况而言,我国已经从一个高度均等化的国家转变为收入明显拉开差距的国家,并且这种收入差距呈现出不断扩大的趋势。这一现象集中体现在城镇内部、农村内部和城乡之间的收入差距上。

但是,改革开放之前忽视"劳""酬"的绝对平均主义并不是"公平",改革开放之后的城乡收入差距,我们既须注意"公平合理"方面,又须警惕其"无序失衡"的方面。改革开放以来,衡量我国社会居民收入公平程度的基尼系数不断攀升,从20世纪70年代末和80年代初的0.28飙升至2001年的0.447[①],这表明我国社会居民收入差距正在逐步拉大,甚至呈现出逐渐上升趋势。改革开放之前的绝对平均主义严重抑制了经济效率和社会财富的快速增长,我们改革的目的就是要打破这种较为严重的平均主义,在市场竞争中,在"劳"与"酬"相统一中激励经济效率和劳动积极性,促进财富的增长和改善人们的生活水准。由此可见,收入拉开适度差距,这本身就是改革开放的一个重要成果。对于公平与合理的收入分配,我们要克服把"公平"理解为"平均"、"均等"、"均贫富"的错误认识。平均主义的分配方式忽视了能力与效率之间正相关的合理性要求,当然也就不是公平的分配,因而也不会为人们所认可。公平的分配方式不是作为结果的平均主义的分配,而是依据劳动和要素投入生产的多少作尺度的分配,是有一定差别的财产分配和占有。

通过从计划经济到市场经济的转型,我国实现了从单一的公有制经济,到公有制经济为主体、多种经济成分(包括私营经济和个体经济)为补充的并存局面。经济体制改革推动了私营经济和个体经济的快速发展。多种经济成分的出现及其快速发展,决定了收入分配形式的多样化:既有

---

① 资料来源:UNU、WIDER(2005),世界银行(2005)。转引自《中国改革与发展报告2005》,上海远东出版社2005年版,第1页。一个值得注意的现象是,2012年12月初,西南财经大学中国家庭金融调查在京发布的报告显示,2010年中国家庭的基尼系数为0.61,大大高于0.44的全球平均水平。2013年国家统计局局长马建堂公布了过去十年中国基尼系数,2012年中国为0.474。系数差距之大和系数导向意义引发关注。

传统按劳分配中劳动产生的工资性收入形式,也有资本的收入、经营风险的收入、技术性收入和管理性收入等按贡献(要素参与贡献)参与分配的新型分配形式。总之,社会主义初级阶段基本国情的重新界定,计划经济到市场经济的转型,以及随之而来的资本收入、经营风险收入和管理收入,颠覆传统收入观念的同时,也在事实上"拉开了'有产者'和'无产者'之间的收入差距。"① 此外,在市场化进程中,非公有经济的发展与壮大,以及由此产生的各独立经济单位之间的激烈竞争,既带来部分企业的高效益和高收入,又导致部分管理落后、激励不足、产权不清、经营不善的企业出现亏损、停产、破产现象。可见,市场经济的内在竞争机制,是导致经营效益不同的劳动者之间拉开收入差距的一个重要原因。

此外,我国还存在着从二元经济向一元经济的转变,存在着从农业经济与工业经济并存向工业经济的转变,以及工业经济产业结构的调整和升级。我国从传统低效率的农业经济向现代高效率的工业经济的转变,以及随之而来的"农民工"和城镇化进程,造成了低效率的农业经济从业人员与高效率的工业经济的从业人员之间的收入差距。从农村收入差距来看,因土地的平均化分配,因而纯粹务农人员之间的收入差距不大,收入差距主要表现为农业劳动力流动,特别是农业劳动力流向城镇后所造成的收入差距。从粗放式工业经济向新型工业经济或知识经济转变中,在产业升级过程中,除工资性收入之外,还获得技术收入、管理收入、智识性收入等其他收入的人,与单纯依靠工资的非技术工人的差距拉大。从工业化向新型工业化特别是信息经济和知识经济的转变过程来看,产业结构的转型升级造成了不同行业的收入差距②。

综上所述,经济转型、结构转轨等体制机制因素,必然带来收入拉开一定差距现象,导致城乡之间、行业之间、地区之间出现不同程度的收入差距。当然,我们要注意到,只要这一差距保持在人们可承受的和可控的范围内,就属于能够激励人们财富创造积极性的收入差距,就属于"效率优先、兼顾公平"的收入差距变化,因而就属于有序的、良性的、合理的

---

① 赵人伟等主编:《中国居民收入分配再研究》,中国财政经济出版社1999年版,第112页。
② 人口因素也是影响收入分配以及中国经济进一步增长的一个核心因素,过去的经济增长与人口红利之间的密切联系,直接促成了中国制造的形成,"农村劳动力的流动在缓解城乡收入差距扩大的同时,也在缓解着地区之间,特别是农村内部地区之间的收入差距的扩大。"(赵人伟等主编:《中国居民收入分配再研究》,中国财政经济出版社1999年版,第114页)

收入变化。从某种意义上说，这属于改革开放所取得的重要进展成果，显示了个人的教育收益率、人力资本的回报率、技术收入的提高等人为智力性收入的不断增长和加重趋势，因而是一种向着良性循环转化的趋势。

但是，我们要防范和化解无序失衡的城乡收入差距，警惕城乡阶层固化现象。公共产品、公共服务的城乡一体化均衡配置任重而道远，不可能一蹴而就：其一，在现行语境中，以及在可以预料到的将来很长一段时间内，既然乡村纯公共财产主要源自于乡村准公共财产，那么从公平的角度来看，在乡村公共财产治理中，我们要特别关注的准公共财产的效率问题与纯公共财产的公平问题实质上都是公平问题。其二，不像城镇居委会、街道办事处，乡村公共财产治理机构和治理体制并未完全纳入国家财政体系指数和含金量较低。因此，乡村的公共性天然的带有地域性、局限性和滞后性。其三，在当下户籍制度、教育资源、医疗资源等公共产品和公共服务严重滞后的制约因素下，行政主导的城镇化目标就必然具有不公平之嫌疑，公共资源城乡一体化均衡配置任重而道远。其四，在学界和政策决策层面的主流话语视野中，乡村只是存在集体财产或集体资产，而非公共财产甚至没有公共财产之说。这种理念本身就是乡村和城市二元结构的逻辑延伸。在这种错误理念的主导下，导致两个严重后果：第一，市场化、城镇化、工业化、现代化对于乡村就具有天然的逻辑合理性和必然性，因而当代中国乡村的空心化乃至农村消失就成为中国现代化的成功体现；第二，农村资产的二国营身份、二财产身份就在市场经济中一览无余，如农村土地、房屋当然不具有与城市土地房屋的自由流动和平等交易之权限。

作为一个后发国家，在中国东中西区域发展不平衡、城乡发展差距消失、脑体劳动之间的倒挂、在从小康·全面小康·中国建成发达的社会主义现代化强国之前，乡村工业化城市化之路任重而道远。"户籍改革的真正内涵不在于迁户口而在于待遇一体化，是以'住房、低保、教育'为核心的公共服务和福利保障制度，户籍制度改革的方向是减少户籍造成的公共服务差异。户籍制度改革未来重点突破的方向是大城市的户籍制度改革。户籍制度背后的核心是财政制度。户籍制度改革必须以外来农民工为主体。"① 换言之，囿于中心·边缘式历史治理模式，城乡之间公共财产的

---

① 于建嵘、李人庆：《我国户籍制度改革的误区与路径》，《中国延安干部学院学报》2012 年第 7 期。

比较优势价值差距明显，当下中国形成了一线城市·二线城市·三线城市……乡村的不均衡发展境遇，鉴于公共服务与外来人口之间的比例难以短时间内平衡困境，因而必须遵循公共服务能力有限的"循序渐进"原则和边缘→中心的梯度化先后原则，有条不紊地开展乡村城市一体化均衡发展模式，渐次剥离或弱化附着于四线城市的公共服务，使得四线城市和乡村的公共福利差距渐次消失，再三线城市→二线城市的不断推进之路。从双向选择的角度来讲，人"趋利避害"本能使得他们本着"优质公共财产"而去。在现实中，城市化特别是一线城市的城市化常常成为奖惩的手段、激励的方式①，北上广等一线城市经常出台优质人才吸引政策，二线城市常常基于"房地产降库存"冲动而出台硕博士福利性落户政策。显而易见，所谓的"投资入城""购房入城""人才入城""技术入城"如此等等，不一而足，其"见物不见人"、"重'才'不重人"做法，不过是招商引资、吸引人才、追求利益的工具理性，本质上与"公平"理念相去甚远。不是以"能"论英雄，而是英雄不问"出处"，提供给人人时时处处平等地奉献青春、挥洒汗水的机会。

既然公平之道依旧路漫漫，那么就需要分层次、分阶段、分重点、有步骤地从制度上逐步推进②：如全民所有制与集体所有制的公平，赋予乡村集体所有制财产的市场化平权和中性竞争；在"四化同步推进"中消除城乡二元体制分割，提升乡村公共财产的"效率"，节约乡村公共产品、公共服务的成本，促进乡村人口的自由流动、要素的平等交换；实现乡村公共产品、公共服务的皆有→全覆盖、碎片化→全覆盖、差异化→一体化③的制度安排；等等，都不失为值得深入推进、具有可操作性的思路。一句话，乡村公共财产治理的公平价值归宿就在于"共同富裕的道路上一个都不掉队"。

---

① 不仅乡村城市化受到种种掣肘，而且城市乡村化也面临种种瓶颈性因素：基于城市公共财产的比较优势之所在，在现实中城市居民很少选择乡村化，因而常常被作为一种惩罚措施来施加与那些触犯法律的城市居民，如网络上一上海女白领因"抢夺方向盘"而面临刑事处罚的同时，也自动丧失了入籍上海的机会就是一个典型案例；城市居民不得购买农村宅基地也是另外一个因素。
② 刘志昌：《基本公共服务均等化》，华中师范大学，博士学位论文，2009年，第9页。
③ 贡森、葛延风等：《建立公平可持续的社会福利体系研究》，社会科学文献出版社2015年版，第1—5页。

第七章 乡村公共财产治理的实证研究

设计调研访谈问卷，进行抽样访谈调研。选择山东百泉裕、江苏华西村、广东东莞大朗村和贵州盘县顾家村作为乡村公共财产治理的调研典型，通过实地调研、问卷调查、深度访谈等方式，搜集乡村公共财产治理的经验实证材料，总结经验教训，重构乡村公共财产有效治理模式，形成乡村公共财产治理实践的规律性认识，保证研究的解释力和预测力。

第一节 调研访谈问卷

《乡村公共财产治理的变迁逻辑与
方法论自觉》调研访谈问卷

您好，因课题研究需要，特恳请您帮助完成调查问卷。问卷内容纯粹作为学术研究之用，并且课题组承诺对问卷内容严格保密，衷心感谢您的大力支持！

一 被调查者基本情况

家庭住址：_____省（市）_____县（区）_____村
1. 户主性别_____，年龄：_____，职业：_____
2. 户主文化程度_____
   A. 小学或识字不多；   B. 初中；
   C. 高中（职高、中职）；   D. 大专及以上

3. 您一家一共有_____亩耕地，其中，水浇地_____亩，旱地_____亩。您的名下一共有_____亩耕地。

4. 家庭人口：_____人

5. 家庭成员中长期到异地打工人数_____人

6. 家庭住址距离县城大约_____公里

7. 家庭所在村庄类型：_____
   A. 普通农村　　　　　　　B. 乡镇驻地
   C. 城郊（乡）结合部

8. 近五年家庭年均收入_____元？
   A. 4000 元以下　　　　　　B. 4001—10000 元
   C. 10001—20000 元　　　　D. 20001—30000 元
   E. 30001—40000 元　　　　F. 40001 元以上

9. 您对未来乡村生活期望值如何？抑或准备迁到城市去生活？简要说明您的理由？
   _____
   _____

二　准公共财产治理

（一）农业水资源和公共设施

1. 您的村庄浇灌土地的水资源主要有哪些？（　　）
   A. 水库（大口井）　　　　B. 蓄水池
   C. 河流　　　　　　　　　D. 地下水

2. 目前水资源公共设施能够满足您的土地浇灌吗？（　　）
   A. 能　　　　　　　　　　B. 差不多
   C. 不能

3. 您村庄目前的水库、大口井、池塘、河流、地下水等水资源设施维护如何？（　　）
   A. 定期维护　　　　　　　B. 不定期维护
   C. 偶尔维护　　　　　　　D. 没有维护

4. 您村庄的农田水资源设施是什么时候修建的？（　　）
   A. 1978 年改革开放前　　　　B. 1978—1992 年之间
   C. 1993—2012 年之间　　　　D. 2012 年之后
5. 您对以上四个时期的农田水资源设施从好到差的评价顺序如何？
   （　　）
   A. ABCD　　　　　　　　　B. BACD
   C. DCAB　　　　　　　　　D. CBDA
   E. 其他及其简要理由
6. 您对以上四个时期的农田水资源设施变化情况认知？（　　）
   A. 越来越好　　　　　　　　B. 不如市场经济改革前
   C. 几乎没有变化　　　　　　D. 有一定变化
   E. 其他及其简要理由_____
7. 您村庄的农田水资源设施资金来源渠道？（　　）
   A. 国家　　　　　　　　　　B. 村集体
   C. 国拨村助　　　　　　　　D. 个人修建
8. 您村庄的农田水利设施是否需要修整和完善？（　　）
   A. 需要　　　　　　　　　　B. 不需要
   C. 无所谓
9. 您村庄土地浇灌的动力设施或途径是什么？（　　）
   A. 渠道　　　　　　　　　　B. 管道
   C. 抽水机　　　　　　　　　D. 电泵
10. 您对未来村庄农田水资源设施有何期望？（　　）
    A. 国家大力投资补助兴修　　B. 无所谓
    C. 国拨村补个人兴修
11. 总体上来看，在乡村流动性增强背景下，乡村农田水资源设施建设的劳动力、资金来源都略显单薄，而且整修动力、投资收益比值等大为弱化。对此，您秉持悲观还是乐观态度？未来如何化解以上问题？简单陈述您的有说服力的理由。

(二) 土地

1. 您一家_____人，一共有_____亩耕地？
2. 您对国家现行"土地承包30年不变"、"支持土地有序流动"、"三权分离"等土地政策满意吗？（　　）
   A. 十分满意　　　　　　　　B. 满意
   C. 不满意　　　　　　　　　D. 无所谓
3. 您对国家"土地承包30年不变"政策和"工业化现代化信息化城镇化"乡村四化同步推进之间作何评价？（　　）
   A. 担心　　　　　　　　　　B. 不担心
   C. 无所谓　　　　　　　　　D. 希望变
4. 您家土地是否有过分配不公经历？（　　）
   A. 有　　　　　　　　　　　B. 没有
   如回答"有"，具体是哪一种情况？（　　）
   A. 计划生育
   B. 土地承包30年不变之后，添丁和过世人口没有土地补给
   C. 其他（请注明）_____
5. 您村耕地改为"经济林"、"果园"、"建设用地"情况多吗（　　）
   A. 相当多　　　　　　　　　B. 多
   C. 一般　　　　　　　　　　D. 没有
6. 如果发生土地纠纷，您一般怎么解决？（　　）
   A. 找村干部　　　　　　　　B. 找乡镇干部
   C. 找法院　　　　　　　　　D. 上访
   E. 找熟人调解　　　　　　　F. 自己通过暴力手段解决
   G. 忍气吞声　　　　　　　　H. 其他（请注明）_____
7. 当下乡村劳动力收益率递减语境下，耕地农林化、耕地转租化、农业用地工业化等等，不同程度地对耕地、农作物种植等带来一定程度上的不良影响。对此，您作何理解？您作何打算？
   _____。

(三) "四化同步"、乡村振兴、财产性收入

1. 您认为政府在促进农业农村现代化、工业化、城市化、信息化方面的主要责任是什么？（　　）

A. 在户口、教育、培训等方面为农民提供体制性机制性政策性支持

B. 在公共产品公共服务公共财政等方面为农民工市民化、乡村就地社区化提供有力支撑

C. 通过资本下乡、智力扶持、对口帮扶、劳务输出等方式,切实提升乡村建设、农民收入、农业产出

D. 其他(请注明)＿＿＿＿

2. 在乡村振兴中,从人的现代化或人的素质提升的角度来看,哪些切入角度可行或具有一定的紧迫性?(　　)

    A. 贯彻落实12年高中义务教育

    B. 职业技术培训

    C. 现代化农业科技知识

    D. 其他(请注明)＿＿＿＿

3. 在乡村振兴中,从理念、体制、政策等角度来看,哪些切入角度可行或具有一定的紧迫性?(　　)

    A. 熟人社会到陌生人社会的转变理念

    B. 规范的市场化

    C. 成熟的现代化金融支撑

    D. 其他(请注明)＿＿＿＿

4. 您的村庄存在乡村工业化、城镇化以及由此而来的土地征收吗?(　　)

    A. 有　　　　　　　　　　B. 无

    如回答"有",在土地提前终止30年承包期或土地征收过程中哪个(些)问题尚待进一步完善?(　　)

    A. 合理补偿　　　　　　　B. 就业安置

    C. 社会保障　　　　　　　D. 其他(请注明)＿＿＿＿

5. 在乡村许多年轻人"回不去的乡村"、"留不下的城镇"(大致)前提下,乡村财产增收的可持续性何在?

    ＿＿＿＿＿＿＿＿＿＿＿＿＿＿＿＿＿＿＿＿＿＿＿＿＿。

（四）乡村信息化

1. 您家庭拥有的信息通讯传媒设备_____？
    A. 智能手机　　　　　　　　B. 宽带网络
    C. 无线广播　　　　　　　　D. 有线电视
2. 您村智能手机或电脑的比例大约在_____？
    A. 90%以上　　　　　　　　B. 50—90%
    C. 10—50%　　　　　　　　D. 10%以下
3. 在以下获取信息的媒介方式中，依据获取频次先后排名_____。
    A. 智能手机　　　　　　　　B. 宽带网络
    C. 无线广播　　　　　　　　D. 有线电视
4. 您村智能手机、电脑网络信号质量如何？（　　）
    A. 很好　　　　　　　　　　B. 一般
    C. 很差
5. 在未来信息通讯传媒建设中，您最期待国家投入的设施是_____？
    A. 固定电话　　　　　　　　B. 移动电话
    C. 宽带网络　　　　　　　　D. 无线广播
    E. 有线电视
6. 您对村里的线上购物、线下服务满意程度是？（　　）
    A. 非常满意　　　　　　　　B. 比较满意
    C. 一般　　　　　　　　　　D. 不满意
    E. 非常不满意
7. 长期城乡二元化体制机制下，城乡存在一定程度的差距，并且在可以预期的未来一段较长时间内，这种状况甚至存在不断增大。那么由此延伸出来的一个问题是，乡村通讯设施能够适应升级换代（如5G的大规模基础建设）的资金财力支持吗？

_____
_____。

三 纯公共财产

（一）乡村道路交通

1. 您村出行的主要道路类型有哪些？（　　）
    A. 柏油路　　　　　　　　B. 水泥路
    C. 砂石路　　　　　　　　D. 土路
    E. 乡间小道

2. 您村道路或附近公路规划状况如何？（　　）
    A. 非常整齐　　　　　　　B. 整齐
    C. 一般　　　　　　　　　D. 坑洼不齐

3. 您村主要道路两旁是否有路灯？（　　）
    A. 有　　　　　　　　　　B. 没有
    C. 部分地方有

4. 您村道路是否有定期维修管护服务？（　　）
    A. 定期有　　　　　　　　B. 不定期有
    C. 偶尔　　　　　　　　　D. 没有

5. 您村出行主要道路、村村通、乡乡镇公路情况如何？（　　）
    A. 非常通畅　　　　　　　B. 一般
    C. 不通畅　　　　　　　　D. 不满意

6. 您村庄的主要道路大致是什么时候修建的？（　　）
    A. 1978 年改革开放前　　　B. 1978—1992 年之间
    C. 1992—2012　　　　　　 D. 2012 年以来

7. 请您简单评价一下贵村道路在 1978 年改革开放之前、1978 年—1992 年、1992—2012 年、2012 年以来的建设状况？在您看来目前出行道路改进情况属于哪一种？（　　）
    A. 远远好于以前　　　　　B. 稍微好于以前
    C. 几乎没有变化　　　　　D. 不如以前好

8. 乡村的封闭式规划与 2001 年加入 WTO 之后迅速发展的工业化道路之间存在一定冲突，在乡村道路拓宽过程中邻里之间、宅基之间、耕地之间的关系是如何协调的呢？

_____

_____ 。

(二) 乡村公共教育

1. 您有_____个孩子？入学教育情况如何_____

2. 您村是否有幼儿园、学前班、小学？（   ）

    A. 有   B. 没有

    C. 其他如几个村有小学（请注明）_____

3. 您对家乡幼儿园、中小学教师教学水平的满意程度如何？（   ）

    A. 非常满意   B. 比较满意

    C. 一般   D. 不满意

    E. 非常不满意

4. 您对家乡中小学校舍的总体评价程度是（   ）

    A. 非常满意   B. 比较满意

    C. 一般   D. 不满意

    E. 非常不满意

5. 您家乡的寄宿制学校的教师和学生宿舍拥挤程度是？（   ）

    A. 非常拥挤   B. 比较拥挤

    C. 不拥挤，总体合适   D. 比较宽敞

6. 您家乡初中毕业生和适龄青年是否有机会参加政府举办的各种职业教育和培训？（   ）

    A. 经常有   B. 偶尔有

    C. 从来没有

7. 在乡村义务教育支持上，哪个（些）方面需要给予持续关注？

    A. 加大财政投入力度

    B. 合理分配教育资源

    C. 关注农村留守儿童入学率和巩固率

    D. 不断提升师资水平

    E. 其他（请注明）_____

8. 乡村振兴、教育先行，依据紧迫度，对以下加快补齐乡村教育短板先后排序_____

    A. 做好乡村义务教育阶段营养餐，做细教育扶贫

    B. 加强留守儿童心理健康教育

C. 加强资金投入，不断提升硬件设施建设

D. 提升政策支持力度，稳定乡村师资水平

9. 您对幼儿园、学前教育、小学教育、初中教育还有哪些建议？

10. 在教育支出、教学条件、教学水平、教育质量、教师素质等方面，您对提升乡村教育建设方面还有哪些建议？

11. "治贫先治愚，扶贫必扶智"。请您简单谈一谈在巩固"精准扶贫、脱贫攻坚、全面建成小康社会"任务中，教育扶贫、教育脱贫等方面有哪些深刻体会？

12. 您感觉子女上学负担重吗？（　　）

  A. 非常重   B. 重

  C. 一般   D. 不重

13. 您对农村教育现状满意吗？（　　）

  A. 非常满意   B. 比较满意

  C. 一般   D. 不满意

  E. 非常不满意

14. 传统边缘·中心式治理模式，对城乡教育公平化发展有何不利影响？未来如何治理这一沟壑？

（三）文化设施

1. 您家乡（乡镇所在地或乡村所在地，不含县城以上地区）拥有哪些文化服务（　　）

  A. 公园   B. 公共体育场所

  C. 影剧院   D. 图书室

  E. 书店   F. 乡镇综合文化站

2. 您希望政府未来投资兴建哪些文化服务？（　　）

  A. 公园   B. 公共体育场所

  C. 影剧院   D. 图书室

  E. 书店　　　　　　　　F. 乡镇综合文化站

3. 您喜欢经常有机会参加或开展哪些活动？（　　）

  A. 看电影　　　　　　　B. 体育比赛

  C. 图书下乡　　　　　　D. 文化活动

  E. 其他_____

4. 您对家乡文化服务满意程度？（　　）

  A. 非常满意　　　　　　B. 比较满意

  C. 一般　　　　　　　　D. 不满意

  E. 非常不满意

5. 在知识经济、信息时代，纸质媒体尚未充分普及从而带来一定差距的情况下，大数据时代不期而至，对此您是如何加以理性认知呢？

_____

_____。

（四）医疗卫生

1. 您村是否有诊所或卫生室？（　　）

  A. 有　　　　　　　　　B. 没有

  C. 没有诊所或卫生室但是有乡村医生可以上门为村民看病

2. 您对家乡医疗水平满意程度是？（　　）

  A. 非常满意　　　　　　B. 比较满意

  C. 一般　　　　　　　　D. 不满意

  E. 非常不满意

3. 您"本人"或家人得病以后，一般是（　　）

  A. 硬挺着

  B. 自己买点药吃

  C. 去医院看病

4. 您"本人"或家人得病后，没有去医院看病的原因是什么？（　　）

  A. 小病不报销，不用看；大病医保不覆盖，看不起

  B. 医保异地报销难度大，看病不方便

  C. 距离医院太远，看病难

  D. 其他请注明_____

5. 您认为现在"看病难"吗?"看病难"的原因是什么?"看病贵"和"看病难"是正相关关系吗?

_____

_____。

6. 您认为现在"看病贵"吗?"看病贵"的原因是什么?(　　)

    A. 过多使用医疗器械,过度诊疗

    B. 报销额度有限

    C. 个人支付比例过大,个人收入和医疗支出之间不成比例

    D. 其他请注明_____

7. 身体不适之后,您比较信任和首选医疗机构是?(　　)

    A. 乡村个体医生诊所

    B. 乡镇卫生院

    C. 药店拿点药,自行处理

    D. 县医院或以上医院

    E. 其他(请注明)_____

8. 身体不适之后,您就医首选原因是?(　　)

    A. 熟人关系,价格优惠

    B. 医术高明,值得信赖

    C. 医保定点,报销方便

    D. 就近诊疗,方便复诊

    E. 其他(请注明)_____

9. 近五年,您一家人医疗费用花费额度?是否构成相当大的负担?(　　)

    A. 1000 元以下　　　　　　B. 1001—5000

    C. 5001—10000　　　　　　D. 10000 以上

10. 您对乡村新型合作医疗的建议?(　　)

    A. 加大报销比例

    B. 增加报销范围

    C. 大病大比例,小病小比例

    D. 有一个托底报销额度,解后顾之忧

    E. 政府加大投入,相对提高参保比例

    F. 其他(请注明)_____

11. 在三甲医院、优良医疗资源过度集中在城市语境下,乡村合作医疗如何破茧重生并获得自己的生存之道?
   _____
   _____。

四 乡村公共治理

(一) 治理结构和治理模式

1. 您村村民委员会有_____人,年人均财政收入_____元。您乡(镇)有_____名工作人员。
2. 村一共_____户,一共_____人,其中党员_____位。
3. 村一共集体收入_____元,支出_____元,村欠外债_____元。
4. 您村庄村两委工作开展的怎么样?(　　)
   A. 非常好　　　　　　　　B. 还行
   C. 一般　　　　　　　　　D. 很差
5. 您能否把农村基础设施的需求有效传达于村委会或乡镇政府,以有效回应或改善?(　　)
   A. 一直有　　　　　　　　B. 有时有,要看具体项目
   C. 较少有　　　　　　　　D. 从未有
   E. 不关注
6. 您认为乡村治理的主要影响因素有哪些?(　　)
   A. 国家发展战略(政府对农村的重视程度)
   B. 经济发展水平
   C. 村庄地理位置特别是距离中心县城的位置
   D. 财政收支水平
   E. 农民收入水平
   F. 地方资源禀赋
   G. 上期基础设施存量
   H. 农村人口密度
   I. 相关法律法规的健全程度
   J. 政府和农民之间的信息传递情况

K. 人口流动情况

7. 您认为乡村组织在乡村治理方面主要发挥了那些职能？（　　）

    A. 派出机构，上传下达

    B. 提供公共产品，维护公共秩序

    C. 经济理事会，促进乡村经济发展

    D. 其他（请注明）_____

8. 在乡村治理实践中，您觉得贵村哪个（些）方面执行相对较好？（　　）

    A. 民主选举　　　　　　　B. 民主管理

    C. 民主决策　　　　　　　D. 民主监督

9. 您认为乡村治理中最重要的关系是？（　　）

    A. 党政关系　　　　　　　B. 条块关系

    C. 乡村关系　　　　　　　D. 县乡关系

    E. 其他_____

10. 您对乡（镇）党委、政府、人大领导成员实行交叉任职，从而减少公职人员的态度是？（　　）

    A. 非常赞成　　　　　　　B. 不赞成

    C. 赞成　　　　　　　　　D. 强烈反对

11. 乡村书记、主任一肩挑，从而减少领薪人员的态度是？（　　）

    A. 非常赞成　　　　　　　B. 不赞成

    C. 赞成

12. 从整体说，您认为乡镇政府在履行公共服务职能方面做得怎么样？（　　）

    A. 非常好　　　　　　　　B. 差

    C. 好　　　　　　　　　　D. 非常差

13. 在乡村公共治理中，未来的重点、难点、热点有哪些？（　　）

    A. 不断推进乡村城镇化、现代化、工业化、信息化

    B. 建立健全城乡融合发展体制机制政策，不断推进城乡基本公共服务一体化水平

    C. 深化农村土地制度改革，完善土地"三权"分置

    D. 深化农村集体产权制度改革，保障农民财产权益，壮大集体经济

E. 发展多种形式适度规模经营，培育新型农业经营主体，健全农业社会化服务体系，实现小农户和现代农业发展有机衔接

F. 促进农村一二三产业融合发展，支持和鼓励农民就业创业，拓宽增收渠道

14. 在乡村公共治理中，哪些问题比较容易激化矛盾、演变为社会不稳定因素？（　　）

    A. 借助宗族势力、家族势力、灰黑色利益走上公权力岗位者，公器私用、与民争利

    B. 在一个熟人的关系性社会中，人情决定是非曲直，亲疏息诉宁讼

    C. 家庭联产承包责任制和取消农业税之后，公共财政陷入困境、公共事务无人问津、公共利益乏善可陈，推诿、踢皮球现象频频发生

    D. 乡村干部威信不高、不能服众，干群关系紧张

    E. 其他_____

15. 党的十八大以来，"在有条件的地方积极推行村党组织书记通过法定程序担任村民委员会主任"、"党组织领导下的自治、法治、德治相结合的乡村治理体系"、"培养造就一支懂农业、爱农村、爱农民的'三农'工作队伍"、"向重点乡村选派驻村第一书记和工作队"等一系列乡村治理新变化，对此您如何看待？（　　）

    A. 利大于弊：一定程度上减少了财政供养人员，促进了经济发展，繁荣了乡村公共财政；强化了"为人民服务"意识，调动了民众参与意识，改善了干群关系；增加了乡村公共财政支出和公共事务决策的透明度，规范了基层的合法性和合理性，使得乡村"四大民主"得到更好的执行，有利于乡村和谐稳定

    B. 差不多：中央的经是好经，地方上的和尚却不是好和尚，往往把好经念歪了；地方上的官僚主义、形式主义、主观主义盛行

    C. 弊大于利：地方上借改革之风行"公器私用"之欲，借机安排关系户、编织私人利益网络

    D. 暂时看不出有何变化

16. 在乡村治理中，哪些问题日益凸显和相当棘手？（　　）

    A. 利益分离分立下，人心散了，队伍不好带了

B. 乡村经济下行、流动性人口增多，熟人型社会慢慢解构，陌生人社会治理尚未建构起来，使得乡村关系、党群关系、党政关系处于微妙调适中，也使得民主选举、民主管理、民主决策、民主监督难以落到实处

C. 30年家庭承包制下，乡村联产和集体经济有名无实，公共产品所有人虚置，侵蚀严重

D. 乡村"空心化"现象严峻、老弱病残、候鸟式人口、佳节式繁荣，使得乡村荒芜、繁荣不再

E. 其他_____

17. 在市场和政府、联产和承包相统一的经济社会发展模式中，乡村"两委"责任和作用几何？（　　）

   A. 贯彻落实党的路线方针政策，执行政府行政指令和决议，肩负"巩固脱贫攻坚"、"乡村振兴"、"提升粮食和重要农产品供给保障能力"等党和国家交付的最基层重任

   B. 保障乡村基本公共产品公共服务公共秩序

   C. 发展多种形式适度规模经济，培育新型农业经营主题，不断壮大集体经济，引领民众共同富裕，夯实社会主义公有制经济基础

   D. 加快实现乡村现代化、工业化、信息化、城镇化"四化"同步推进

   E. 做好"代理人"和"委托人"双重角色

   F. 其他_____

18. 在乡村"两委"成员的酝酿产生方式中，哪些值得借鉴和慎思？（　　）

   A. 上级提名和村民选举相结合

   B. 群众直接选举制

   C. "四推一选"制，上级、党员、干部、群众代表推选

   D. "两票"制：民意测验票和选举票选

19. 乡村公共治理的变迁与重构，哪些具有鲜明的时代特色？（　　）

   A. 在土地集体所有制上，存在着绝对公共财产到相对公共财产、两权分离到三权分置的变迁

   B. 在乡村公共治理上，存在着一元行政治理到"乡政村治"的

"双轨治理"、党委政府市场乡村自主治理的多元治理变迁

C. 从乡村熟人社会、半熟人社会到陌生人法治社会转变

D. 从"一元行政治理、一元市场化治理、一元能人治理"到"行政主导下的法治、德治、自治的有效在场"的变迁

E. 其他_____

20. 在乡村治理模式选择上,哪些因素值得慎重考量?(   )

A. 带有自给自足、封闭性、地方特色的乡规民约

B. 宗族、血亲、熟人、关系潜规则

C. 市场在资源配置中起决定性作用,更好地发挥政府的作用

D. 新时代中国特色社会主义新语境

F. 其他_____

21. 乡村治理模式您比较认可的是?(   )

A. 自上而下的行政单一权威性治理

B. 自主型的乡村治理

C. 自上而下的党政权威格局与自下而上的基层自发性公益性社会性组织相统一

D. 其他_____

22. 在乡村现行的约束性法律性规章制度中,您比较认可的有哪些?(   )

A. 乡规民约

B. 《村民委员会组织法》等政府行政性法规政策

C. 国家颁布实施的法律法规

D. 各级部门发布的红头文件、临时性文件

23. 如何评价和认定乡村行政性、自治性、公益性、社会性组织?(   )

A. 经济理事会

B. 农村信用合作社、基金会等金融系统

C. 各专业合作社

D. 村民委员会和村民小组

E. 道德评议会

F. 红白理事会

G. 其他_____

24. 在乡村治理架构中，您的期望是？（　　）

　　A. 党委领导、政府负责、社会参与、村民自主的多元治理架构

　　B. 自治、法治、德治相结合的乡村治理体系

　　C. 村统、乡筹、县转移支付的财政联合模式

　　D. 自上而下的单一党政权威格局与自下而上的基层自发性公益性社会性组织相统一（党的集中统一领导之下的相互监督、相互制衡的融合格局）

　　E. 其他_____

25. 乡镇行政在乡村公共治理方面履行哪些职责？（　　）

　　A. 通过中央财政转移支付、社会资本募捐、乡村积累等方式，多方式多渠道筹措乡村公共资金

　　B. 加强乡村公共基础设施建设，提供更多优质高效的公共产品公共服务公共秩序

　　C. 做好乡村土地"三权分离"工作，提升粮食和重要农产品供给保障能力

　　D. 构建现代乡村产业体系，不断实现乡村"四化同步推进"

26. 在经济下行压力加大、乡（镇）村财政盈利能力大为降低语境下，乡村公共财政出路何在？（　　）

　　A. 村投、乡补、县拨的联合财政

　　B. 完善乡村产权制度和要素市场化配置机制，充分激发乡村发展内生动力

　　C. 坚持"一事一议"，加大公共基础设施财政转移支付建设基金的力度

　　D. 积极探索实施农村集体经营性建设用地入市制度，盘活农村存量建设用地

　　E. 其他_____

27. 最容易引起乡村冲突、纠纷的诱因有？（　　）

　　A. 土地、宅基地权属边界问题

　　B. 宗族问题

　　C. 民众权益受侵蚀和损害

　　D. "黑恶势力"

　　E. 其他_____

28. 一方面乡村城市化进程中,乡村人才、资金、技术不断抽离,乡村空心化现象不断加剧;另一方面乡村公共治理变革、乡村振兴又在如火如荼地进行中。您认为乡村振兴、乡村公共治理体系和治理能力现代化短时间内难以有效提升的原因是?(　　)

   A. 农民并不需要,乡村公共治理体系和治理能力现代化缺乏原动力

   B. 国家的整体规划、乡镇改革动力、乡村改革能力之间出现裂痕

   C. 触犯了既得的利益阶层,乡村改革遭遇到宏观体制性障碍

   D. 改革本身有问题

   E. 其他_____

29. 在处理乡村纠纷中,您认为哪些非主体权威可以发挥作用?(　　)

   A. 宗族权威　　　　　　B. 宗教权威

   C. 武力权威　　　　　　D. 经济权威

   E. 其他_____

30. 乡村公共治理变革需要完善哪些法制?(　　)

   A. 清晰界定公共权利和私人权利边界,捋清公权力支配范围

   B. 清晰界定土地所有权、承包权、使用权、转让权之间的权属边界

   C. 清晰界定乡村准公共财产和纯公共财产的边界

   D. 其他_____

31. 乡村公共治理离不开文化支撑,那么对于臣民文化、顺民文化、暴民文化、公民文化、新农村文化等的杂糅现状,您对这种观点怎么看?

   _____。

32. 在乡村公共财产治理中,自治、德治与法治的关系怎么看?(　　)

   A. 德治为主,自治、法治为辅

   B. 法治为主,自治、德治为辅

   C. 自治、法治与德治兼重

   D. 其他_____

33. 在中央·省·市·县·乡（镇）·村五级行政治理机制下，在"四化同步推进"的关键转型期，在行政主导治理·社会参与治理·乡村自主治理的多元共治语境下，在事权·财权·物权·人权等多种权利分层治理的大环境下，请您谈一谈乡村公共财产治理的变迁与重构？

_____
_____。

（二）农村到乡村的变迁

1. 您认为促使乡村治理变迁的主要因素是？（　　）
    A. 农业农村农民问题是关系国计民生的根本性问题，必须始终把解决好"三农"问题作为全党工作重中之重
    B. 乡政村治等条块分割的双轨治理，以及由此而来的乡村关系乱象，难以适应乡村振兴的新时代新气象
    C. 产业兴旺、生态宜居、乡风文明、治理有效、生活富裕的乡村总愿景，需要加速推进乡村现代化、工业化、信息化、城镇化
    D. 建立健全城乡融合发展体制机制和政策体系，加快城乡基本公共服务均等化水平使然

2. 您对目前乡村治理和现行乡村体制满意程度？（　　）
    A. 非常满意　　　　　　B. 一般
    C. 不满意　　　　　　　D. 非常不满意
    E. 无所谓

3. 农村到乡村的变迁，不单单是一字之差的形式之变，而是从工作性质到工作场所、社会地位的巨变。对此，您是如何理解的？

_____

（三）乡村公共产品公共服务状况

1. 当前，在乡村工业化、城市化、信息化转型进程中，"回不去的乡村"、"乡村剩男、大龄青年"、"乡村公共服务不尽人意"等情况是否对本村产生极大影响？

_____
_____。

2. 当前，在乡村工业化、城市化、信息化转型进程中，乡村公共产品公共服务难以自力更生，为此，中央和省市财政转移支付政策、力度、效果如何？

   _____。

3. 县乡行政职能部门在教育、医疗卫生、社保、民政等公共治理、公共服务方面的态度、工作力度和工作效果满意度排序，并简单陈述理由。

   _____

   _____。

4. 县乡村相应的条块站所、村民自治组织、民间组织满意度的先后排序？（　　）

   A. 乡镇条管站所、村民自治组织、农村民间组织
   B. 村民自治组织、乡镇条管站所、农村民间组织
   C. 农村民间组织、乡镇条管站所、村民自治组织
   D. 乡镇条管站所、农村民间组织、村民自治组织

5. 在促进城乡基本公共服务均等化方面，如何看待近年来中央出台的一系列政策措施？（　　）

   A. 城乡基本公共服务均等化水平明显提升
   B. 城乡基本公共服务均等化水平不明显
   C. 在吸附效应作用下，城乡基本公共服务差距拉大

6. 近年来中央从体制机制政策上持续发力，乡村建设行动在哪些方面取得明显成效？（　　）

   A. 乡村面貌发生显著变化
   B. 乡村发展活力充分激发
   C. 乡村文明程度得到显著提升
   D. 乡村发展安全保障更加有力

7. 在现行财税体制下，乡镇行政在乡村公共治理中的作用几何？（　　）

   A. 协助乡村公共服务公共产品公共秩序的基本供给
   B. 在脱贫攻坚、精准扶贫、共同富裕道路上起着重要的引领作用
   C. 发展多种形式适度规模经营，稳定乡村家庭联产承包责任制
   D. 促进乡村一二三产业融合发展，支持乡村振兴

E. 其他请注明_____

8. 目前大部分地区推行的"村财乡（镇）管""乡（镇）财县管"，这对防范腐败、提升财政效度和乡村公共治理水平和作用如何？（   ）

    A. 增强了 B. 削弱了

    C. 没有什么影响

9. 在乡村"产业兴旺、生态宜居、乡风文明、治理有效、生活富裕"的愿景上，乡村公共产品公共服务能够提供哪些助力支撑？（   ）

    A. 基础教育

    B. 公共医疗

    C. 文化、道路、通信等公共硬件基础设施

    D. 现代化金融服务

    E. 技能培训，人才智力支持

    F. 生态屏障

    G. 公共安全和公共秩序

    H. 市场化第三产业

    I. 法制救济

    J. 社会保障

    K. 其他_____

10. 以经济发达度、公共财政充裕度、公共服务效度为依据，选择最急需提升的乡村公共服务公共产品？（   ）

    A. 基础教育

    B. 公共医疗

    C. 文化、道路、通信等公共硬件基础设施

    D. 现代化金融服务

    E. 技能培训，人才智力支持

    F. 其他_____

11. 乡村公共产品短缺公共服务匮乏公共财政不足的主要原因是什么？（   ）

    A. 县乡村财政"条块分割""单独核算"，在一定意义上形成了"三元分离分立"的利益格局

B. 乡村经济增长压力山大，公共服务公共产品供给上存在左支右绌困境

C. 中心·边缘式治理模式，使得乡村公共服务转移支付落实不到位

D. 偏远乡村公共财政计划性不足，教育、医疗等公共产品市场化运行失灵

E. 其他请注明＿＿＿＿

12. 在现行财税体制下，县（市）行政在乡村公共治理中的作用几何？（　　）

    A. 依据中央省市政策精神制定执行乡村公共政策措施，统筹乡村基本公共产品公共服务公共财政公共秩序

    B. 全面推进乡村产业、人才、文化、生态、组织振兴，充分发挥乡村农业产品供给、生态屏障、文化传承功能

    C. 促进农业高质高效、乡村宜居宜业、农民富裕富足，实现乡村振兴伟业

    D. 做好乡村财政转移支付重任，提升转移支付人财物高效规范良性使用

    E. 其他请注明＿＿＿＿

13. 当下，村财乡（镇）管、乡（镇）财县管、村乡（镇）"条块"关系呈现多元化现象，试问哪一种方式更能为乡村基本公共服务带来更大效益？简单叙说理由。

    ＿＿＿＿＿＿＿＿＿＿＿＿＿＿＿＿＿＿＿＿＿＿＿＿＿＿＿＿＿。

14. 目前，乡村自身造血能力不强、公共产品不足、公共服务水平不高等现象较为突出，如何有效协调中央财政转移支付和"不断增强乡村集体经济实力"、平衡"授之以渔"和"授之一鱼"之间关系？

    ＿＿＿＿＿＿＿＿＿＿＿＿＿＿＿＿＿＿＿＿＿＿＿＿＿＿＿＿＿。

15. 试对新中国成立以来1978年之前、1978—1992年税费改革之前、1992—2012、2012年以来四个阶段的乡村公共服务能力和水平，进行一个简单排序和评价？

    ＿＿＿＿＿＿＿＿＿＿＿＿＿＿＿＿＿＿＿＿＿＿＿＿＿＿＿＿＿。

16. 党的十九大报告中指出，要深化农村集体产权制度改革，保障农民财产权益，壮大集体经济。试问在新一轮乡村振兴中，如何协调农民财产权益和集体经济之间的关系，走出一条产业兴旺、生态宜居、乡风文明、治理有效、生活富裕的乡村？

_____
_____。

17. 在党的相关文献资料中，已经对2035年和2050年的长期愿景作了清晰规划，对平等、法治、文明、文化、生活水平、均等化、共同富裕、生态、治理体系和治理能力现代化等作了令人信服的阐述。对此，从城乡公共服务的发展趋势角度出发，请谈一谈您的理解？

_____
_____

第二节 乡村公共财产治理实录

"财""治""公""私"
——全国美丽乡村公共治理侧记

蒙山北麓，汶水畔边，坐落着"全国文明村"、"中国乡村旅游金牌农家乐"、"国家森林乡村"——美丽乡村百泉峪。百泉峪，乡村"能人治理型"典范，让我们追随美丽乡村治理践行者方国明的步伐，踏访其魅力和意志，探寻美丽乡村治理的智慧秘笈。

财："绿水青山就是金山银山"

"百泉峪"，原名"虎狼峪"。过去，地薄的露石头，种的玉米像蛹子，种的麦子不出穗，大地瓜像鸡蛋，大土豆像葡萄，偏远、荒凉、散乱、贫穷就是"虎狼峪"的真实写照。虎狼峪穷的叮当响，连要饭的都没有去赶门的。脏乱差穷，"穷山恶水出远名"，村子不大，光棍不少，讨个媳妇都困难。甚至不客气地说，过去靠山吃山，吃出来的是穷山恶水和"刁民"。

运交华盖在国明！变革肇始于1993年，方国明走马上任村书记。守着"山泉众多、绿树辉映"的聚宝盆，却引不来金凤凰，看不到点"钱"途。一丝愁思才上心头，"拔穷根、致富苗"方下眉头。积累经验、墨守成规系传统社会的法宝，开拓进取、守正创新系现代社会的秘笈。自助者、天助之；自助者，人助之！整山治水、修塘筑坝、夯实生态、开发景点，一番"美化、亮化、净化、绿化"的神操作，曾经的"虎狼峪"一去不复返。

如今的"百泉峪"，依山抱水、花果飘香、千年古槐、奇石胜景襄助，一座座典雅别致、小巧玲珑、富有诗情画意的民宿鳞次栉比。举头远望，山峦叠翠、怪石嶙峋、跌宕起伏、绿水青山、生态优美。漫步徜徉，曲径蜿蜒、清泉涟涟、粉墙黛瓦、香榭雅居。驻步倾听，百泉涌动、流水潺潺、鸟语蛙鸣。在晨曦，云纱袅袅升起、雾气簇拥之处，朦胧烟岚在飞、在卷、在飘,清风徐来,忽浓忽淡、缥缈无常。在雨后,淡云几缕、薄雾如纱,若隐若现,若即若离。这如梦似幻、云雾缭绕的百泉仙境,充满诗情画意,令人销魂惬意、遐想万千、乐而忘返。自然,这休闲养生、滋养美女、熏陶意境、激发灵感的百泉乡村,引得来游客,留得住遐思。

天光之下,鸢飞鱼跃;青山妩媚,粉蝶翩跹。"穷乡僻壤"的石窝窝一跃而为美丽宜居的"世外桃源",百泉峪实现了华丽转身。游客如炽、宾客盈门,"绿水青山就是金山银山"!办民宿、农家乐、开旅游,百泉峪发展前景日新月异、蒸蒸日上,走出了一条"一户一品、一品一韵、一户一景"的美丽乡村生态经济路,破解了乡村振兴的经济升级和活力问题。

治:"六亲不认,只认规章"

眼前的方国明,身材适中,脸庞稍稍黝黑,饱经风霜的脸上略有沟壑,操着一口地道的"蒙普",可谓其貌不扬。但让人眼前一亮的是,西装革履、(白)衬衫领带,衣冠楚楚,一丝不苟。再看村美女会计,黑白搭配,利落简约,乡村一道亮丽的风景线。逻辑清晰、谈吐有力,民众尊敬有加。但一番交谈之后,方国明的身影不断高大起来。

"这方面我们是有经验和教训的,所以现在我们服装上有严格要求,制定了一套严格的服装规定",方书记深情回忆道,想当年进机关办业务,起初一幅邋里邋遢的衣服实在让人不感冒,往往"门难进话难听事难办"。如今,华丽服装在身,再大的"衙门"也畅行无阻。方国明狡黠地道出个中原委。

在"治理"上,百泉峪是"德治"和"法治"相结合的典范。坦白地说,在一个封闭性的传统熟人社会里,一般是无讼的礼俗社会(德治型社会),从心所欲而不逾规矩,规矩不过是"习"出来的礼俗、口头约定、相约成俗,从熟悉之中得到的信任、信用,"都是自己人"、"'白纸黑字'不是见外了嘛"。不问理由,因循即可。群己权界模糊是传统熟人社会的痼疾,正式权力非正式运作、道德时时面临着利益对人性的考验。但是在转向急速变迁的流动性的现代陌生人社会过程中,一方面,"流动性"、"陌生性"对这种口头约定俗成带来莫大风险,法律是不承认礼俗的;另一方面,同样的生活阅历、姻亲故旧、内生性的文化伦理,使得"熟人规矩"、伦理认同依旧存留市场。德治和法治之间的罅隙对立冲突断裂，依旧冲击着多数乡村命运利益共同体。

俗话说，"没有规矩不成方圆。""法律虽然是个跛子，可是总是能够追得上罪犯。"昔日大邱庄，家法代替国法，个人代替组织，其家长专制式治理，兴也勃焉，其亡也忽焉，终归昙花一现随风逝。没有良好的制度，兴如狂风骤雨、一夜成名，去则灰飞烟灭、春梦无痕。百泉峪数十年如一日，关键在于制度的保障，永恒如初。逡巡四周，规章制度一目了然：在党支部工作上，"四户联育"、"五事连做"、"两项套餐"，有力保障了党建工作"件件有着落、事事有回音"；推行"六统一"经营模式，规范经营，打造乡村利益共同体；财务管理制度规范，通过精细化管理，达到了公开透明公正。正是因为"执行规章无条件，遵守规矩不含糊"，"党支部打铁先要自身硬"等关键因素，百泉峪筑牢夯实了基层战斗堡垒，赢得了民心拥护和支持。

公："一点东西也不漏下"

百泉峪主打农家乐、民宿、乡村旅游。在村党支部书记方国明带领下，一手整治散乱差、单打独斗的个体经营，一手实行"六统一"经营模式——统一规划建设、统一宣传营销、统一制作菜单、统筹管理农家乐、统一制定菜品价格服务标准，领办合作社，"同气连枝，开枝散叶"，打造乡村利益（命运）共同体，"公共"、"共同"名副其实。人生如戏：心中有剧本，则脚下有舞台。在领头人方国明眼里，利用社会资源，多渠道产业助力，不断壮大集体经济，富裕村民收入。在开展的民宿产业中，农户创收一部分，集体经济增加一部分（2元/人的团队服务费，0.1元/套餐具，精打细算，一毛钱也颗粒归仓），实现三赢。村会计插话道："我们的书记手缝窄，一点东西也漏不下。"是啊，百泉峪哪有点石成金，不过是数十年如一日（儿子接过爸爸的枪、国明接过爸爸的班长岗），一尺一寸、一砖一瓦，锱铢必较、滴水穿石、久久为功罢了。

这句话也可以用在民俗博物馆：一张粮票、一张老照片，一笔记账簿，一幅简易的农具……时间跨度长，1949—至今，收集这么全，这么多的小零碎、小物件，在百泉峪都是美好的记忆、美丽的乡愁。在百泉峪看来，历史文化是百泉峪的灵魂：千年古槐、美丽的传说，古朴的老物件。自然生态是百泉峪的命脉，青山绿水、生态优美，取之不尽用之不竭的大自然丰厚回馈。历史文化与自然生态永续利用，与现代化建设交相辉映。百泉峪，宏大和琐屑共舞，古韵与时代辉映，古槐点缀郁郁葱葱，老井相得益彰，青山与传承共长天一色。小文物小物件是情感记忆的载体，文化是乡村魅力的关键。民宿博物馆，一片精神家园乐土，置身其中，恍惚中穿越时空：让老物件说话，无声倾诉时空变迁；让乡村变迁留下记忆，让人们记得住乡愁；云起与水穷同在，心灵（灵魂）与肉体携行。抬起头，水穷处云起时；俯下身，老物件热血处！如果说文言古典是中华（民族）文化的载体，民族起伏婉转的传承；那么一个个老物件就是百泉峪灵魂（文明）的结晶，心灵家园的故乡（故土）。这就是"众鸟欣有托，吾亦爱吾庐"的缘故吧。

百泉峪通过"窄手缝"破解个人发展不足问题。心潮澎湃，思绪飞扬：想起聚沙成丘，想起"滴答滴答"时光从指缝间溜走的感觉；想起勿以恶小而为之，勿以善小而不为。思绪像野马一样飞驰之时，耳畔响起方国明"牢记初心不忘使命"，"不会带头富，不配当干部；致富不带富，不是好干部"的郑重承诺。

私："也就是晚上上个宿"

大公无私、化私为公，率先垂范，有效破解了"公地悲剧"和"集体经济的私心问题"。关掉自己火红的饭店，集中精力把乡村旅游做起来；私家的百泉醉鸭、清水炖鹅等特色菜品秘籍全村共享；动员青岛上班的大女儿放弃舒适工作，回村经营农家乐，起一个示范带头作用；参观学习、旅游休闲、慕名而来的宾客络绎不绝，村支部人员应接不暇，没有一点自己的私人时间；……一桩桩一件件的"化私为公"，当初无不引得家人时有抱怨，今日众人听得也唏嘘不已。

"舍小家为大家也就常态化啦。"学习取经的嘉宾不断，百泉峪村子小支部班子成员少，村支部两委三人团团转，方国明书记也天天驻扎办公室。"也就是晚上上个宿（回家过个夜），若不然就被开除家籍了，婆娘晓得有这么个老公也就踏实了。"如此一来，后方港湾还不经营的鸡飞狗跳一塌糊涂？儿女相伴、夫妻和睦、家庭温馨、其乐融融。方国明话锋一转：对孩子，"我出钱，她投资"，"赔了是我的，赚了再还钱"。大女儿毅然放弃青岛的舒适工作，回到乡村创办农家乐。对妻子，"笼络婆娘还是有高招的，秘诀就是每天早上一碗热气腾腾的荷包蛋，让她想着有人牵挂有人疼，心里暖烘烘的；再睡个回笼觉，让她青春美颜永驻。"妻子无怨无悔地跟着丈夫献身乡村共同致富事业。"小我服从大我，小家服从大家嘛。"话毕，方国明又狡黠地说笑道，哎，私家秘笈，拿去不谢！旁边村会计王芹打趣道，自己糊弄婆姨阖家欢乐的秘笈又化公了，引得众人哈哈大笑。

一人之心，千万人之心；一人之利害，千万人之利害也。干将莫邪入炉焚，粉身碎骨浑不怕，也便成就了稀世名剑。大伙心往一处想，劲往一处使，也便成就了百泉峪的今天。

华东璀璨明珠华西村
——"天下第一村"公共治理侧记

荣获"全国文明村镇"、"全国文化典范村示范点"、"全国乡镇企业先进企业"等称号，享誉中外的"天下第一村"——华西村，坐落于长江三角洲中腹、太湖平原北侧、龙沙山脚下。长江的冲击，太湖的沉淀，华西人的拼搏形塑了华东璀璨明珠。

富裕、文明、幸福、和谐、美丽的"华夏第一村"

江南五月，作为"社会主义新农村建设"典范的华西，平静祥和，春意盎然，游人如织。青山、湖面、高速路，航道、隧道、直升机，这就是华西村的真实写照。

眺目远望，一栋72层高达328米、金色圆球、蓝绿色外立面的钢结构超高层建筑的摩天大楼，雄踞一方，突兀地立在乡村田间，显得分外扎眼。华西村龙希国际大酒店是一座以超五星级酒店标准定位的大型现代化酒店，内设"金、木、水、火、土"五大主题会所。龙希国际大酒店，俨然成为华西经济繁荣的最新图腾，尽情彰显华西雄厚的财力，无时不在张扬华西的繁华和傲视江南的风姿。

登高华西金塔顶层，俯视华西村容村貌，华西新村尽收眼底：脚下漂亮的连排别墅群，华西人居住的免费房；蜿蜒绵延10公里的长雨廊，勾勒出江南雨乡朦胧影影绰绰；村后小山仿制版的长城和天安门，五亭桥、美国国会大厦、法国凯旋门、澳大利亚悉尼歌剧院等等，足不出村，尽揽天下美景。金塔商业气息扑面而来：琳琅满目、五花八门的商品充斥房间，吆三喝四、喧嚣嘈杂萦绕耳畔。

踏步而行，扑面而来的是各式各样的标语，"百年华西共富路，1961、1962、……"；举头所望之处，金光闪闪的"幸福园——吴仁宝题"映入眼帘。漫步华西村，塔群林立、别墅成群。徜徉华西大街小巷，整齐划一的豪宅，川流不息的名车，家前屋后的茶花、月季，鲜花怒放，枇杷、葡萄、桃树、梨树等花果树木，瓜果飘香，水池喷泉，影绰多姿。夜幕降临，七彩霓虹辉映下的华西熠熠生辉，犹如不夜城。

起初，在"若要富，靠工副"、"工业兴村"理念指引下，华西村老书记吴仁宝目光瞄向小五金加工厂，华西村以粗糙的村办企业形式，开启了"苏南模式"①的雏形。在第一代领头人吴仁宝带领下，钢铁、纺织、旅游，是华西村的三大支柱产业。如今，在第二代领头人吴协恩的带领下，华西村选择了多元化的发展道路，开始涉足金融、电竞、直播业务。从2015年开始，华西发力金融，在银行、证券、期货、基金等领域均有布局，多有斩获，带来了丰厚利润。华西产业涵盖农业、工业、旅游业三大块，主要项目包括生态农业、炼钢、热轧、田园旅游，华西人真正做到了农业稳、工业富、第三产业强的康庄大道。如今的华西村，年产值超过500亿，人均年收入8.5万元，富甲四方，号称天下第一村，名闻遐迩。华西村是全国农村走社会主义共同富裕的先进典型，践行先富带后富、追求共同富裕是华西村的终极理念。家家住别墅、人人开豪车；户户存款过百万，吃饭看病上学统统不花钱，是全国农村走共同富裕道路的典型，2009年，入选世界纪录协会中国第一村，创造了中国世界纪录协会多项世界之最、中国之最。华西村党委书记、华西集团董事长吴协恩信心满满地表示："华西村落实'乡村振兴战略'，就是要按照'两聚一高'和'强富美高'的要求，自加压力、提高标准，打造发展更高质量、管理更具规范、生态更加宜居、文化更促繁荣、人才更大舞台、社会更加包容、幸福更有温度、干群更讲正气的'农村都市'，既要有都市质量，又不失农村特色，让老百姓享受到城市的设施和服务。"

---

① "苏南模式"，即在地理位置上的苏南地区，生产方式上的城市工业、乡镇工业和农村副业等三种不同层次的方式浑然一体，构成了一个区域经济的大系统，大量的农村剩余劳动力有了一条出路。这些地区的农民依靠发展以集体经济为主的乡镇企业，提升了地区的经济竞争力。

科学社会主义理念和中国特色社会主义实践相结合的典范

"坚持社会主义原则,努力发扬艰苦奋斗,团结奋斗,服从分配,实绩到位"的华西精神,实质上就是坚持党的信仰不动摇,坚持社会主义道路不动摇,走出一条科学社会主义理念与中国特色社会主义实践有机结合的集体主义道路典范。在吴协恩看来,(华西村)从农业到工业、从工业到高科技产业,最主要的是始终坚持走中国特色社会主义道路,始终按照中央的精神办,听中央的不走样、听外部的不走神、听老百姓的不走偏,开辟了一条转型升级、做强做优、稳中求进、共同富裕的发展之路。

华西村传奇人物吴仁宝,信仰坚定,30余年坚持宣讲"社会主义富华西"的真经,不论是在思想上还是在行动上,都是信仰中国共产党、信仰社会主义、信仰全心全意为人民服务的真正的共产党员。之所以72层328米的龙希国际大酒店横空出世,是因为北京高楼328米的缘故,华西村要和党中央保持高度一致。老书记吴仁宝每天早晨6:30准时收听广播新闻,晚19:00定期收看《新闻联播》,即便是出差在外也雷打不动。在政治嗅觉极为敏锐、与党中央保持高度一致中,在提前把握1992年改革再度汹涌澎拜之际,提前储存的原材料让华西人赚的盆满钵满。吴仁宝在80年代初表示,"华西村现在的头等任务是要更大力度地发展集体经济,让大伙儿的生活更加富裕,全面富裕!这也是社会主义,而且是社会主义的根本目的。"

近年来,华西人深入贯彻落实习近平新时代中国特色社会主义思想,通过弘扬"华西精神"和"吴仁宝精神",延续了符合自身实际、具有自身特色的集体经济道路。走进华西村的角角落落,映入眼帘的是各色各样的"社会主义"标语:"爱党爱国爱华西,爱亲爱友爱自己";徜徉大街小巷,标牌指示上印着吴仁宝的名言,"家有黄金数顿,一天也只能吃三顿;豪华房子独占鳌头,一人也只占一个床位——吴仁宝";萦绕耳畔的是"华西的天是共产党的天,华西的地是社会主义的地"等唱响社会主义金光大道。吴协恩在建设华西特色的社会主义新农村过程中,始终保持共产党员先进性,模范践行群众路线,立党为公、执政为民,带领华西人沿着共富之路,不断创造新的发展奇迹。

党的十九大以来,在理念上,吴协恩书记第一时间对党的十九大精神进行系统阐释和全面解读,累计宣讲300多场次,受众4000多人。在实践上，全面贯彻落实十九大"新发展理念"和"以人民为中心"的发展思路。吴协恩秉持"数量转质量、体力转脑力"理念，提出"关停并转"传统落后产业，依靠转型升级来推动高质量发展，走绿色发展道路。关掉能耗高的加工企业，关闭落后企业，投入巨资对"老产业"进行技术改造，大力发展旅游、金融、物流等新兴产业。这么多年在吴协恩书记坚持下，华西陆续关掉了普线、带钢、棒材等9家能耗高、效率低的企业，钢铁部分去产能130万吨，相当于原有产能的1/3，同时关掉了两家热电厂，每年减少原煤消耗21万吨。目前，华西村服务业和新兴产业利润贡献率已占到65%，形成了"三二一"产业融合推进的全新格局。2018年，华西钢铁创建"绿色工厂"，实施超低排放改造，严控无组织排放，成为全流程达到超低排放要求的钢铁企业，荣获"企业绿色发展领跑者"荣誉称号。吴协恩表示，"无论什么时候，华西村始终坚持党的领导，走共同富裕道路不动摇。"

财富和成功：集体经济和共同富裕模式——走集体主义的康庄大道

在华西村党委书记、华西集团董事长吴协恩看来，"共同富裕的集体经济是华西村成功的法宝"；"华西村从不因循守旧，采取一切合法的市场手段发展集体经济，为的是共同富裕，这条道路始终不能变。"迄今为止，华西村依旧保有集体分配和公共生活方式，"集体经济"和"共同富裕"，以及由此而来集体主义内蕴其间的组织结构、运行机制、分配制度、企业文化，徜徉在总体市场经济的汪洋大海中。犹如不土不洋、不古不今的"华西金塔"，保有"中国特色"、"中国道路"的特殊之处，盎然屹立于华西大地。正如吴协恩所说："华西的共同富裕，它不是简单的华西富了就好了，……一村富了不算富，全国的农民富才是真正的富。"

谈起华西村，人们会津津乐道于藏在高达328米、花费30多亿建造的极尽奢华的龙希国际大酒店60层的镇楼之宝——重达一吨的金牛。2007年8月8日，华西村户户集资1000万，斥资三十多亿建造了高达328米，极尽奢华的龙希国际大酒店。改革开放之初，在家庭联产承包责任制热火朝天推广开来之际，华西反其道而行之，坚持以公有制为主巩固发展集体经济：集中土地、资金和劳动力于工业，办起了以钢铁、冶金、纺织、有色金属为主的40多个企业，全村95%以上的劳动力投入到了工业生产。

在市场经济大潮中，集体所有制的碎片，犹如汪洋大海中的一叶孤舟，风雨飘摇、恶浪侵蚀，迎着风浪前行，成就了明星村。实际上，生产资料集体所有制，集体入股、高额分红，就是华西往昔与今朝兴旺发达的秘笈。

集体、平等、共同富裕的旗帜，集体主义经济之道：在那里，人人享受着免费住房、免费医疗、免费教育、免费养老、免费就业，甚至免费水、电、气、面粉等的供应。早在1965年之际，发展社队企业，壮大集体经济，增加农民收入，走多元化发展道路的华西村，获得了毛主席的亲切批示："这是农村伟大光明灿烂的希望"。在老书记吴仁宝看来，"华西村已经富裕起来了，现在如果把华西村的财产变现，全村男女老少包括抱在怀里的娃娃，每人可以分得现金88万，你们想想这样多钱怎么能分呢？"即包括资金、土地、技术、劳动力在内的生产资料绝大部分公有，保持集体对个人资产控制的不同方式的制度安排；部分生活资料私有，控制分配与消费的秘诀。在"二八开"和"一三三三"华西分配方式中，所谓"二八开"，即企业完成集团公司年初制定的目标后超额盈余的部分，20%留在企业投入再生产，80%用作奖金分配；奖金分配遵循"一三三三"原则，即10%奖给厂长，30%奖给厂经营班子，30%奖给职工，结余的30%留在企业作为公共积累。与之相适应的是，建立相应的"股金"积累制度。华西村民的收入由"工资+奖金+福利"构成，奖金实际上并不发给职工，而作为股金投入企业，第二年开始按股分红，时间越久，股金分红越多。通过这种"少分配、多积累，少拿现金、多入股"的特殊分配制度，华西村把分配到个人手上的大量经济剩余又重新投入了生产，一来增加了积累和投资，二来更为重要的是控制了个人可支配财产的扩大，从而一定程度上解决了收入差距扩大问题。显而易见，通过控制分配与消费，保持集体对个人资产控制的不同方式的制度安排，华西村获得了持之以恒发展的内在资金积累。

"公""私"之辩

作为华西村美好富裕生活的缔造者和担当者，吴仁宝生于斯长于斯，心存真挚的赤子深情，与华西血脉相连，含辛茹苦、遮风挡雨，带领华西人走过困难，牺牲付出，迎来辉煌。老书记两袖清风、甘之如饴。当全体华西人搬迁"新农村"之后，吴仁宝和老伴依然留守居住在上世纪70年代建造的老平房之中。华西村富起来之后，吴仁宝提出了"有福民享、有难官当"的口号，始终坚持不拿最高工资，不拿最高奖金，不住最好房子。作为一名共产党员大公无私的高尚情操，赢得了华西人的真心爱戴，甚至有些欠缺理性的崇拜与狂热："吴仁宝书记在主席台上振臂一呼，主席台下众人一呼百应"。在一些报道和村民眼中，吴仁宝就是"村之父"。

吴协恩继承发扬优良传统，庄重承诺道："要求大家做到的，我们首先做到；要求大家不做的，我们首先不做。"吴协恩总在不经意间来到华西群众当中，拉家常、问冷暖、听民声、解民意，不断增强华西民众获得感、幸福感、安全感，彰显情系华西的不变初心、心系民生的家村情怀、为民服务的赤子本色。正是在传承、弘扬吴仁宝精神，以改革促发展、以责任强担当、以实干创未来，继续走好华西特色的共同富裕道路，以老百姓为中心，发展为民，在新征程中实现新作为，让"华西共富"更好地开花结果。

近年来，华西村发展势头良好，上级给予吴协恩的各种奖励就达亿元以上。只要吴协恩愿意，须臾之间，就可以在鲜花与掌声中，风风光光地戴上亿万富翁的桂冠。但是出人意料的是，这唾手可得的亿万财富硬是被吴协恩拒绝了。迄今为止，吴协恩也只是每月领着3500元工资，当一名普普通通的工薪一族。对此不解和困惑，吴协恩爽朗地解答："正人先正己。要当好华西村的带头人，就必须以身作则，约束好自己的欲望，惟其如此，才能振臂一呼，应者云集。"这就是吴协恩常常念叨的"利他就是利己"辩证法，"利他"，就是要让对方舒服，这才是最高境界，你让别人舒服了，别人也会让你舒服。吴协恩内心充盈着"家国情怀"："我们要做的就是'发展为民'，除了要有富民理念、富民办法，还要有富民胸怀、富民担当。'一人富了不算富，全村富了才算富。一村富了不算富，全国富了才算富。'"不忘初心，共同富裕，是共产党人的奋斗目标，也烙印在吴协恩心头，他要帮带周边20个村庄共同发展。

展望未来

忆往昔峥嵘岁月。曾经，华西踏准了鼓点，把握了时代脉搏，独领风骚，成了时代宠儿。华西村已经跃起在神州大地50多年，有着模范生的意义。

谈未来激流勇进！不可讳言，在百年未有之大变局语境下，华西经济下行压力陡然加大，数百亿的负债、乏力的转型、"家天下"的管理模式，钢铁纺织工业化到信息化转型，"天下第一村"处于"十月围城"。创业难，守成更难。时代的浪潮风云变幻，历史从不眷顾因循守旧、固步自封、满足现状者，曾经的"天下第一村"、时代的弄潮儿还能永不自满、勇于创新、继续屹立潮头吗？让我们继续倾听华西人的时代呼声吧！

参考文献

《马克思恩格斯全集》（第一版）第1—50卷，人民出版社1956—1985年版。
《毛泽东选集》第一至四卷，人民出版社1991年版。
《邓小平文选》第三卷，人民出版社1993年版。
《邓小平文选》第二卷，人民出版社1994年版。
《江泽民文选》第一至三卷，人民出版社2006年版。
《胡锦涛文选》第一至三卷，人民出版社2016年版。
《习近平谈治国理政》，外文出版社2010年版。
《习近平谈治国理政》第二卷，外文出版社2017年版。
《习近平谈治国理政》第三卷，外文出版社2020年版。
丁学东：《公共财产管理》，中国财政经济出版社2000年版。
齐守印：《构建现代公共财产体系的河北探索与实践》，河北人民出版社2010年版。
吕炜：《我们离公共财产有多远》，经济科学出版社2005年版。
谢元态：《公共财产学》，江西科学技术出版社2009年版。
徐勇等：《参与式财政与乡村治理：经验与实例》，西北大学出版社2006年版。
董江爱：《三晋政治——公共财产治理中的村民参与》，中国社会科学出版社2010年版。
［美］斯蒂芬·芒泽：《财产理论》，北京大学出版社2006年版。
［美］克里斯特曼：《财产的神话——走向平等主义的所有权理论》，广西师范大学出版社2004年版。
温丰文：《论共有》，三民书局2011年版。
王晓玲：《行政性公共财产绩效管理研究》，立信会计出版社2008年版。

参考文献

［德］黑格尔：《法哲学原理》，商务印书馆 1961 年版。

华中师范大学中国农村问题研究中心编：《中国农村研究》，中国社会科学出版社 2002 年版。

徐秀丽主编：《中国农村治理的历史与现状：以定县、邹平和江宁为例》，社会科学文献出版社 2004 年版。

梁漱溟：《乡村建设理论》，乡村书店 1939 年版。

［意大利］罗伯特·帕特南：《使民主运转起来》，王列译，江西人民出版社 2002 年版。

钱海梅：《行动与结构：社会资本与城郊村级治理研究》，经济管理出版社 2013 年版。

陈世伟：《土地流转背景下的村社治理研究》，中国社会科学出版社 2012 年版。

唐亚林等：《社会多元、社会矛盾与公共治理》，上海人民出版社 2015 年版。

［美］登哈特：《新公共服务：服务，而不是掌舵》，中国人民大学出版社 2014 年版。

孙德超：《中国省级政府基本公共服务发展报告》，社会科学文献出版社 2014 年版。

［美］彼得森：《政府未来的治理模式》，中国人民大学出版社 2013 年版。

苏振华：《公共治理与集体行动效率：农村公共产品供给研究》，中国社会科学出版社 2013 年版。

孙柏瑛：《地方治理中的有序村民参与》，中国人民大学出版社 2013 年版。

周庆智：《公共治理与公共服务》，社会科学文献出版社 2013 年版。

周建国：《公共视域中的水治理》，南京大学出版社 2012 年版。

耿国阶：《困境、重构与突破：中国治理转型的模式研究》，东北大学出版社 2011 年版。

罗豪才：《软法亦法：公共治理呼唤软法之治》，法律出版社 2009 年版。

［美］斯蒂芬·戈德史密斯：《网络化治理：公共部门的新形态》，北京大学出版社 2008 年版。

孔繁斌：《公共性的再生产：多中心治理的合作机制建构》，江苏人民出版社 2008 年版。

陈家国：《公共治理与制度创新：直面中国公共管理领域前沿问题》，清华大学出版社 2007 年版。
鲍法德：《公共管理与治理》，国家行政学院出版社 2006 年版。
陆道平：《乡镇治理模式研究：以昆山市淀山湖镇为例》，社会科学文献出版社 2006 年版。
［美］罗纳德·J. 奥克森：《治理地方公共经济》，北京大学出版社 2005 年版。
滕世华：《公共治理视角下的中国政府改革》，中国水利水电出版社 2005 年版。
［美］约翰·克莱顿·托马斯：《公共决策中的公民参与：公共管理者的新技能与新策略》，中国人民大学出版社 2005 年版。
王振海：《农村社区制度化治理》，中国海洋大学出版社 2005 年版。
彭宗超：《听证制度：透明决策与公共治理》，清华大学出版社 2004 年版。
金江军、沈体雁：《信息化与工业化深度融合》，中国人民大学出版社 2012 年版。
［美］曼瑟尔·奥尔森：《集体行动的逻辑》，上海三联书店 2003 年版。
［美］奥斯特罗姆：《公共事务治理之道》，上海三联书店 2000 年版。
［美］奥斯特罗姆、帕克斯、惠特克：《公共服务的制度建构》，毛寿龙译，上海三联书店 2000 年版。
［美］彼得·M. 杰克逊主编：《公共部门经济学前沿问题》，郭庆旺等译，中国税务出版社 2000 年版。
［美］布坎南：《公共物品的需求与供给》，马珺译，上海人民出版社 2009 年版。
［英］波兰尼：《大转型——我们时代的政治与经济起源》，冯钢、刘阳译，浙江人民出版社 2007 年版。
［澳］休·史卓顿、莱昂内尔·奥查德：《公共物品、公共企业和公共选择——对政府功能的批评与反批评的理论纷争》，费昭辉等译，经济科学出版社 2000 年版。
郑谦：《公共物品"多中心"供给研究——基于公共性价值实现的分析视角》，北京大学出版社 2012 年版。
陈东：《我国农村公共物品的供给效率研究》，经济科学出版社 2008 年版。
高鉴国主编：《中国农村公共物品的社区供给机制》，山东人民出版社 2009 年版。

曲创：《公共物品、物品的公共性与公共支出研究》，经济科学出版社 2010 年版。

吴伟：《公共物品有效提供的经济学分析》，经济科学出版社 2008 年版。

徐小青：《中国农村公共服务》，中国发展出版社 2002 年版。

徐小青、郭建军：《中国农村公共服务改革与发展》，人民出版社 2008 年版。

曲延春：《变迁与重构：中国农村公共产品供给体制研究》，人民出版社 2012 年版。

辛波、于淑俐：《农村公共产品的有效供给与转移支付制度创新》，中国时代经济出版社 2015 年版。

苏振华：《公共治理与集体行动效率》，中国社会科学出版社 2013 年版。

浙江省财政学会：《农村公共服务体系构建研究》，中国财政经济出版社 2007 年版。

范逢春：《农村公共服务多元主体协同治理机制研究》，人民出版社 2014 年版。

刘庆乐：《权力、利益与信念——新制度主义视角下的人民公社研究》，中国社会科学出版社 2010 年版。

王先明：《近代绅士——一个封建阶层的历史命运》，天津人民出版社 1997 年版。

王耕今主编：《农村三十年》，乡村读物出版社 1989 年版。

［德］马克斯·韦伯：《儒教与道教》，王容芬译，商务印书馆 1997 年版。

张静：《基层政权——乡村制度诸问题》，浙江人民出版社 2000 年版。

庄孔韶：《银翅：中国的地方社会与文化变迁（1920—1990）》，生活·读书·新知三联书店 2000 年版。

薄一波：《若干重大决策与事件的回顾》（上、下卷），中共中央党校出版社 1991、1993 年版。

［冰］思拉恩·埃格特森：《经济行为与制度》，商务印书馆 2004 年版。

［美］曼瑟尔·奥尔森：《权力与繁荣》，苏长和、嵇飞译，上海世纪出版集团 2005 年版。

［美］詹姆斯·布坎南：《财产与自由》，韩旭译，中国社会科学出版社 2002 年版。

［美］杜赞奇：《文化、权力与国家：1900—1942 年的华北农村》，王福明

译，江苏人民出版社1996年版。
[法] 米歇尔·福柯：《规训与惩罚：监狱的诞生》，刘北成、杨远婴译，生活·读书·新知三联书店1999年版。
[美] 弗里曼、毕克伟、塞尔登：《中国乡村，社会主义国家》，陶鹤山译，社会科学文献出版社2002年版。
[德] 尤尔根·哈贝马斯：《交往与社会进化》，张博树译，商务印书馆1996年版。
[德] 尤尔根·哈贝马斯：《合法化危机》，刘北成、曹卫东译，上海人民出版社2000年版。
[英] 哈耶克：《法律、立法与自由》，邓正来等译，中国大百科全书出版社2000年版。
辛逸：《农村人民公社分配制度研究》，中共党史出版社2005年版。
安贞元：《人民公社化运动研究》，中央文献出版社2003年版。
罗平汉：《农村人民公社史》，福建人民出版社，2003年版。
[美] 塞缪尔·P. 亨廷顿：《变化社会中的政治秩序》，王冠华等译，生活·读书·新知三联书店1989年版。
[美] 黄宗智：《华北小农经济与社会变迁》，中华书局2000年版。
[美] 黄宗智：《中国乡村研究》，商务印书馆2003年版。
[英] 安东尼·吉登斯：《民族—国家与暴力》，胡宗泽等译，生活·读书·新知三联书店1998年版。
[美] 康芒斯：《制度经济学》，于树生译，商务印书馆1983年版。
[匈] 雅诺什·科尔奈：《后社会主义转轨的思索》，肖梦编译，吉林人民出版社2003年版。
[美] 马若孟：《中国农民经济：河北和山东的农业发展：1890—1949》，刘东译，江苏人民出版社1999年版。
[美] 查尔斯·林德布洛姆：《政治与市场：世界的政治—经济制度》，王逸舟译，上海三联书店、上海人民出版社1995年版。
[德] 柯武刚、史漫飞：《制度经济学：社会秩序与公共政策》，韩朝华译，商务印书馆2000年版。
[美] 罗德里克·麦克法夸尔、费正清：《剑桥中华人民共和国史（1966—1982）》，谢亮生等译，中国社会科学出版社1992年版。
[美] 罗德里克·麦克法夸尔：《文化大革命的起源》，河北人民出版社

1989 年版。

［美］莫里斯·梅斯娜：《毛泽东的中国及其发展——中华人民共和国史》，张瑛等译，社会科学文献出版社 1992 年版。

［法］H. 孟德拉斯：《农民的终结》，李培林译，社会科学文献出版社 2005 年版。

［美］诺内特、塞尔兹尼克：《转变中的法律与社会》，张志铭译，中国政法大学出版社 2004 年版。

［美］道格拉斯·C. 诺思：《理解经济变迁过程》，钟正生等译，中国人民大学出版社 2008 年版。

［美］迈克尔·欧克肖特：《政治中的理性主义》，张汝伦译，上海译文出版社 2004 年版。

［德］费迪南·滕尼斯：《共同体与社会》，林荣远译，商务印书馆 1999 年版。

［美］施坚雅：《中国农村的市场和社会结构》，史建云等译，中国社会科学科学出版社 1998 年版。

［美］A. 爱伦·斯密德：《财产、权力和公共选择——对法和经济学的进一步思考》，黄祖辉等译，上海人民出版社、上海三联书店 1999 年版。

［美］西奥多·W. 舒尔茨：《改造传统农业》，梁小民译，商务印书馆 1987 年版。

［美］詹姆斯·R. 汤森等：《中国政治》，顾速、董方译，江苏人民出版社 2004 年版。

高王凌：《人民公社时期中国农民"反行为"调查》，中共党史出版社 2006 年版。

林万龙：《中国农村社区公共产品供给制度变迁研究》，中国财政经济出版社 2003 年版。

贡森、葛延风等：《建立公平可持续的社会福利体系研究》，社会科学文献出版社 2015 年版。

陈家付：《现阶段我国社会公平保障问题研究》，山东大学出版社 2009 年版。

别红暄：《城乡公平视域下的当代中国户籍制度研究》，中国社会科学出版社 2013 年版。

任淑艳等：《城乡一体化发展视域下的公共产品公平供给》，中共党史出版社 2013 年版。

沈毅：《从"派系结构"到"关系共同体"——基于某国有中小改制企业组织领导"关系"变迁的案例研究》，社会科学文献出版社 2016 年版。

李培林：《村落的终结：羊城村的故事》，中国社会科学出版社 2014 年版。

［奥］路德维希·冯·米塞斯：《货币和信用理论》，商务印书馆 2015 年版。

蓝宇蕴：《都市里的村庄——一个"新村社共同体"的实地研究》，生活·读书·新知三联书店 2005 年版。

罗兴佐：《农村公共物品供给：模式与效率》，学林出版社 2013 年版。

［美］奥斯特罗姆、帕克斯、惠特克：《公共服务的制度建构》，毛寿龙译，上海三联书店 2000 年版。

［美］布坎南：《公共物品的需求与供给》，马珺译，上海人民出版社 2009 年版。

［澳］休·史卓顿、莱昂内尔·奥查德：《公共物品、公共企业和公共选择——对政府功能的批判与反批评的理论纷争》，费昭辉等译，经济科学出版社 2000 年版。

郑卫东：《农村社区政府购买公共服务研究》，中国社会科学出版社 2012 年版。

李智超：《乡村社区认同与公共事务治理——基于社会网络的视角》，中国社会科学出版社 2015 年版。

张领：《流动的共同体——农民工与一个村庄的变迁》，中国社会科学出版社 2015 年版。

王维先、铁省林：《农村社区伦理共同体之建构》，山东大学出版社 2014 年版。

郑琦：《论公民共同体——共同体生成与政府培育作用研究》，中国社会出版社 2011 年版。

［英］齐格蒙特·鲍曼：《共同体》，欧阳景根译，江苏人民出版社 2003 年版。

褚松燕：《个体与共同体》，中国社会出版社 2003 年版。

［美］塞缪尔·鲍尔斯、赫伯特·金蒂斯：《民主与资本主义》，商务印书馆 2013 年版。

李燕凌：《农村公共产品供给问题论——基于新供给经济学的效率问题再

认识》，中国社会科学出版社 2016 年版。

杜润生：《中国农村制度变迁》，四川人民出版社 2003 年版。

周其仁：《产权与制度变迁——中国改革的经验研究》，北京大学出版社 2004 年版。

[荷] 何·皮特：《谁是中国土地的拥有者——制度变迁、产权和社会冲突》，社会科学文献出版社 2014 年版。

张红宇：《公平与效率视域下我国政府经济行为研究》，东北大学出版社 2013 年版。

田阡：《自为与共享：连片特困地区农村公共品供给的社会基础》，人民出版社 2015 年版。

唐晓腾：《基层民主选举与农村社会重构——转型期中国乡村治理的实证研究》，社会科学文献出版社 2007 年版。

[英] 马歇尔：《货币、信用与商业》，商务印书馆 1986 年版

陈世伟：《土地流转背景下的村社治理研究》，中国社会科学出版社 2012 年版。

权丽华：《国家治理能力现代化背景下的乡村治理研究》，光明日报出版社 2016 年版。

范拥军：《乡级治理现代化研究》，中国社会科学出版社 2018 年版。

刘金海：《社会化小农：历史背景、演进逻辑及张力限度》，中国社会科学出版社 2015 年版。

薛和：《江村自治——社会变迁中的农村基层民主》，江苏人民出版社 2004 年版。

厉以宁：《工业化和制度调整——西欧经济史研究》，商务印书馆 2015 年版。

[荷] 扬·卢腾·范赞登：《通往工业革命的漫长道路——全球视野下的欧洲经济（1000—1800 年）》，浙江大学出版社 2016 年版。

郭根山：《世纪跨越——改革开放以来的中国工业化》，人民出版社 2015 年版。

张卫良：《现代工业的起源——英国原工业与工业化》，光明日报出版社 2009 年版。

张培刚：《农业与工业化》，武汉大学出版社 2013 年版。

费孝通：《中国士绅》，赵旭东、秦志杰译，生活·读书·新知三联书店

2009年版。

［美］弗里曼、毕克伟等：《中国乡村，社会主义国家》，陶鹤山译，社会科学文献出版社2002年版。

［美］施坚雅：《中国农村的市场与社会结构》，中国社会科学出版社1998年版。

［美］黄树民：《林村的故事——1949年后的中国农村变革》，三联书店2002年版。

［美］李怀印：《华北村治——晚清和民国时期的国家与乡村》，岁有生、王士皓译，中华书局2008年版。

乔运鸿：《乡村治理：从二元格局到农村社会组织的参与》，中国社会出版社2016年版。

祁勇、赵德兴：《中国乡村治理模式研究》，山东人民出版社2014年版。

杨嵘均：《乡村治理结构调适与转型》，南京师范大学出版社2014年版。

尤琳：《中国乡村关系——基层治理结构与治理能力》，中国社会科学出版社2015年版。

金太军、张振波：《乡村社区治理路径研究》，北京大学出版社2016年版。

冯俊峰：《乡村振兴与中国乡村治理》，西南财经大学出版社2017年版。

贺雪峰：《乡村治理与农业发展》，华中科技大学出版社2017年版。

温铁军、杨帅编著：《"三农"与"三治"》，中国人民大学出版社2016年版。

李勇华：《乡村治理现代化中的村民自治权利保障》，中国社会科学出版社2015年版。

杨菊平：《非正式制度与乡村治理研究》，上海交通大学出版社2016年版。

周其仁：《产权与中国变革》，北京大学出版社2017年版。

周其仁：《改革的逻辑》，中信出版社2013年版。

周其仁：《城乡中国》，中信出版社2014年版。

国务院发展研究中心农村经济研究部：《集体所有制下的产权重构》，中国发展出版社2015年版。

郭光磊主编：《北京市农村集体产权制度改革研究》，中国言实出版社2016年版。

乐君杰：《中国农村劳动力市场的经济学分析》，浙江大学出版社2006年版。

杨矗：《中国农村公共物品投资的区域分布、演变趋势及影响研究》，中国社会科学出版社 2017 年版。

李俊晔：《不动产财产权利价值论》，中国人民大学出版社 2016 年版。

陈元红、刘冬春：《土地权利和利益视角下的农村集体建设用地流转研究》，经济科学出版社 2016 年版。

刘元胜：《农村集体建设用地产权流转价格研究》，中国农业出版社 2012 年版。

夏勇主编：《走向权利时代》，社会科学文献出版社 2007 年版。

王宇飞：《论我国农村承包地收回制度的权利逻辑——一个所有权与用益物权关系的分析框架》，中国政法大学出版社 2014 年版。

林毅夫：《制度、技术与中国农业发展》，上海三联书店·上海人民出版社 2005 年版。

秦晖：《农民中国：历史反思与现实选择》，河南人民出版社 2003 年版。

孙东升：《资本、体制与中国农业发展》，经济科学出版社 2003 年版。

李金铮：《传统与变迁：近代华北乡村的经济与社会》，人民出版社 2014 年版。

赵文洪：《私人财产权利关系的发展——西方市场经济和资本主义的起源问题研究》，中国社会科学出版社 1998 年版。

苏力：《元代地方精英与基层社会》，天津古籍出版社 2009 年版。

杨联陞：《东汉的豪族》，商务印书馆 2011 年版。

刘金海：《产权与政治——国家、集体与农民关系视角下的村庄经验》，中国社会科学出版社 2006 年版。

罗薇：《协商与共赢：自然资源利用集体行动的财产权研究》，中国政法大学出版社 2014 年版。

邓建鹏：《财产权利的贫困——中国传统民事法研究》，法律出版社 2006 年版。

姜军松：《中国农地产权配置制度研究》，湘潭大学出版社 2012 年版。

［美］明恩溥：《中国的乡村生活》，陈午晴、唐军译，电子工业出版社 2016 年版。

［法］马克·布洛赫：《法国农村史》，余中先、张朋浩、车耳译，商务印书馆 2009 年版。

张一帆、孙素芬编著：《北京古近代农村经济》，中国农业科学技术出版社

2015年版。
费孝通：《乡土重建》，岳麓书社2012年版。
费孝通：《乡土中国》，人民出版社2008年版。
郦家驹：《宋代土地制度史》，中国社会科学出版社2015年版。
杨士泰：《清末民国地权制度变迁研究》，中国社会科学出版社2010年版。
耿元骊：《唐宋土地制度与政策演变研究》，商务印书馆2012年版。
［美］理查德·派普森：《财产论》，经济科学出版社2003年版。
［美］斯坦利·布鲁：《经济思想史》，机械工业出版社2003年版。
［美］R.科斯等：《财产权利与制度变迁》，生活·读书·新知三联书店1991年版。
［美］艾瑞克·菲吕博顿：《新制度经济学》，上海财经大学出版社1998版。
［德］拉德布鲁赫：《法哲学》，法律出版社1999年版。
［美］罗伯特·考特、托马斯·尤伦：《法和经济学》，上海三联出版社1991年版。
［英］埃里克·罗尔：《经济思想史》，商务印书馆1987年版。
［德］彼得·科斯洛夫斯基：《伦理经济学原理》，中国社会科学出版社1987年版。
［澳］海因茨·沃尔夫冈·阿恩特：《经济发展思想史》，商务印书馆1997年版。
［英］葛德文：《论财产》，河清新译，商务印书馆1959年版。
［法］拉法格：《财产及其起源》，王子野译，生活·读书·新知三联书店1962年版。
［德］海因里希·罗门：《自然法的观念史和哲学》，姚中秋译，生活·读书·新知三联书店2007年版。
［美］斯蒂芬·芒泽：《财产理论》，北京大学出版社2006年版。
［美］詹姆斯·布坎南：《财产与自由》，中国社会科学出版社2002年版。
［美］爱尔兰约翰·凯利：《西方法律思想简史》，王笑红译，法律出版社2010年版。
［英］彼得·甘西：《反思财产——从古代到革命时代》，陈高华译，北京大学出版社2011年版。
徐亦让：《人类财产发展史》，社会科学出版社1998年版。

参考文献

［美］詹姆斯·M. 布坎南：《公共物品的需求与供给》，马珺译，上海人民出版社 2017 年版。

［美］约瑟夫·熊彼特：《资本主义、社会主义与民主》，吴良健译，商务印书馆 2009 年版。

［美］约瑟夫·熊彼特：《经济发展理论》，邹建平译，中国画报出版社 2012 年版。

［美］林德尔·G. 霍尔库姆：《公共经济学》，顾建光译，中国人民大学出版社 2012 年版。

［美］布赖恩·琼斯：《再思民主政治中的决策制定——注意力、选择和公共政策》，李丹阳译，北京大学出版社 2010 年版。

［美］戈登·塔洛克：《公共选择》，柏克、郑景胜译，商务印书馆 2015 年版。

［英］朱利安·勒·格兰德：《另一只无形的手——通过选择与竞争提升公共服务》，韩波译，新华出版社 2010 年版。

［美］杰里·马肖：《贪婪、混沌和治理》，宋功德译，商务印书馆 2009 年版。

［美］梅里利·S. 格林德尔、约翰·W. 托马斯：《公共选择与政策变迁——发展中国家改革的政治经济学》，商务印书馆 2016 年版。

［新西兰］穆雷·霍恩：《公共管理的政治经济学——公共部门的制度选择》，汤大华、颜君烈等译，中国青年出版社 2004 年版。

马勇：《"新知识"背后：近代中国读书人》，福建教育出版社 2013 年版。

董建辉：《传统农村社区社会治理的历史思考》，《中国社会经济史研究》2002 年第 4 期。

张明琼：《我国乡村社会治理模式的变迁与优化》，《江西社会科学》2005 年第 1 期。

徐勇：《为民主寻根——乡村政治及其研究路径》，《中国农村观察》2001 年第 5 期。

杜润生：《关于中国的土地改革运动》，《中国现代史》1997 年第 1 期。

于祖尧：《指令性计划和社会主义计划经济再认识》，《经济体制改革》1985 年第 10 期。

占少华：《乡村公共治理的六个视角及其问题——兼议"一事一议财政奖补"政策》，《社会科学战线》2013 年第 10 期。

王丽:《公共治理视域下乡村公共精神的缺失与重构》,《行政论坛》2012年第7期。

夏朝丰:《村党支部参与乡村公共治理的路径探析》,《领导科学》2011年第11期。

徐大兵:《建国后我国乡村社会公共治理回顾与前瞻》,《特区经济》2009年第2期。

陈潭、罗晓俊:《中国乡村公共治理研究报告(1998—2008)——以CSSCI检索论文与主要著作为研究对象》,《公共管理学报》2008年第10期。

温俊萍:《印度乡村公共品供给机制研究:公共治理的视角》,《南亚研究季刊》2008年第3期。

林万龙:《乡村社区公共产品的制度外筹资:历史、现状及改革》,《中国农村经济》2002年第7期。

曹海林:《乡村社会变迁中的村落公共空间——以苏北窑村为例考察村庄秩序重构的一项经验研究》,《中国农村观察》2005年第11期。

曹海林:《村落公共空间与村庄秩序基础的生成——兼论改革前后乡村社会秩序的演变轨迹》,《人文杂志》2004年第11期。

王东、王勇、李广斌:《功能与形式视角下的乡村公共空间演变及其特征研究》,《国际城市规划》2013年第4期。

胡畔、谢晖、王兴平:《乡村基本公共服务设施均等化内涵与方法——以南京市江宁区江宁街道为例》,《城市规划》2010第7期。

周雪光、程宇:《通往集体债务之路:政府组织、社会制度与乡村中国的公共产品供给》,《公共行政评论》2012年第2期。

李华伟:《乡村公共空间的变迁与民众生活秩序的建构——以豫西李村宗族、庙会与乡村基督教的互动为例》,《民俗研究》2008年第12期。

张良:《乡村公共空间的衰败与重建——兼论乡村社会整合》,《学习与实践》2013年第10期。

陈潭、罗晓俊:《中国乡村公共治理研究报告(1998—2008)——以CSSCI检索论文与主要著作为研究对象》,《公共管理学报》2008年第10期。

王勇、李广斌:《裂变与再生:苏南乡村公共空间转型研究》,《城市发展研究》2014年第7期。

吴理财:《论个体化乡村社会的公共性建设》,《探索与争鸣》2014 年第 1 期。

王玲:《乡村公共空间与基层社区整合——以川北自然村落 H 村为例》,《理论与改革》2007 年第 1 期。

蔡晓莉、刘丽:《中国乡村公共品的提供:连带团体的作用》,《经济社会体制比较》2006 年第 3 期。

李冰冰、王曙光:《社会资本、乡村公共品供给与乡村治理——基于 10 省 17 村农户调查》,《经济科学》2013 年第 6 期。

杜春林、张新文:《乡村公共服务供给:从"碎片化"到"整体性"》,《农业经济问题》2015 年第 7 期。

单新萍、魏小安:《乡村旅游发展的公共属性、政府责任与财政支持研究》,《经济与管理研究》2008 年第 2 期。

于水:《乡村治理与农村公共产品供给问题研究》,《江海学刊》2006 年第 9 期。

吴春梅、石绍成:《乡村公共精神:内涵、资源基础与培育》,《前沿》2010 年第 4 期。

马永强:《重建乡村公共文化空间的意义与实现途径》,《甘肃社会科学》2011 年第 5 期。

王玲:《乡村社会的秩序建构与国家整合——以公共空间为视角》,《理论与改革》2010 年第 9 期。

Marx Weber, *Economy and Society*, Berkeley, University of California Press, 1978.

Georg Simmel, *The Philosophy of Money*, London, Routledged & Kegan Paul Ltd, 1978.

Harold Demselz "Toward a Theory of Property Rights", *American Economic Review*, May 1967.

Y. Barzel, *An Economic Analysis of Property Rights*, Cambridge, Cambridge University Press, 1989.

Svetozar Pejovich, *The Ecnomics of Property Rights: Towards a Theory of Comparative System*, Klumer Academic Publishers B. V. 1990.

Shannon. C. Stimson, Murray Milgate, Utility, Property, and Political Participation: James Mill on Democratic Reform, *The American Political Science Review*,

Vol. 87, No. 4 (Dec., 1993).

Corey Venning, "Hume on Property, Commerce, and Empire in the Good Society: The Role of Historical Necessity", *Journal of the History of Ideas*, Vol. 37, No. 1 (Jan.-Mar., 1976).

Jeremy Waldron, *The Right to Private Property*, Oxford: Oxford University Press, 1988.

G. E. Aylmer "The Meaning and Definition of "Property" in Seventeenth-century England", *Past & Present*, No. 86 (Feb., 1980).

Jeremy Bentham, *The Theory of Legisaltion*, ed. C. K. Ogden London, 1931.

John E. Roemer, "Property Relations vs. Surplus Value in Marxian Exploitation", *Philosophy & Public Affairs*, 11 (1982).

H. Demsetz, "Toward a Theory of Property Rights", *American Economic Review*, Vol. 57.

J. W. Harris, *Property and Justice*, Claredon Press, Oxford, 1996.

Hardin, G., *Political Requirement for Preserving Our Common Heritage*. In Wildlife And America, Washington D. C.: Council On Environment Quality, 1978.

Adolf A. Berle, Jr. and Gardiner C. Means, *The Modern Corporation and Private Property*, New York: Commerce Clearing House, 1932.

Garrett Hardin, "The tragedy of the Commons", *Science*, 1968 (162).

Barzel, Y., *Economic Analysis of Property Rights*, Cambridge University Press, 1989.

索　引

B

拜物教　129
不动产　74，115，134
不平等　107，156，175，177，180，182
不完备性　79，133，142

C

财产　109，111-113，183
财产本质　11，105，111，132
财产的生产关系属性　12，79
财产的生产力属性　16，78，79，104，105，107
财产范畴　3，29，109，113，116，129，152
财产分化　183
财产概念　9，111
财产关系　11，13，44，48，57，68，104，105，110，111，114，117，150-152，155，156，158，174

财产规定　74
财产理论　1-3，5，6，11，12，15，16，78，79，108，139
财产理念　11，13，50，118，139，150-152，155，174，176
财产利益关系　50，70，104-107，151，174-176
财产逻辑　11，13，139，150
财产权利　2，4，9，40，46，55，56，66-69，71，76，77，110，113，115，117，121，132-135，152，155，158，164，181
财产人格化　106，174
财产收入差距　183
财产所有权　62，69，75，84，110，118
财产所有制　134
财产问题　2，16，23，138
财产现实　12，69，140
财产效率　96-99，101-105，107，142
财产制度　4，5，103，127，139，152
财产治理　5，10，12，108，

151，156

财产自由　136，138

财富　22，24－28，42，68，84，89，93，98，101，105，120，171

财富增长　99，100

产品　3，49，67，121，175

产权　2，8－10，14，76－78，126，136，138

创造财富　11，24，83，151，176

纯公共财产　3，54－56，72，112，120，121，126，129，133，141，146，158，186

D

德治　8，12，13，15，59，66，108，125，142，150，161，162，168－171，201，203，205，212，213

等级　25，39，147，155，172，173，182

地产　69，74

对象化　11，104，105，109－111

F

法律　36，70，77，115，119，127，134，153，169，212

法律制度　76，150，152，153，180

法治　12，13，15，29，59，66，108，123，125，150，156，157，161，162，168－171，178，201，212

分配　27，43，44，46，50，105，135，155

封建主义　32，39

福利　18，53，73，95

G

个人财产　75，153

个人所有制　106，118，175

个人主义　5

工业化　1，2，5，6，9－16，32，47，55，66，79，96，97，122，137，139－142，147，150，168，171，180，186，191，200，202，206

公共财产　1－3，5－15，17，21，23－30，38，45，46，48，50－55，59，61，63－65，67－74，76，84，97，108，109，112－117，119，122，123，127，128，130－133，135，153，156，170

公共财政　14，30，37，70，71，109，117，137，142，148，201，204，208，209

公共产品　1，4－6，8，12，14，24，25，52，54－56，71－73，79，82，108，109，112，113，116，117，120，121，124，

125，128，130，132，133，136，137，141，142，146－149，151，154，155，157，158，165－168，179，181，186，187，202，204，206－209

公共道路　109

公共服务　1，8，12，14，24，25，40，52，54－56，73，79，82，89，92，108，109，112，113，117，120，121，123，124，128，130，132，133，136，137，141，142，146－149，151，155，157，158，166，179，181，186，187，202，204，206－210

公共教育　14，29，30，40，109，117，142，195

公共利益　1，26，63，113，122，127，128，157，164，165，178

公共事务　13，18，26，31，35，60－63，123，150，168，201

公共卫生　14，29，53，60，82，109，117，142，146

公共医疗　13，55，82，109，117，142，208

公平　145，172，177，184，187

公社所有制　57

公有　13，45，51，109，117，118，133，136，219

共产主义　50－52，118

共同富裕　1，2，7，10，12，14，69，79－87，89－96，133，139－142，146，149，176，178，182，187，207，210，216－220

共同体　11，150，160，162，163，168，171，213

共有　4，5，118，130

官本位　145

国家财富　144

H

混合财产　132，133

混合公共物　133

货币　101，128

J

集体　1，3，12，14，108，109，137，138，142，219

集体财产　1，6，13，69，72，73，76，82，109，117，119，141，142，153，186

集体经济　1，7，10，13，14，43，47，49，50，52，54－57，60，61，63，66－71，76，79，84，116，117，119，122，135，143－146，158，159，161，168，170，200，202，209，210，213，214，216－219

继承　24，55，74

继承权　47，145

价值　169

交换　43，46，50

交易成本 135,168

较完全的财产 74,111

禁欲主义 143,174

经济发展 1,10,36,45,55,63,65,85,86,89,94,96,97,123,129,135,144,147,148,165,166,168,177,200,201

经营权 68,69,73,76,84,121,136,159

绝对的私有财产 132

K

空想社会主义 143,173,174

空心化 65,73,140,141,161,186,202

匮乏 18,22,24,26,28,37,40,43,45,47,53,54,69,72,100,104,105,107,111,113,114,118,142,147,151,155,157,161,171,179

L

劳动 42,43,47

劳动财产 22

劳动产品 55,57,129

劳动分工 98

劳动生产率 75,99,101,102,104

理性 39,115,124,125,145

历史权利 111

利益 11,13,15,57,61

联合劳动 49,50,98,100,107,174,175

两权分离 10,50,62,67-69,73-76,84,159,202

垄断 165

垄断权 118,133

伦理 12,162,169

M

民法 127,155,157

N

拟制之物 74,115

农村 109,142,146,148,180,181,201

农民 7,12,14,24,25,29,31,35,39,43,45-47,53,55,57,59,60,64

农民市民化 114,137,163

农业 10,27,30,31,35,41,54,180,201,216

P

排他 124

偏好 23,65,163

贫困 82,86,91

平等 1,12,30,116,128,

137，157，158，172，177，
178，210，219
平等权利　180
平　衡　21，22，25，82，124，
163，178，181，187，209
平均主义　2，11，12，44-46，
56，57，66，80，82，83，86，
108，174，182，184

Q

启蒙立法　132，133
契　约　12，68，128，150
权　力　23，122
权　利　12-14，72-74，108，
173，178

R

人道　111
人道主义　132
人的权利　111
人的现代化　103
人格　74，178
人格化　98
人权　116，206

S

商　品　5，27，32，128，129，
167，215
商品拜物教　129

社会财产　104，106，111，176
社会财产问题　12
社会财富　22，58，84，182，184
社会主义　2，11，12，14，38，
44，48-53，56，67，69，79-
86，89-91，93-96，119，
132，133，137，217
社会主义社会　48，51，57，76，
84，106，141，175，176
生　产　11，22，42，43，45，46，
49，52，54，55，60，67，100，
101，105，135
生产关系　11，12，14，16，50，
51，56，57，78，79，82，84，
93，104，105，176
生产力　12，14，22，31，39，
40，43-45，50-54，57，58，
63，66，75，78-81，83，84，
91，93-98，101-107，114，
117，145，172-176
生产资料　23，43，46，49-51，
54，55，57，66-68，70，75，
82，84，101，102，107，110，
118，119，123，134，167，
173，175，177，181，219
剩　余　22，28，38，46，50，53，
55，57，64，100，131，
183，219
剩余劳动　75，216
剩余索取权　68，69，84
使用价值　74，113，114
使用权　23，50，62，64，67-

70，75，77，84，115，122，129，134-136，159，205

市场化 1，5，10-16，65，66，73，76，77，79，109，122-124，126，127，129，131，132，135-137，139-142，147，150，163，169，186

市场经济 5，10，13，66，72，111，114，116，125，128，129，135-137，141，152，153，155，156，163，164，167，168，176，178，184-186，218

收入 25，84，85，143，146，147，176，182-184，213，219

收益 1，49，59，63，71，73，107，114-116，120，129，134，145，179

收益权 69，77，110，134，135，145

私有财产 4，23，48，69，75，78，105，110，111，118，134，143，145，151，173，174

私有财产的运动 104，110，138

私有制 24，48，117，151，173

所有权 12，46，47，49，50，55，63，67，68，70，75，76，117

所有者 74，75，115，132，146

所有制 10，43，46，50，52

T

特权 23-25

土地 1，7，13，46，50，52，55，67-69，108，109，113，119，122，133，134，136，141，186，204，219

W

外化 19，105，109，110

完全的私有财产 111

无产 111，118

无产阶级 39，40，47，81，86，90，94，106，146

无形物 74，109

物化 11，27，43，78，98，104，109-111，116

物化的劳动 110

物权 115，116，152，206

物权法 77，115，134

物质利益 104

物质内容 11，78，93

X

稀缺 22，25，43，54，100，111

习惯权利 132，133

现代财产 159

现代社会 74，100-102，111，173，211

宪法 46, 63, 73, 113, 119, 127, 151-153, 155, 157
消费 105, 120
消灭私有财产 151
效率 12, 43, 69, 76, 78, 79, 84, 99, 101, 123, 144
新自由主义 125
信息化 1, 2, 5, 10, 11, 13-15, 66, 79, 96, 97, 122, 136, 139-142, 147, 150, 155, 166, 171, 180, 191, 200, 202, 206, 207
信用 12, 67, 128, 137, 212
刑法 113, 119, 120, 127, 151, 155-157
行政治理 8, 14, 20, 21, 42, 62, 63, 65, 124, 126-128, 130, 142, 162, 164, 165, 167

Y

要素 12, 14, 78, 79, 104, 105, 167, 182, 184, 187
一元化 126, 160
义务 45, 51, 112, 158
异化 64, 106, 116, 174
异化劳动 106, 175
意志 20, 52, 91, 109-111, 115, 116, 211
有形财产 113
有形物 109, 113-115
有序财产关系 151, 152

预期 19, 45, 114, 115, 138, 177, 193

Z

责任 65, 66, 71, 123, 133
债权 115, 152
债券 74, 109, 115, 121
占用 46, 110, 111, 114, 124, 129, 130, 135, 159
占有 1, 5, 12, 13, 27, 52, 73-75, 79, 84, 103, 107, 110, 111, 114-116, 134, 143, 145, 150, 174, 175, 177, 184
占有者 132, 133
真正的财富 94, 105, 175
正义 16, 172
政治制度 179, 180
知识产权 74, 115, 143, 144, 152
专利权 13, 74, 108, 115, 121, 122, 141
转让 115, 153, 158
准公共财产 65, 72, 109, 114, 120, 121, 126, 129, 130, 133, 135, 141, 142, 186, 189
资本 26, 27, 32, 72, 75, 100, 102, 128, 146, 182
资本因素 129
资本主义 27, 32, 35, 48, 57, 67, 74, 75, 104, 106, 107, 118, 128, 145, 173-175, 177

资本属性 116，128
资产阶级 39，45，118，180
自然权利 132，159
自由 12，39，68，72，74，94，101，105，111，112，116，128，134，137，144，146，175，178
自由立法 132

自由主义 5
自主治理 5，8，12，16，33，34，59，66，125，126，130，131，160，162，165，169，170，203，206
宗教 150
最不完全的财产 74，111

后　　记

本书是在我的博士后出站报告的基础上修订完成的：初稿在2015年完成，5月份顺利通过博士后出站论文答辩。学术研究永远在路上！其后历经6载的补充、修订、完善、打磨、提升，值此书稿付梓出版之际，端坐灯下，如释重负、忐忑不安，意犹未尽、诚惶诚恐，百感交集、五味杂陈，交织定格在一瞬间，一时思绪万千……

感谢首都师范大学政法学院博士后流动站为我提供的学习氛围和科研环境。

感谢我的博士后合作导师杨生平教授。杨老师学识渊博、思想深邃，激情昂扬、构思巧妙，视野开阔、治学严谨。本文从写作思路、问题切入，资料搜集、方法立意，杨老师悉心指导，受益匪浅，形塑了"立起来"、"俯视去"的哲学境界。感谢我的博士导师叶险明教授。博士和博士后在站期间，先生一直陶冶学术情操、体悟治学秘笈，提携厚爱、激励鞭策，言传身教、谆谆告诫，镂骨铭心、没齿难忘！叶先生言开八路、书从四方，指点江山、激扬文字，念兹在兹立言立德立功，一番苦心孤诣的梦想和情怀跃然纸上。

感谢政法学院陈新夏教授、范燕宁教授、程广云教授！各位老师对论文选题、写作思路，架构完善、学术规范等都给予了富有洞见的点拨，提出了深有见地的宝贵意见，在此表示深深的感谢！感谢博士后出站报告评审专家梁树发教授、丰子义教授、李凯林教授，他们中肯的建议、深入的点拨，令笔者拨云见日、茅塞顿开。感谢专著构思写作付梓出版过程中点拨到位建议中肯的杨奎研究员、杜凯教授、郭红军教授、尤国珍研究员！

感谢工作单位北京市社会科学院给予的诸多关照，感谢科研处、计财处、办公室、行政处等科室提供的诸多方便，感谢谭日辉、朱霞辉、安红霞、袁振龙、范永刚、唐鑫、杨松、陆小成、刘波、兰银卫、孙照红、俞音、陈界亭等领导同事的关爱,承蒙诸多照顾、支持、关照与帮助,为我营造了一个温馨友好、和谐向上的学习工作科研环境!

感谢我的亲朋挚友李怀涛、魏海香、刘春晓、向征等,他们对我撰写论文提供了很多帮助。感谢中国社会科学出版社宋燕鹏编审和各位编辑!感谢中国博士后基金委员会!

感恩妈妈!晚年的妈妈把一种跌宕起伏中坚韧不拔,一份平淡中不孤寂、挫折中不折腰、平庸中不随波逐流,秉持至纯、至真、至美、至善之心走向人生坎坷路漫漫精神传递给我,教我努力拼搏,教我力争上游,教我无论多么困难依然秉信旭日东升,让我铭记在心、受益终身!惟此精气神,尽享孤独、一路前行,虽经百折而不挠、虽历万险而不屈、虽物质贫困而精神饱满,才在逆境中秉持一份希望信念坚守能够走的从容坚定,在平凡中奠定坚韧向上的内在根基,在坚守中超凡脱俗成就一番内心的执着。人生一世,一路崎岖不平跋山涉水,一路悬崖陡峭翻山越岭,一路风雨交加泥泞坎坷!感谢我的夫人张峰女士!这么多年来的两地分居、聚少离多,无怨无悔地照顾老人、抚养孩子,任劳任怨、无怨无悔,歉疚之情、溢于言表。感谢女儿刘怡然!一个"不合格"的爸爸,一种散养式教育,形塑了一个自立自强、自得其乐,游刃有余、从容自信,坚韧不拔、永不言弃,心有所属、宁静致远的阳光女孩!阳台上,女儿精心照料的一盆盆花儿,春暖花开、争奇斗艳,如怒放的生命一样,绽放朝气蓬勃的青春,演绎靓丽激情的人生;书房内,女儿沉浸在一方奋斗的小天地,安于一隅、自得其乐,朝朝摹写、久不间断,行之有恒、精进不觉!

本论文查阅参考了大量国内外相关文献,在此向这些文献作者表示衷心感谢!

最后需要特别指出来的一点是,囿于本人的知识结构、学术积淀,本论文在各方面都存在疏漏和不妥之处,需要在今后研究中进一步充实和完善。

行远必自迩,登高必自卑!

刘长军
2022年1月25日于北京守愚斋

第十批《中国社会科学博士后文库》专家推荐表 1

《中国社会科学博士后文库》由中国社会科学院与全国博士后管理委员会共同设立，旨在集中推出选题立意高、成果质量高、真正反映当前我国哲学社会科学领域博士后研究最高学术水准的创新成果，充分发挥哲学社会科学优秀博士后科研成果和优秀博士后人才的引领示范作用，让《文库》著作真正成为时代的符号、学术的示范。

推荐专家姓名	杨生平	电话	
专业技术职务	教授	研究专长	马克思主义哲学
工作单位	首都师范大学	行政职务	首都师范大学出版社总编辑
推荐成果名称	变迁与重构：乡村公共财产治理的逻辑与方法论自觉		
成果作者姓名	刘长军		

（对书稿的学术创新、理论价值、现实意义、政治理论倾向及是否具有出版价值等方面做出全面评价，并指出其不足之处）

该书稿内容翔实，视野宏阔，观点鲜明，论证有力，有一定的创新性。该项目从变迁与重构的视角透析乡村公共财产治理的逻辑与方法论研究，研究意义重大。本课题研究成果对于揭示当代中国乡村公共财产问题实质，树立科学的公共财产观，实现当代中国乡村财产问题的有效治理等方面具有重要的方法论启示。

在市场化、工业化、城市化、信息化等转型语境下，乡村公共财产的功能和性质面临着"空心化"困境，从而使乡村公共财产治理模式的转型成为亟待解决的重大现实问题。本书在对乡村公共财产治理的历史逻辑加以梳理的基础上，突出问题意识，以场域视角切入农村公共财产治理问题，以治理概念统合行政治理、社会参与治理和村民自主治理，解决了探究高度和碎片化问题。总体来看，作者对乡村公共财产治理状况的把握是较为全面的，对其治理的分析是比较深刻的，提出了一些结论和见解是富有新意的。当然，从马克思公共财产（社会财产、信用事业）的总体观来关照不同的财产切入视角（例如经济学的、社会学的、人类学的等等），还可以进一步拓展。

鉴于以上情况，我认为该书稿达到出版水平，建议给予支持，以推动该项目尽快实施完成。

签字：杨生平

2021 年 3 月 7 日

说明：该推荐表须由具有正高级专业技术职务的同行专家填写，并由推荐人亲自签字，一旦推荐，须承担个人信誉责任。如推荐书稿入选《文库》，推荐专家姓名及推荐意见将印入著作。

第十批《中国社会科学博士后文库》专家推荐表 2

《中国社会科学博士后文库》由中国社会科学院与全国博士后管理委员会共同设立，旨在集中推出选题立意高、成果质量高、真正反映当前我国哲学社会科学领域博士后研究最高学术水准的创新成果，充分发挥哲学社会科学优秀博士后科研成果和优秀博士后人才的引领示范作用，让《文库》著作真正成为时代的符号、学术的示范。

推荐专家姓名	叶险明	电 话	
专业技术职务	教授	研究专长	马克思主义哲学
工作单位	内蒙古大学	行政职务	
推荐成果名称	变迁与重构：乡村公共财产治理的逻辑与方法论自觉		
成果作者姓名	刘长军		

（对书稿的学术创新、理论价值、现实意义、政治理论倾向及是否具有出版价值等方面做出全面评价，并指出其不足之处）

　　土地等村级公共财产为集体所有，这是世界上独具特色的财产制度，也是我国乡村治理的基础。乡村公共财产治理水平直接关乎乡村治理能力，关乎乡村公共产品和公共服务的提供能力。随着中国现代化的发展，乡村公共财产治理问题越来越引起学界的关注。该书稿深化和推动了学界这方面的研究，探讨了转型语境下乡村公共财产治理困境，建构了相应治理原理和治理原则，提出了具有可操作性的治理思路。作者自觉坚持了马克思主义的财产观，正确把握了中国特色社会主义公共财产问题的实质，抵御绝对平均主义、全盘私有化、纯思辨化的财产价值观。

　　从研究的最终成果来看，作者善于运用马克思主义的基本理论和科学社会主义的基本方法，不断推进乡村公共财产治理体系和治理能力现代化，探索出一条新型乡村集体经济发展的路径。总体而言，该书稿结构严谨，视野开阔，条理清楚，资料详实，行文规范，论证有力，语言流畅，有一定前沿性和现实针对性，表现出较好的研究基础和理论功底。

　　鉴于此，我相信该书稿达到出版水平，我愿意给予课题申请方案以全力的支持和推荐。

签字：叶险明
2021 年 3 月 7 日

说明：该推荐表须由具有正高级专业技术职务的同行专家填写，并由推荐人亲自签字，一旦推荐，须承担个人信誉责任。如推荐书稿入选《文库》，推荐专家姓名及推荐意见将印入著作。